BUFFETTOLOGÍA

Las técnicas jamás contadas
que han hecho
de Warren Buffett
el inversor más famoso del mundo

BUFFETTOLOGÍA

Las técnicas jamás contadas
que han hecho
de Warren Buffett
el inversor más famoso del mundo

Mary Buffett y David Clark

Quedan rigurosamente prohibidas, sin la autorización escrita de los titulares del «*Copyright*», bajo las sanciones establecidas por las leyes, la reproducción total o parcial de esta obra por cualquier medio o procedimiento, comprendidos la reprografía y el tratamiento informático, y la distribición de ejemplares de ella mediante alquiler o préstamos públicos.

Título original: *Buffettology*
Edición original en inglés publicada por Rawson Associates, Scribner, división de Simon & Schuster, Nueva York, Estados Unidos
©Mary Buffett y David Clark, 1997
©de la edición en lengua castellana, Ediciones Gestión 2000, S.A.
  Barcelona, 2000
©2006, Ediciones Deusto
  Planeta DeAgostini Profesional y Formación, S.L.
  Av. Diagonal, 662
  Barcelona 08034

Traducción: Adrià de Gispert Ramis
Fotocomposición: Text Gràfic

ISBN colección: 84-234-2393-X
ISBN obra: 84-234-2385-9

Editorial Planeta Colombiana S. A.
Calle 73 N° 7-60, Bogotá, D.C.

ISBN O.C.: 958-42-1364-4
ISBN V.: 958-42-1369-5

Primera reimpresión (Colombia): enero de 2006
Impresión y encuadernación: Quebecor World Bogotá S. A.
Impreso en Colombia - Printed in Colombia

A mis hijos

Agradecimientos

Primero de todo nos gustaría dar las gracias a nuestra editora, Eleanor Rawson. Sencillamente es la persona más asombrosa de todas con las que nosotros hemos trabajado. Cada barco tiene un capitán, y ella fue el nuestro. Siempre le estaremos agradecidos.

También nos gustaría dar las gracias a la gente de Scribner. Tienen la reputación de ser los mejores. Puedo afirmar que superan con creces esa reputación.

Debemos agradecer especialmente a Cindy Connolly, la ayuda que nos brindó con nuestros primeros borradores. Es una periodista de talento y con un solo detalle de su pluma solucionó muchos problemas literarios que dejaban perplejos a los autores.

También queremos agradecer a Patti, quien hace treinta y cinco años sentó a un niño en la mesa de un corredor de bolsa y le dijo: «Puedes invertir en la empresa donde trabaja tu padre o en la que trabaja Mickey Mouse». (El niño prefirió el ratón y años más tarde Mickey le pagó la universidad). Al difunto Benjamin Graham, por ser el mejor de los profesores. A nuestro ayudante de investigación en Nueva York, Andy Clark, quien a veces indagó tan profundamente en la Universidad de Nueva York que pensábamos que acabaría en China. A nuestro ayudante de investigación en Omaha, Monte Lefholtz, que de alguna forma logró que empleados del gobierno encontraran documentos históricos que siguen diciendo que no existen. A Richard Oshlo por dedicar su tiempo a responder todas nuestras preguntas sobre el sistema bancario. Y por último, pero no por eso menos importante, a Warren Buffett por su generosidad y su genialidad.

Índice

Advertencia 13
Parte I. El Arte de la Buffettología Básica 15
  1. Antes de empezar este libro 17
  2. Cómo utilizar este libro 23
  3. Raíces 29
  4. Invertir desde una perspectiva empresarial 33
  5. ¿Qué es la inversión empresarial? 35
  6. La visión de Warren sobre los beneficios 37
  7. El precio que paga determina su tasa de rentabilidad 41
  8. La empresa, las acciones, las obligaciones: breves explicaciones útiles 47
  9. Valorar una empresa 57
  10. Las dos únicas cosas que necesita saber acerca de una inversión con perspectiva empresarial: qué comprar y a qué precio 67
  11. Qué podemos aprender del arma secreta de Warren: la magia del interés compuesto 71
  12. Determinar qué tipo de empresa quiere poseer ... 81
  13. La teoría del valor intrínseco expansivo 85
  14. La empresa mediocre 91
  15. Cómo identificar la empresa excelente: la clave de la buena suerte de Warren 99
  16. Nueve preguntas para ayudarle a determinar si una empresa es verdaderamente excelente 105
  17. Dónde buscar empresas excelentes 123
  18. Más formas de encontrar una empresa en la que invertir 131

19. Lo que necesita saber de la dirección de la empresa en la que podría invertir 139
20. Cuándo puede una bajada convertirse en una oportunidad de inversión 143
21. Cómo la mecánica del mercado hace fluctuar los precios de las acciones para crear oportunidades de compra 151
22. La inflación 161
23. La inflación y el monopolio del consumidor 169
24. Unas palabras sobre los impuestos 173
25. Los efectos de la inflación y los impuestos en la tasa de rentabilidad, y la necesidad de obtener una rentabilidad del 15% de su inversión 175
26. El mito de la diversificación frente a la cartera de inversiones concentrada 177
27. ¿Cuándo debería vender sus inversiones? 179
28. Los diferentes tipos de inversiones de Warren 185

Parte II. Buffettología Avanzada 191

29. El papel del analista en la determinación del poder de generar beneficios 195
30. Las herramientas matemáticas 197
31. Test nº 1, para determinar a simple vista si se pueden predecir beneficios 199
32. Test nº 2, para determinar su tasa de rentabilidad inicial 203
33. Test nº 3, para determinar la tasa de crecimiento de los beneficios por acción 205
34. Determinar el valor de una empresa en relación a las obligaciones del Estado 209
35. Entender la preferencia de Warren por las empresas con tasas elevadas de rentabilidad sobre los capitales propios 211
36. Determinar la tasa de rentabilidad compuesta anual prevista, parte I 219
37. Determinar la tasa de rentabilidad compuesta anual prevista, parte II 225

38. La acción/obligación con un cupón en expansión 235
39. Utilizar la tasa de crecimiento anual de los beneficios por acción para predecir el valor futuro de una acción 239
40. Cómo puede una empresa aumentar la fortuna de sus accionistas recomprando sus propias acciones 243
41. Cómo determinar si los beneficios por acción están incrementándose debido a una recompra de acciones 249
42. Cómo medir la capacidad de la dirección de utilizar los beneficios retenidos 253
43. Compromisos de arbitraje a corto plazo 259
44. Agrupándolo todo: casos de estudio 267
45. Cómo empezó Warren: el vehículo de la inversión 283
46. 54 empresas a observar 291
47. Esperando el momento perfecto 313

Epílogo 317

Advertencia

Esta publicación contiene la opinión y las ideas de sus autores. No es una recomendación de compra o venta de acciones de las empresas o inversiones que en ella se comentan. Ni los autores ni la editorial se comprometen a proporcionar servicios de asesoría legal, contable, inversora o de otro tipo. Las leyes varían de un sitio a otro y si el lector necesita una asistencia financiera experta o consejo legal, debería consultar a un profesional. Ni los autores ni la editorial pueden garantizar la precisión de la información aquí contenida.

Los autores y la editorial declinan cualquier responsabilidad por las pérdidas o el riesgo, a nivel particular o empresarial, en que se pueda incurrir como consecuencia, directa o indirecta, de la aplicación de cualquiera de los contenidos de este libro.

PARTE I
El arte de la Buffettología Básica

1
Antes de empezar este libro

Este libro no es otro «copiar y pegar» de las cartas de Warren Buffett a los accionistas de Berkshire Hathaway, ni tampoco una biografía repleta de anécdotas de Buffett. Por el contrario, se trata del estudio más exhaustivo y de la explicación más detallada jamás escrita de las técnicas de inversión de Buffett.

El libro está diseñado para enseñarle el sistema de inversión de extraordinario éxito, desde los conceptos y ecuaciones matemáticas que le ayudan a Buffett a tomar sus decisiones de inversión, hasta las empresas reales que han captado su interés.

Warren Buffett no ha participado en la creación de este libro, y estoy segura de que nunca predijo que, de toda la gente posible, sería su exnuera quien escribiera un libro de estas características. Durante los años setenta fui una mujer de negocios que trabajaba en la dirección de una compañía discográfica y de un negocio de importación y exportación exitoso. Pero en 1981, después de un noviazgo muy romántico, me casé con Peter, hijo de Warren Buffett, encontrándome así como miembro de una de las familias más ricas del mundo.

F. Scott Fitzgerald escribió que la gente muy rica es diferente de usted y de mí. Tenía razón. Pero es diferente de las formas más extrañas, de las cuales la más rara es sin duda el código de silencio que se exige a la familia y a los amigos. Mientras estaba casada con Peter, se me instruyó más de una vez para que no hablase con nadie de fuera de la familia acerca de las operaciones inversoras de Warren. Escribir este libro, simplemente, hubiera estado totalmente fuera de lugar.

Pero en 1993 Peter y yo nos divorciamos, lo cual me causó una profunda tristeza. Poco después, fui atacada por una manada de esperanzados agentes literarios que me incitaban a escribir sobre Warren Buffett y su familia. Se había escrito muy poco acerca de la vida privada de Warren, y las ofertas que me hicieron, debo admitirlo, eran muy tentadoras. Finalmente, dado mi estado de ánimo posdivorcio, las rechacé todas.

En ese momento pensé –y todavía sigo pensándolo– que lo que a la gente realmente le interesa es cómo Warren, invirtiendo en bolsa, convirtió 105.000 dólares en una fortuna de más de 20.000 millones de dólares. Siempre pensé que esa faceta de Warren era totalmente fascinante, y es por eso que he escrito este libro y no el otro.

Después de decidir llevar a cabo este proyecto, me puse en contacto con David Clark –un analista de inversiones y viejo amigo de la familia Buffett que estaba en Omaha– a quien había conocido en casa de Warren hacía dieciséis años. David ya le había sugerido a Peter que escribiera un libro sobre los métodos de inversión de su padre. (Ya sé que mucha gente supone que los hijos de Warren entienden muy poco de lo que su padre hace. No es cierto. Desde que nacieron, y durante sus años de adolescencia, Warren dirigió parte de sus operaciones bursátiles desde un pequeño despacho en la casa familiar. Pese a que su hijo mayor, Howard, y su hija mediana, Susie, estén probablemente más dotados que Peter, todos ellos tienen una excelente comprensión de cómo su padre crea su magia inversora.)

Le pregunté a David si estaría interesado en ayudarme a escribir un libro acerca de la filosofía de inversión de Warren. David está considerado, tanto por gente del entorno de Buffett como del externo, como uno de los jóvenes Buffettólogos de mayor talento que ejercen en la actualidad. También tiene algo de historiador financiero. Aunque me sentía capaz de presentar con precisión la cara cualitativa del método de Warren, sabía que necesitaba alguien del calibre de David para explicar plenamente el lado cuantitativo. Afortunadamente, David aceptó y pronto se convirtió en el principal apoyo para convertir este libro en el trabajo definitivo sobre los métodos de inversión de Warren.

El interés de Warren en enseñar su filosofía a su familia variaba a menudo. Durante los primeros años de mi matrimonio, Warren celebraba el Día de Navidad entregando a cada uno de sus hijos y sus cónyuges un sobre con 10.000 dólares. Al estilo de una versión millonaria del viejo Santa Claus, distribuía los sobres riendo y deseando «Feliz Navidad» a todos nosotros. Posteriormente, decidió que teníamos que tener un mayor interés por los negocios de la familia y sustituyó los 10.000 dólares por acciones por el mismo valor de alguna empresa en la que recientemente había invertido.

Las acciones de Capital Cities, Americus Trust for Coca-Cola (un trust que ya no existe y que poseía acciones de Coca-Cola), Freddie Mac y Service Master fueron algunas de las grandes empresas que encontré en mi calcetín de Navidad.

No necesitamos mucho tiempo para darnos cuenta de que todavía era más provechoso añadir más acciones a las recientemente adquiridas. Infaliblemente, estos regalos de Navidad incrementaban de forma extraordinaria su valor. Se trataba verdaderamente de regalos que seguían dando más. Un día empezamos a referirnos a estos regalos como el consejo inversor de Navidad, esperando con ansia tanto las acciones como el consejo, cuando las vacaciones se acercaban.

Pero eran más que tan sólo regalos o consejos de Navidad. Eran la forma que tenía Warren de hacer que prestásemos atención a las empresas a quienes estas acciones representaban. Walter Schloss, un gran inversor y viejo amigo de Warren, dijo que nunca se conoce realmente una empresa hasta que se posee parte de ella. Tenía toda la razón. Con cada regalo de Navidad, empezaron a aparecer en el correo informes anuales y cheques de dividendos. El *Wall Street Journal* se convirtió en un elemento doméstico cotidiano, y todos empezamos a hacer un minucioso seguimiento de nuestros intereses recientemente adquiridos en estas empresas maravillosas.

Me di cuenta de que Warren utilizaba poco los típicos valores de Wall Street. No parecía importarle la tendencia del Dow Jones, ni hacía ningún caso a las predicciones. Nunca miraba un gráfico, y si alguien le intentaba aconsejar unas acciones frente a otras, le ignoraba. Disfrutaba especialmente criticando la *Teoría del Mercado Eficiente*, la cual consideraba absoluta basura. Sólo le importaban las empresas concretas en las que quería invertir. Warren es una persona que centra mucho su atención.

Como todo buen Buffettólogo, empecé a leer los antiguos informes anuales de Berkshire Hathaway y las cartas originales de Warren a sus pocos socios, y todas ellas eran fascinantes. También tuve la suerte de asistir en vivo a las pocas clases de postgrado que Warren impartió en la Universidad de Stanford. Peter y yo nos sentábamos en el fondo de la clase con una videocámara y grabábamos a Warren para la posteridad.

Más adelante examiné dos libros de Benjamin Graham, *The Intelligent Investor* («El inversor inteligente») y *Security Analysis* («Análisis de Valores»). Pese a ser muy reveladores y minuciosos, me pareció que estos escritos se alejaban mucho de lo que Warren decía. Fue Graham quien desarrolló el concepto de la inversión con perspectiva empresarial, que es la piedra angular de la filosofía de Warren.

Fue por aquel entonces cuando Warren empezó a interesarse en educar a los nietos. Jamás olvidaré el día que me encontré a las dos niñas gemelas de ocho años tumbadas en un sofá del comedor, leyendo el *Wall Street Journal*. Acababan de llegar de casa del abuelo en Omaha, y no pude evitar sonreír ante semejante situación. Bromeando, les pregunté si tenían algunas ideas para invertir. Me miraron y respondieron: «Pillsbury», y recitaron una lista de empresas que Warren les había dicho que Pillsbury poseía. Las que más les fascinaban eran Burger King y los helados Häagen-Dasz. Como dice Warren, invierte en empresas que hagan productos que entiendas. (Grand Metropolitan compró Pillsbury pocos años después a casi el doble del precio que tenía cuando las gemelas dieron su consejo).

Empecé a ver a Warren como un coleccionista. En lugar de coleccionar pinturas caras, inmensas mansiones, yates millonarios o cualquier otra cosa con la que los grandes ricos llenan sus vidas, colecciona empresas excelentes. Se ha pasado la mayor parte de su vida buscando un tipo concreto de empresas en las que invertir. Él las llama monopolios del consumidor. Lo comentaremos más adelante con gran detalle.

Me di cuenta de que Warren, como todo buen coleccionista, se fijaba mucho en el precio que estaba dispuesto a pagar por una de esas empresas campeonas. De hecho, el precio del negocio determinaba completamente si lo compraba o no. No estoy hablando de si se lo podía permitir o no. Por supuesto que podía. Simplemente, buscaba el trato ideal. Descubrí que Warren identifica primero qué quiere comprar y después deja que el precio del valor determine si lo compra o no.

Aquí hay dos pensamientos a diferenciar: ¿Qué comprar? ¿A qué precio? De esto trata este libro: cómo Warren determina en qué empresas quiere invertir, y qué precio está dispuesto a pagar. Parece sencillo, ¿verdad? Lo es y no lo es.

Si tiene interés en las inversiones, creo que este libro le resultará totalmente fascinante además de provechoso. David y yo lo escribimos de forma que permita ir progresando a través de los conceptos clave antes de introducirse en cuestiones más detalladas. La primera mitad del libro consiste en la parte cualitativa de la ecuación. Cubre las teorías generales para determinar por qué tipo de empresas debería interesarse. La segunda es la cuantitativa, y está cargada de matemáticas. Es ahí donde aprenderá a encontrar el precio adecuado a pagar. Ambas partes son fundamentales para entender la filosofía inversora de Warren. Creemos que este libro le será totalmente revelador, puesto que hemos utilizado mucho material nunca visto hasta ahora.

También ofrecemos una lista de 54 empresas en las que Warren invirtió, y en las que creemos que todavía está interesado. Muchas de estas empresas, es la primera vez que son identificadas como empresas Buffett. Pero sólo una advertencia: no caiga en la trampa de pensar que sólo porque Warren esté interesado en poseer más acciones de cierta empresa, usted tiene que adquirirlas a cualquier precio. Le enseñaremos cómo determinar el precio adecuado. Por favor, tenga paciencia.

Al planificar el esquema del libro, queríamos que fuese accesible para la gente que lee con prisas: en los aeropuertos, en trenes, esperando a que salgan los niños de la escuela, o durante esa hora que uno tiene cuando el resto de la familia se ha ido a dormir. Por tanto hemos creado a propósito capítulos cortos y muy enfocados en el tema. También hemos incorporado la técnica educativa de reiteración de los conceptos clave a lo largo del libro. Así que, si dejó el libro hace una o dos semanas, no tenga miedo de cogerlo de nuevo por la última página que leyó.

Miro al futuro y le veo a usted con una clara comprensión de la magnífica puesta en práctica que hace Warren Buffett de la brillante revelación de Benjamin Graham: la inversión es más inteligente cuanto más enfocada está al negocio. Durante este proceso usted se convertirá, como Warren, en un inversor inteligente.

Mary Buffett

2

Cómo utilizar este libro

La locura y la disciplina son los elementos clave de la filosofía de inversión de Warren Buffett: las locuras de la otra gente, y la disciplina de Warren. Warren sólo invierte capital cuando tiene sentido desde una perspectiva empresarial. Es la *inversión con perspectiva empresarial*, o sea a largo plazo, lo que le da la disciplina para sacar provecho de las locuras de la bolsa. Este libro trata de dicha inversión con perspectiva empresarial.

Esta disciplina de invertir desde una perspectiva empresarial ha hecho de Warren el segundo hombre de negocios más rico del mundo. En la actualidad, el patrimonio de Warren asciende a más de 20.000 millones de dólares. *Warren es el único multimillonario* que ha llegado a la lista Forbes de los 400 americanos más ricos *solamente mediante la inversión en bolsa*. Durante los últimos treinta y dos años, su cartera de inversiones le ha producido una tasa anual de rentabilidad media del 23,8%.

Como seres humanos, somos susceptibles a la mentalidad del grupo, y es por eso que a menudo caemos víctimas de las vicisitudes emocionales que empujan a la bolsa, produciendo enormes beneficios a aquéllos que son disciplinados como Warren. Cuando el índice Dow Jones acaba de descender 508 puntos y todo el mundo lucha por salvarse del naufragio, es la inversión con perspectiva empresarial la que da a Warren la confianza suficiente para adentrarse en la bolsa, entre temores y egoísmo, y empezar a comprar. Cuando la bolsa se dispara hasta la estratosfera, es la disciplina de invertir desde una perspectiva empresarial lo que evita que Warren coloque dinero alocadamente en empresas que no tienen ni probabilidades ni esperanzas de ofrecer una rentabilidad decente de su inversión.

Este libro trata de la disciplina de *invertir sólo desde una perspectiva empresarial*. Juntos estudiaremos el origen y la evolución de esta filosofía. Ahondaremos en los primeros escritos del tutor de Warren, Benjamin Graham, y en las ideas de otros grandes financieros de este siglo, para viajar más adelante hasta el presente e investigar la sustancia de la filosofía de Warren.

Warren creó su fortuna invirtiendo en valores de muchos tipos distintos de negocios. Su preferencia es adquirir el *100% de la propiedad* de una empresa que tenga una dirección y unas finanzas empresariales excelentes. Cuando no puede hacerlo, su siguiente elección consiste en una *inversión minoritaria a largo plazo en los valores* de una empresa que también tenga una dirección y unas finanzas empresariales excelentes. Lo que confunde a la gente que intenta descifrar su filosofía es que tanto hace inversiones en acciones de beneficios a largo plazo como a medio o corto. Y además es un buen jugador en el campo del arbitraje.

Las características de las empresas en las que está invirtiendo varían según la naturaleza de la inversión. Una empresa en la que está dispuesto a invertir por motivos de arbitraje puede no ser el tipo de negocio en el que quiera hacer una inversión a largo plazo. Pero, independientemente del tipo de negocio o de la naturaleza de la inversión, Warren siempre utiliza las bases de la inversión con perspectiva empresarial como fundamentos para su decisión.

Mucha gente tiene la capacidad intelectual para entender la filosofía de inversión desde una perspectiva empresarial de Warren, pero pocos tienen la dedicación y el deseo de trabajar para aprender las herramientas de su arte. El objetivo de este libro es exponer, paso a paso, los fundamentos de la filosofía de Warren y *la forma cómo la aplica*. Este libro es una herramienta para facilitar la tarea del aprendizaje, y nuestra intención es enseñarle la filosofía de Warren para que usted pueda adquirir las habilidades que le permitan poner en práctica esta disciplina.

Antes de empezar, me gustaría introducir algunos conceptos y términos que serán utilizados a lo largo del libro, además de ofrecerle una visión de hacia dónde nos dirigiremos en este viaje a través de los mares de las finanzas.

Primero de todo, tomemos el término «valor intrínseco». Su definición ha sido debatida durante todo este siglo. Encaja en nuestro esquema porque Warren sólo invertirá en un negocio si tiene un precio razonable dado el valor intrínseco de la empresa.

Determinar el valor intrínseco de una empresa es clave para descifrar la filosofía de inversión de Warren. Para él, el valor intrínseco de una inversión es la actualización de la rentabilidad que la inversión producirá.

Es la tasa de rentabilidad anual prevista para el futuro de la empresa lo que Warren utiliza para determinar si una inversión tiene o no sentido empresarial. Lo que Warren hace es *prever un valor futuro* de la empresa para, por ejemplo, diez años después; entonces compara el precio que pagará por la empresa con el valor futuro previsto, y con el tiempo que necesitará la empresa para alcanzar ese valor previsto. Utilizando una ecuación que le mostraremos más adelante en el libro, Warren es capaz de prever la tasa anual de rentabilidad que la inversión producirá. La *tasa anual de rentabilidad* que se prevé que la inversión producirá es el *valor* que utiliza para determinar si la inversión *tiene sentido empresarial* en comparación con otras inversiones.

En su forma más simple, funciona de la siguiente manera: si Warren puede comprar una acción de la empresa X por 10 u.m. y puede prever que en 10 años la acción valdrá 50 u.m., entonces puede calcular que su tasa anual de rentabilidad será aproximadamente del 17,46% para el periodo de 10 años. Es esta rentabilidad anual del 17,46% la que entonces comparará con otras inversiones para determinar si la inversión en la empresa X tiene sentido empresarial o no.

Usted se debe estar preguntando: ¿si el modelo del valor intrínseco de Warren requiere la previsión del valor futuro de una empresa, cómo se las arregla para determinar ese valor futuro?

Eso, amigos míos, es el quid para resolver el enigma de la filosofía inversora de Warren. ¿Cómo se pueden determinar los beneficios futuros de una empresa para prever su valor futuro y por tanto, su valor intrínseco? Este libro se centra principalmente en este problema y en la forma de solucionarlo de Warren.

En resumen, Warren se centra en la posibilidad de predecir los beneficios futuros; y cree que sin un cierto grado de posibilidad de predecir los beneficios futuros, cualquier cálculo de un valor futuro es mera especulación, y la especulación, una invitación a la locura.

Warren sólo invertirá a largo plazo en las empresas cuyos beneficios futuros sean predecibles hasta un elevado grado de certeza. La certeza de los valores futuros elimina el elemento de riesgo de la ecuación y permite determinar con seguridad el valor futuro de una empresa.

Después de descubrir las características que Warren cree que son propias de una empresa con beneficios predecibles, aprenderemos a aplicar los cálculos matemáticos que realiza para determinar el valor intrínseco de la misma y cuál será la rentabilidad de la inversión. La naturaleza de la empresa y si se puede comprar a un precio que produzca una rentabilidad suficiente, determinarán el valor de la inversión y si estamos invirtiendo desde una perspectiva empresarial o no.

Si tuviese que resumir los grandes secretos de la exitosa inversión con perspectiva empresarial de Warren, propondría lo siguiente:

1

Warren sólo invierte a largo plazo en empresas cuyos beneficios futuros pueda predecir razonablemente. (Esto ya lo sabíamos).

2

Warren ha visto que el tipo de empresas cuyos beneficios puede predecir razonablemente tienen en general unas expectativas a su favor. Esto permite a la empresa ganar mucho dinero que puede invertir comprando nuevas empresas o bien mejorando la rentabilidad de la gran empresa que suministró todo el capital con el que se empezó.

3

Estas expectativas excelentes se ponen muchas veces de manifiesto mediante grandes dividendos para los accionistas, grandes beneficios, la presencia de lo que Warren denomina un *monopolio del consumidor* (empresa que triunfa con sus clientes) y una dirección que opera teniendo en cuenta los intereses económicos de los accionistas.

4

El precio que se paga por una acción determinará la rentabilidad que se puede esperar de la inversión. A menor precio, mayor rentabilidad. A mayor precio, menor es la rentabilidad. (Estudiaremos este punto con mucho detalle en el capítulo 7).

5

Warren, a diferencia de otros profesionales de la inversión, escoge el tipo de empresas en las que le gustaría estar y entonces deja que el precio de la acción, y por tanto su tasa esperada de rentabilidad, determine la decisión de compra. (Esto es como si en el instituto

Warren identificase a la chica con quien le gustaría salir y esperase a que ella rompiese con su novio antes de acercarse a ella).

6

Warren se ha dado cuenta de que invertir al precio adecuado en ciertas empresas con economías excepcionales a su favor produce a largo plazo una tasa anual de rentabilidad del 15% o más. Cómo determina cuáles son las empresas adecuadas y cuál es el precio adecuado es de lo que este libro trata.

7

Y finalmente, aunque no menos importante, Warren encontró una forma de recibir dinero de otras personas para poderlo gestionar y sacar provecho de su maestría en las inversiones. Esto lo llevó a cabo estableciendo una asociación de inversión, y más tarde adquiriendo compañías de seguros.

Voy a enseñarles todo lo que he podido saber sobre cómo Warren hace todo esto, y si he hecho bien mi trabajo, al final de este libro usted entenderá a Warren y el arte de invertir con perspectiva empresarial. Y aún más importante, usted conocerá el secreto de lograr una tasa de rentabilidad anual del 15% o más por su dinero.

Ya sé que muchos de ustedes piensan que para hacerse rico hay que conseguir montones de dinero rápidamente, pero esto no es así. Sólo hay que conseguir continuamente tasas de rentabilidad por encima del promedio durante mucho tiempo. Como ha hecho Warren.

También le mostraré cómo establecer una asociación de inversión, que es una de las claves para hacerse realmente rico, y un método que Warren utilizó con mucha habilidad. En resumen, mi intención es llevarle paso a paso hasta la riqueza. Exploremos y conozcamos el mundo de la Buffettología.

3

Raíces

El fallecido Benjamin Graham, padre de la filosofía inversora de Wall Street y gran autor de cuatro ediciones del magnífico tratado sobre inversión *Security Analysis* («Análisis de valores») escrito en 1934 había sido profesor de Warren Buffett en la Columbia University, le contrató para la empresa de inversión de Nueva York Graham-Newman, y fue su tutor y amigo durante casi treinta años. Fue Graham quien enseñó a Warren que «la inversión es más inteligente cuando es más empresarial». Si hay algún principio que es sagrado para Warren y al que atribuya su éxito, sin duda se trata de este concepto. Dentro del marco de esta única idea es donde Warren ha edificado todo su imperio financiero.

El camino de Warren hacia los ricos se inició en 1957, cuando amigos y familiares invirtieron 105.000 dólares en su limitada asociación de inversores. Hoy día se cifra la riqueza de Warren en más de 20.000 millones de dólares. Sin el principio de Graham de «invertir desde una perspectiva empresarial» como guía, la actuación de Warren como inversor podría no haber sido mejor que la media. Con él ha creado una de las grandes fortunas de la historia contemporánea.

Aunque Warren expone esta filosofía de buena gana –ya sea como presidente de Berkshire Hathaway, el holding que lidera, o bien en alguna clase universitaria ocasional- sus sutilezas parecen haber eludido a los profesionales de la inversión y a todo el mundo hasta ahora. Uno pensaría que cualquiera cuya profesión fuese invertir debería hacer de Warren un caso a estudiar y analizar en profundidad hasta diseccionar su filosofía. Pero la profesión y su vertiente académica parecen preferir etiquetarle como un enigma de cuatro estrellas.

De lo que poca gente se da cuenta es que Warren es ante todo un pensador, un filósofo cuyo objeto de estudio y cuyo reino de maestría es el mundo de los negocios. Es un hombre que ha tomado las filosofías de la inversión y de los negocios de las mentes más lúcidas que trataron el tema con anterioridad, y ha sintetizado un enfoque absolutamente nuevo basado en estas viejas lecciones. En muchos aspectos, su enfoque es contrario al pensamiento convencional de Wall Street.

Si diseccionamos la filosofía inversora de Warren, nos daremos cuenta de que realmente él es:

- en parte Benjamin Graham, de quien tomó los conceptos de inversión desde una perspectiva empresarial y de énfasis en el precio como principal factor motivador para seleccionar inversiones;

- en parte Philip Fisher, el legendario corredor de bolsa y autor californiano, de quien Warren adquirió la idea de que la única empresa en la que vale la pena invertir es aquélla con una economía excelente y la teoría de que el mejor momento para vender un negocio excelente es nunca;

- en parte Lawrence N. Bloomberg, pensador y autor de los años treinta, quien introdujo tanto a Graham como a Warren la idea del mayor valor de inversión del monopolio del consumidor (Graham menciona a Bloomberg en su edición de 1951 de *Security Analysis*);

- en parte John Burr Williams, matemático, financiero, filósofo de los años treinta, autor de *The Theory of Investment Value* («La Teoría del Valor de Inversión»), Harvard University Press, 1938, de quien Warren adquirió la idea de que el valor de una empresa está relacionado con lo que ganará en el futuro;

- en parte Lord John Maynard Keynes, famoso economista y autor británico, de quien Warren extrajo el concepto de la cartera reducida y de la importancia de aprender bien un área y no apartarse de ella;

- en parte Edgar Smith, quien en 1924 escribió *Common Stocks as Long-Term Investments* («Acciones ordinarias como inversiones a largo plazo», Harvard University Press, 1938), obra muy aclamada por aquel entonces pero muy olvidada durante años, y que enseñó a Warren el concepto de que *los beneficios no distribuidos añaden valor al negocio* durante un periodo de tiempo;

- y aún más importante, en parte Charlie Munger, abogado erudito y empresario financiero, quien como amigo y socio de Warren le convenció de centrarse en la filosofía más sofisticada de adquirir negocios excelentes a precios que tuviesen sentido empresarial en lugar de buscar sólo ofertas de estilo Graham.

Este es un grupo ecléctico, cuyos escritos se extienden casi cien años en el pensamiento sobre la inversión en valores.

Graham conocía todas estas filosofías, pero hizo falta el extraordinario y único cambio de mentalidad de Warren para sintetizarlas en una estrategia que *superara todos sus esfuerzos individuales*. Warren no tiene miedo de que alguien descubra el secreto de su éxito porque, como todo buen cocinero, se olvida uno o dos ingredientes cuando comenta las recetas de sus mejores platos.

Warren es una persona extremadamente inteligente y competitiva. Jamás lo contará todo. Siempre ha defendido que las grandes ideas en el reino de la inversión son pocas y deberían ser preservadas y consideradas como propiedad. Sólo comentará los detalles de su filosofía con los miembros de su familia y en círculos reducidos. Al resto del mundo le alimenta con pistas, sólo para despistar la atención. Afirma abiertamente que *Security Analysis* de Graham es el mejor libro que jamás ha leído sobre inversión, pero no dirá que las filosofías de Graham no son las únicas que utiliza en la actualidad. Graham puede ser los pilares, pero sin duda no es la casa.

Graham proporcionó a Warren las bases, y a partir de allí Warren fue avanzando tomando de los demás y creando como todo genio hace. Pero decir que Warren es Graham es como decir que Oppenheimer es Einstein, o que Balanchine es Diaghilev. Uno puede haber influido en el otro, pero en realidad son dos «bestias» totalmente distintas.

Warren no se convirtió en un genio de la inversión de la noche al día. Su viaje empezó con la edición de 1934 de *Security Analysis* de Graham y ha continuado a través de una variedad de pensamiento financiero hasta nuestros tiempos. Cualquier estrategia utilizada en un campo altamente competitivo requiere la capacidad de adaptarse y cambiar a medida que el entorno evoluciona. Lo que le iba bien a Graham en los años treinta y cuarenta dejó de irle bien a Warren en los setenta y ochenta.

Si comparásemos el estilo de inversión grahamiano relativamente puro de, por ejemplo, el legendario inversor Walter Schloss (quien estudió y trabajó con Graham y ahora dirige junto a su hijo una cartera de inversores de mucho éxito en Nueva York) con el estilo actual de Warren, veríamos que son tan distintos como el día y la noche.

Schloss controla una cartera de inversiones extensa y diversificada, a menudo con más de cien empresas diferentes. Schloss deja que el precio sea la fuerza dominante a la hora de tomar decisiones de compra. Busca acciones que se vendan a un precio inferior a su valor intrínseco. Practicando una filosofía grahamiana tradicional, Schloss vende cualquier inversión que haya llegado a su valor intrínseco.

Warren, en cambio, controla una cartera mucho más concentrada, en la que la naturaleza económica de la empresa tiene igual peso que el precio a la hora de determinar qué comprar. Además, Warren está dispuesto a mantener para siempre unas acciones siempre que la economía de la empresa se mantenga como mínimo igual que cuando la compró. Esto *asegura que se beneficiará del efecto compuesto de los beneficios no distribuidos*. También asegura que esquivará los impuestos que erosionan los beneficios que se le impondrían si vendiera su inversión.

Aunque la filosofía grahamiana pura sigue teniendo un nicho a explotar en el mundo de la inversión, su mayor valor consiste en ser base sobre la cual aprender el proceso inversor. *Security Analysis* de Graham es más que un tratado sobre la inversión. Es un comentario histórico sobre las técnicas utilizadas para evaluar valores en el contexto inversor. Entre 1934 y 1962 Graham escribió cuatro ediciones de *Security Analysis,* en cada una de las cuales descifraba y analizaba viejos y nuevos métodos de análisis de valores tal y como se habían aplicado hasta entonces.

Uno aprende de la experiencia, y si no de la experiencia, sí de aquéllos con experiencia. Y esto es lo que Graham nos proporciona. Mientras trabajaba por Graham, Warren juró no volver a invertir sin haber leído el libro de Graham doce veces. En la actualidad, Warren conserva las cuatro ediciones en su escritorio, y todavía encuentra en ellas sutilezas que se le escaparon en lecturas anteriores. Como con la Biblia, la experiencia propia mejora cada lectura del libro, surgiendo siempre nuevas revelaciones.

Ciertamente, Graham fue un hombre que plantó los árboles bajo los cuales ahora otros pueden sentarse y gozar de su fruto. Es por eso que parece apropiado que iniciemos nuestra formación en Buffettología con el principio fundamental de la filosofía de Graham que Warren considera como la base fundacional de su propio pensamiento.

4

Invertir desde una perspectiva empresarial

La inversión desde una perspectiva empresarial es el concepto más desafiante que encontrará en este libro. Y no es así porque requiera una cantidad considerable de conocimientos de contabilidad y finanzas, que la requiere, sino más bien porque es muy diferente al saber convencional difundido por las grandes casas de inversión de Wall Street.

A medida que lea este libro se dará cuenta de que tener una perspectiva empresarial a la hora de invertir tiene más de disciplina que de filosofía, y que una vez se ha entendido el concepto, éste exige absoluta devoción. Apártese de él y vagará por el paisaje lunar financiero, bailando para siempre al son de la locura creada por el miedo y el egoísmo.

Adhiérase a este saber y la locura de los demás se convertirá en el terreno en el que usted recogerá su cosecha. En pocas palabras, las locuras de los demás, generadas por temores y avaricia, le ofrecerán a usted, el inversor, la oportunidad de sacar provecho de sus errores y beneficiarse así de la disciplina de comprometer el capital sólo cuando tiene sentido desde una perspectiva empresarial.

Pero le aviso: no se trata de una disciplina que lo abarca todo, en la que se pueda confiar que cualquier situación producirá beneficios. Por el contrario, como dijo Graham en referencia a la selección de obligaciones, se trata de un «arte negativo». Se trata de una disciplina que tiende a decir al inversor tanto o incluso más acerca de lo que *no* hay que comprar que de lo que *sí* hay que comprar.

Ya verá como casi todo lo relacionado con la inversión con perspectiva empresarial es ajeno a la tradición de Wall Street.

- Se encontrará esperando a que el mercado descienda en lugar de ascender, para que pueda comprar acciones de empresas que ha estado deseando poseer.

- Adoptará la forma de pensar más empresarial y llegará a la conclusión que la razón más estúpida del mundo para poseer una acción es que se crea que su precio subirá la semana siguiente.

- Cambiará su perspectiva de una que le llevaba a comprar acciones esperando un movimiento del 25% en los siguientes seis meses a una que le lleve a comprar acciones en un proyecto empresarial con continuidad; un proyecto empresarial que usted prediga que en cinco o diez años le producirá una tasa compuesta de rentabilidad anual del 15% o más.

- Aprenderá que la diversificación es algo que la gente hace para protegerse de su propia estupidez, no una muestra de inteligencia inversora.

- Encontrará grandes ideas para invertir yendo al supermercado.

- Descubrirá que su corredor de bolsa puede ser totalmente optimista pero que puede no ser muy inteligente en cuestiones financieras.

- Aprenderá que una acción a 1.500 dólares puede ser barata y una a 2 dólares puede ser extremadamente cara.

- Empezará a pensar en las acciones como obligaciones con tasas de interés variable.

Y también se dará cuenta de que aunque Warren se adhiere a los pilares filosóficos de Graham, ya hace tiempo que ha pasado página. Warren busca el valor, pero no del mismo modo o bajo el mismo marco con que Graham lo buscaba.

Empecemos pues con la historia del proceso mental que Warren utilizó para crear su enfoque revolucionario de la inversión. Viajaremos atrás en el tiempo y miraremos a las raíces de la estrategia de Warren. Discutiremos las filosofías financieras de este siglo y cómo influyeron en Graham, y cómo Graham a su vez influyó en Warren. Veremos la evolución de la forma de pensar de Warren a medida que digiere no sólo sus éxitos y fracasos sino también el conocimiento que le llega de las manos de dos de los mayores financieros modernos, Philip Fisher y Charles Munger.

Veremos en qué difiere Warren de Graham y dónde tiene, en palabras del poeta Rainer Maria Rilke, una «conflagración de claridad», que da luz en Warren a la nueva síntesis de la idea original de Graham de que la inversión es más inteligente cuando es más empresarial.

5

¿Qué es la inversión empresarial?

¿Qué significa que «la inversión es más inteligente cuando es más empresarial»? Significa que uno deja de pensar en los valores del mercado como un fin en sí mismo y empieza a pensar en *la economía de posesión de las empresas que esos valores representan.*

¿Cómo? ¡Su corredor de bolsa le llama para decirle que cree que las acciones de XYZ son una oportunidad y que en la última semana han ascendido tres puntos! Párese ahí. Una acción corriente es la propiedad parcial de un proyecto empresarial. Sí, sí, de *una empresa.* Su corredor le está intentando embarcar en el entusiasmo que cada mañana se encuentra entre las cifras del *Wall Street Journal.* Pero de hecho, las acciones son representaciones tangibles del interés del propietario en una empresa concreta. Fue Graham quien enseñó a Warren a preguntarse en lugar de (a) ¿en qué valor? y (b) ¿a qué precio?, (a) ¿en qué empresa? y (b) ¿en qué términos se propone el compromiso? Éstas son las bases para cuestionarse desde una perspectiva más empresarial.

La principal idea de Warren es comprar empresas excelentes a un precio que tenga sentido empresarial. ¿Y qué tiene sentido empresarial? En el mundo de Warren, tener sentido empresarial significa que la empresa en la que se invierte ofrecerá al inversor la mayor tasa anual compuesta de rentabilidad prevista posible con el menor riesgo. La razón por la que Warren es capaz de hacer esto mejor que los demás inversores es porque está motivado por el largo plazo (como lo estaría el propietario del negocio) y no, como muchos profesionales de la inversión de Wall Street, por el corto plazo.

Piénselo de la siguiente manera. Si yo le ofreciera venderle el supermercado de la esquina, usted miraría los libros de contabilidad y determinaría cuánto dinero genera. Si fuese provechoso, entonces intentaría descubrir si los beneficios son constantes o si varían mucho. Si determinase que la rentabilidad del supermercado ha sido constante, entonces se preguntaría si ésta podría modificarse. Si la respuesta fuese negativa, entonces preguntaría el precio.

Una vez conociera el precio que se pide, entonces lo compararía con los beneficios anuales del supermercado y determinaría qué tipo de rentabilidad obtendría. Un precio de 100.000 u.m. frente unos beneficios de 20.000 u.m. al año le producirían una tasa de rentabilidad anual del 20% (20.000 / 100.000 = 20%).

Conocida la rentabilidad prevista, podría decidir si una rentabilidad de la inversión del 20% es una buena inversión. De hecho, compararía tasas de rentabilidad. Y si fuese atractiva, realizaría la compra.

Así es como trabaja Warren. Esté comprando un negocio entero o una parte, siempre se pregunta: ¿qué beneficios puede generar previsiblemente esta empresa, y cuál es el precio que se pide por ella? Cuando tiene la respuesta a estas preguntas puede comparar y decidir.

Pero no es así como el saber establecido de Wall Street le haría operar. Warren y el comprador del supermercado prevén mantenerse en el negocio durante un largo periodo de tiempo para sacar máximo provecho de la propiedad. Una rentabilidad del 20% durante, por ejemplo, 15 años es un buen partido.

Por el contrario, en Wall Street se mira el negocio desde una perspectiva a corto plazo. Se quiere la muerte súbita. Una rentabilidad anual del 20% puede no ser suficiente para que un inversor se haga un lugar en la lista de los mejores inversores. En el juego de la gestión de fondos, unos pocos trimestres malos pueden significar el fin de tu carrera, con lo que premia más el presente que el futuro.

Si el supermercadado fuese realmente un buen negocio con una rentabilidad atractiva, y usted lo comprara, ¿lo vendería entonces si alguien le ofreciera un 35% más de lo que usted pagó? ¿Un 35% rápido? Wall Street lo tomaría al vuelo. Warren, no. Él diría que es un buen negocio con una tasa prevista del 20%, que es difícil de encontrar. Y un 35% rápido tendría consecuencias fiscales todavía más rápidas, lo que reduciría el beneficio al 25%, aproximadamente. Además, ¡me podría quedar estancado reinvirtiendo mi dinero en inversiones de menor rentabilidad!

A Warren, como a todo buen empresario, le gusta conservar un buen negocio. Para Warren, la propiedad de las empresas correctas tiene mayor valor a largo plazo que los beneficios a corto plazo que se persiguen habitualmente en Wall Street.

6

La visión de Warren sobre los beneficios

Para comprender la visión que Warren tiene de la inversión desde una perspectiva empresarial hay que entender su visión nada ortodoxa de los beneficios de una empresa:

- Los considera suyos, en proporción con su participación en el capital de la empresa. Es decir, si la empresa gana 5 u.m. por acción y Warren tiene cien acciones, él considera que ha ganado 500 u.m. (5 x 100 = 500).

- Warren también cree que la empresa puede escoger entre pagarle esas 500 u.m. en forma de dividendos o retenerlas y reinvertirlas por él, incrementando así el valor subyacente de la empresa. Warren cree que el valor de la acción responderá, al cabo de un tiempo, a este aumento en el valor subyacente de la empresa y, por tanto, subirá su precio.

Esto difiere del punto de vista de la mayoría de los profesionales de Wall Street. Ellos no consideran que los beneficios sean suyos hasta que los han cobrado en forma de dividendos. A principios de los ochenta, las acciones del holding de Warren, Berkshire Hathaway, se cotizaban a 500 dólares la unidad. Hoy se cotizan a unos 45.000 dólares, y todavía no ha pagado ni un solo dividendo. El aumento del precio de mercado de las acciones vino de un aumento en el valor subyacente de la empresa, provocado por la provechosa reinversión que Warren llevó a cabo de los beneficios no distribuidos de Berkshire. (Nota: Berkshire Hathaway tiene dos tipos de acciones, la Clase A y la Clase B. Todos los ejemplos de Berkshire Hathaway de este libro se refieren a la Clase A.)

- Warren cree que una empresa debería retener todos sus beneficios si puede emplearlos provechosamente a una tasa de rentabilidad mejor que la que el inversor obtendría vía dividendos. Warren también cree que, como los dividendos gravan como ingresos personales, existe un incentivo fiscal para dejar que la empresa retenga todos sus beneficios.

Durante mucho tiempo en Wall Street ha existido un prejuicio contra las empresas que retienen todos sus beneficios y no pagan dividendos. Este prejuicio tiene sus raíces a principios de este siglo, cuando la mayoría de la gente compraba obligaciones en lugar de acciones a la hora de invertir. A la gente le gustaban más las obligaciones porque estaban aseguradas con los activos de las empresas, lo que significaba que quienes poseían obligaciones tenían preferencia sobre los activos de la empresa si ésta quebraba. Las obligaciones pagaban intereses a los inversores cada trimestre, con lo que los inversores sabían que había problemas en la empresa si no cobraban los intereses puntualmente.

Por aquel entonces, a las acciones ordinarias se las consideraba como peligrosas para los poco avezados financieramente debido a la falta de regulaciones de contabilidad; los propietarios mayoritarios y los directivos tenían gran libertad de movimientos con respecto a los libros de cuentas. (Buena parte de la edición de 1934 de *Security Analysis* de Graham explica cómo el analista de valores puede descubrir fraudes contables o estafas. Pero como Graham señala en ediciones posteriores, la creación de la Securities Exchange Comission en 1940 hizo desaparecer este tipo de abusos, lo que mejoró mucho el *status* inversor de las acciones ordinarias lo cual, a su vez, dio luz a una nueva era para la inversión en las acciones como un todo.)

Pero pese a que el *status* inversor de las acciones ordinarias ha mejorado mucho, la gente todavía conserva su prejuicio a favor del cobro puntual de intereses y dividendos. Ya sea con obligaciones o con acciones ordinarias, en Wall Street se huye de las empresas que no pagan dividendos. Se ve como un signo de debilidad.

Hoy día no es poco frecuente que algunos analistas de valores asignen mayor valor a empresas que pagan un dividendo que a las que no. Y esto sucede incluso cuando la empresa que está reteniendo todos sus beneficios es una empresa infinitamente mejor. (*Esta extraña forma de prejuicio fue una de las razones por las que a principios de los ochenta el holding de Warren, Berkshire Hathaway, se cotizaba a un precio igual o menor que el valor en los libros.*)

Como ya sabemos, para Warren las acciones ordinarias han significado siempre propiedad del negocio subyacente, y propiedad significa que los beneficios de la empresa le pertenecen al inversor. Los inversores/propietarios de la empresa, a través de su consejo de administración, puede instruir a la dirección de la empresa para que, o bien pague sus beneficios en forma de dividendos, o bien los retenga para posterior desarrollo y expansión del negocio de la empresa.

Este acuerdo pone un gran énfasis en la necesidad de integridad por parte de la dirección de la empresa, integridad para hacer lo que es mejor para los accionistas de la misma. Una gestión deshonesta puede manipular al consejo de administración para satisfacer los deseos de la dirección de construir grandiosos imperios que enriquezcan a los directivos y hagan poco o nada por el beneficio económico de los accionistas.

- Warren da mucha importancia a la calidad de la dirección de una empresa a la hora de tomar decisiones de inversión. Una forma para determinar dicha calidad es ver qué hace con sus beneficios. ¿Paga dividendos o los retiene? Si los retiene, ¿los emplea provechosamente o los malgasta en delirios de grandeza?

- Warren cree que la prueba a la que se tendría que someter la dirección para determinar si paga o no dividendos es: ¿les iría mejor a los inversores/propietarios si retirasen el capital de la empresa y lo invirtiesen en otras empresas? Por ejemplo, pongamos que la empresa A tiene un gran negocio que genera mucho dinero. En este caso, si la dirección pudiera utilizar provechosamente este dinero, entonces tendría sentido dejar que la dirección continuara su curso y mejorara la fortuna de la empresa. Pero si la dirección tomara decisiones de inversión erróneas con los beneficios de la empresa y acabara perdiendo dinero, entonces a los accionistas les iría mejor si se llevaran los beneficios de la empresa para invertirlos por cuenta propia.

Con Berkshire Hathaway, Warren ha conseguido emplear los beneficios no distribuidos a una tasa anual de rentabilidad después del impuesto de sociedades de aproximadamente un 23%. Esto significa que cada dólar de beneficios que Berkshire retiene, producirá anualmente una rentabilidad del 23%. Si Berkshire escogiera pagar ese 23% a sus propietarios, se les gravarían impuestos por ingresos personales, lo que reduciría la rentabilidad a cerca de un 15,9%. Además, el pago del dividendo situaría los beneficios en manos del inversor, lo que le introduciría el problema añadido de tener que resituar el capital en nuevas inversiones.

Para el inversor/propietario de Berkshire, la pregunta se convierte en: ¿quiere llevarse su parte de los beneficios de la empresa en forma de dividendos, o quiere que Berkshire los retenga y los reinvierta por él? Si Berkshire retiene los beneficios del inversor, éste puede esperar que esos beneficios no distribuidos le generen una tasa de rentabilidad anual del 23%. Y según la teoría de Warren, el valor subyacente de Berkshire se incrementará también un 23%, lo que con el tiempo provocará un aumento del precio de mercado de las acciones de Berkshire, que, a su vez, beneficia al accionista/propietario.

Siguiendo esta línea de pensamiento, Warren ha llegado a la conclusión de que las acciones ordinarias se asemejan a obligaciones que tienen tasas de rentabilidad variables, dependiendo de los beneficios de un año concreto. Y se ha dado cuenta de que algunas acciones tienen negocios subyacentes que crean suficientes beneficios continuados para permitirle predecir sus tasas de rentabilidad futuras.

En el mundo de Warren las acciones ordinarias toman las características de una obligación, en la que el interés a pagar son los beneficios netos del negocio. Warren calcula su tasa de rentabilidad dividiendo los beneficios netos anuales de la empresa por acción entre el precio que paga por una acción. Un precio por acción de 10 u.m. frente unos beneficios netos anuales de 2 u.m. por acción significa una tasa de rentabilidad del 20%. Quede claro, no obstante, que la integridad de este cálculo *depende completamente* de la *posibilidad* de predecir los beneficios de la empresa.

En la vida real, si usted fuese a comprar una empresa local querría saber cuánto ganó cada año y por cuánto se vende. Con esas dos cifras, podría calcular la tasa de rentabilidad anual de su inversión prevista simplemente dividiendo los beneficios anuales del negocio entre el precio de venta. Warren realiza este tipo de análisis esté comprando una empresa entera o una sola acción. El precio que paga determina su tasa de rentabilidad.

7
El precio que paga determina su tasa de rentabilidad

El precio que usted paga determina su tasa de rentabilidad. Ésta es la llave que debería llevar siempre colgando de su cuello. Es uno de los principios de Graham que Warren aplica.

Antes de que me extienda más en el tema del precio y de la tasa de rentabilidad, debo avisar a los lectores de que voy a simplificar algunas cuestiones para facilitar la explicación. Ya sé que muchos de ustedes ya tienen alguna experiencia en el mundo de las finanzas y querrán rebatirme ciertas cuestiones. A aquéllos que respondan a esta descripción, puedo decirles que más adelante entraré con más detalle en cuestiones más precisas. Pero por ahora debo comentar unos pocos conceptos básicos para que todo el mundo pueda entender con facilidad los capítulos posteriores sin poner aquella cara extrañada posterior a la lectura de un libro de contabilidad.

Utilicemos pues un ejemplo hipotético sumamente simplificado para empezar. (Aquellos que tienen más experiencia también deberían prestar atención al siguiente ejemplo, puesto que algunos de los principios básicos son contrarios a los promovidos por Wall Street.)

Empecemos realizando una pregunta sencilla: si yo le quisiera vender el derecho a recibir 1.100 u.m. al cabo de un año, ¿cuánto es lo máximo que estaría dispuesto a pagar por este derecho en el Día 1?

Si me pagara 1.100 u.m. y yo le pagara 1.100 u.m. al final del año, la rentabilidad de su inversión para ese año sería nula.

Sin embargo, si me pagara 1.000 u.m. por el derecho a recibir 1.100 u.m. al final del año, su ganancia sería de 100 u.m. por encima de las 1.000 u.m. que pagó, lo que le proporcionaría una rentabilidad del 10% de su dinero para ese año.

Ahora la siguiente pregunta es saber si una rentabilidad del 10% es o no es una buena tasa de rentabilidad comparada con otras. Para determinarlo tiene que informarse un poco. Se puede encontrar con que el banco más cercano le ofrece un 7% por el dinero depositado allí durante un año. Esto significa que si prestase 1.000 u.m. al banco durante un año, éste le devolvería a final de año 1.070 u.m., que equivale a un beneficio de 70 u.m., o una tasa de rentabilidad del 7%. Obviamente, la tasa de rentabilidad del 10% que le ofrecí es mejor que el 7% del banco.

Si usted mirase entre muchas inversiones diferentes y se encontrase con que la rentabilidad del 10% fuese la más elevada, concluiría que mi oferta es mejor que las demás.

Por tanto, en respuesta a nuestra pregunta -¿cuánto es lo máximo que estaría dispuesto a pagar hoy por el derecho a cobrar 1.100 u.m. en un año?-, si usted quisiera como mínimo una rentabilidad de su dinero del 10%, lo máximo que estaría dispuesto a pagar serían 1.000 u.m. Si pagase más -por ejemplo, 1.050 u.m.-, sus beneficios serían menores (de 50 u.m.) al igual que la tasa de rentabilidad (50/1050 = 4,7% de rentabilidad). Si pagara menos -por ejemplo, 950 u.m., los beneficios serían mayores (150 u.m.) y también lo sería la tasa (150/950 = 15,7% de rentabilidad). Cuanto mayor es el precio, menor es la tasa de rentabilidad. Cuanto menor es el precio, mayor es la tasa de rentabilidad. Pague más, obtenga menos. Pague menos, obtenga más.

Los analistas financieros utilizan una ecuación conocida como actualización para resolver problemas de este tipo. Esta ecuación les permite introducir el valor futuro (como en nuestro ejemplo), la tasa de interés deseada y el periodo temporal, obteniéndose el valor actual. Utilizar esta ecuación consume mucho tiempo, y a menudo implica largas series de cálculos y el uso de tablas. Para entender plenamente su utilización, uno debe cursar estudios de finanzas o de matemáticas empresariales.

Por fortuna, existen calculadoras financieras, con lo que usted y yo sólo tenemos que aprender a pulsar teclas para conseguir el valor presente. O, si lo deseamos, podemos obtener el valor futuro de una suma creciente con una tasa de X durante un número Y de años. Incluso podemos sacar la tasa anual de rentabilidad de una inversión si conocemos (1) el valor presente, (2) el valor futuro, y (3) el periodo de la inversión.

(En caso de que se lo esté preguntando: los analistas de Wall Street dejaron de realizar los cálculos de valores futuros y presentes hace mucho tiempo. Hoy día también utilizan calculadoras financieras.)

A la hora de evaluar cuánto vale una empresa, Warren sigue un proceso mental muy parecido al que hemos utilizado. Él toma los *beneficios anuales por acción* y los trata como la *rentabilidad que obtiene* de su inversión. Con lo cual si una empresa está ganando 5 u.m. por acción y las acciones se venden a 25 u.m., Warren lo considera como obtener una rentabilidad de su dinero del 20% en el año (5/25 = 20%). Las 5 u.m. pueden o bien ser pagadas por la empresa vía dividendos o ser retenidas y utilizadas por la empresa para mantener o expandir operaciones.

Por tanto, si usted pagó 40 u.m. por una acción y se tienen unos beneficios anuales de 5 u.m. por acción, Warren calcularía la tasa de rentabilidad anual de su inversión con el resultado de 12,5% (5/40 = 12,5%). Siguiendo esta línea, un precio de 10 u.m. la acción, con unos beneficios de 5 u.m. por acción, equivaldría a una rentabilidad del 50% (5/10 = 50%). *El precio que usted pague determinará la tasa de rentabilidad.*

Algo que se hace evidente aquí es que la fortaleza y la posibilidad de predecir los beneficios son consideraciones importantes cuando se piensa en conservar unas acciones durante mucho tiempo. Si usted compró acciones a 25 u.m. la acción y tuvo beneficios de 5 u.m. por acción en el siguiente año (lo que equivale a una rentabilidad del 20%), pero al año siguiente la empresa no ganase nada, la tasa de rentabilidad anual de su inversión se convertiría en cero.

Lo que Warren persigue son empresas cuyas economías y cuya dirección creen *beneficios de predicción razonable*. Sólo entonces es posible que Warren prediga la tasa de rentabilidad futura de su inversión y el valor de una empresa.

No se preocupe. Trataremos todo esto con detalle más adelante. Pero por ahora es básico que comprenda dos conceptos fundamentales de la forma de pensar de Warren:

- El *precio que usted pague* determinará la *tasa de rentabilidad* que obtendrá por su inversión.
- Para determinar la tasa de rentabilidad, debe ser capaz de *predecir* razonablemente los *beneficios futuros de la empresa*.

Las tres variables que se manejarán constantemente en el sistema de análisis de Warren son:

1
la cifra de beneficios anuales por acción

2
la posibilidad de predecir los beneficios

3
el valor de mercado de la acción

Cuanto mayor es el precio de mercado, menor es la tasa de rentabilidad, y cuanto menor es el precio de mercado, mayor es la tasa de rentabilidad. Cuanto mayores son los beneficios por acción, mayor es la rentabilidad, una vez fijado el precio de mercado de la acción. Todo esto puede que tenga pleno sentido para usted, pero también puede que no. Veamos cómo funciona esto con un ejemplo real.

Los métodos de Warren en acción

En 1979 Warren empezó a comprar acciones de una empresa llamada General Foods, y pagó un precio medio de 37 dólares la acción por aproximadamente 4 millones de acciones. Lo que Warren vio en esta empresa fueron unos fuertes beneficios (en el año anterior, 1978, fueron de 4,65 dólares por acción) y que éstos habían crecido a una tasa anual del 8,7%.

Como los beneficios de General Foods estaban creciendo a una tasa anual del 8,7%, nosotros, como Warren, podríamos predecir que los beneficios de la empresa pasarían de 4,65 dólares por acción en 1978 a 5,05 dólares por acción en 1979 (4,65 x 1,087 = 5,05 dólares). De esta forma, estaríamos *prediciendo* que los beneficios de 1979 serían de 5,05 dólares por acción.

Por tanto, si pagáramos 37 dólares por una acción de General Foods en 1979, estaríamos obteniendo una tasa de rentabilidad inicial del 13,6%

para nuestro primer año (5,05 / 37 = 13,6%). (*Nota*: los beneficios reales por acción de General Foods en 1979 resultaron ser de 5,12 dólares frente a nuestra previsión de 5,05).

Si las tasas de interés –las tasas de rentabilidad de, por ejemplo, las obligaciones a largo plazo del Tesoro de los EE.UU. (a las que nos referiremos de ahora en adelante como «obligaciones del Estado»)– están cerca del 10%, que es a lo que estaban en aquel momento, entonces una tasa de rentabilidad del 13,6% en la inversión en General Foods es bastante atractiva.

Y como estamos prediciendo que los beneficios anuales por acción de General Foods seguirán creciendo a una tasa anual del 8,7%, parece ser una mejor inversión que las obligaciones del Estado que pagan una tasa estática del 10% al año. Como decisión estrictamente económica, basada en una actuación prevista, una inversión en General Foods parece ser mucho mejor que las obligaciones del Estado.

Si pagáramos más por las acciones de General Foods (por ejemplo, 67 dólares por acción) entonces podríamos calcular que nuestra tasa de rentabilidad inicial sería menor. Partiendo de unos beneficios de 5,05 dólares por acción en 1979, con un coste de 67 dólares la acción, nuestra inversión en General Foods nos produciría una rentabilidad inicial del 7,5% (5,05 / 67 = 7,5%). Ésta es mucho más baja que la tasa de rentabilidad inicial del 13,6% que habíamos previsto obtener con un precio de adquisición de 37 dólares la acción. Además, una tasa de rentabilidad del 7,5% no es tan competitiva como las obligaciones del Estado que pagan un 10%. Escoger entre las acciones de General Foods y las obligaciones del Estado se convierte en una cuestión más complicada.

Si pagáramos menos (por ejemplo, 15 dólares por acción) entonces podríamos calcular que nuestra tasa de rentabilidad inicial sería del 33,6% (5,05 / 15 = 33,6%). Pague menos, obtenga más. El precio que paga determina su tasa de rentabilidad. Cuanto menor es el precio, mayor es la tasa de rentabilidad.

El precio lo determina todo. Una vez fijado un precio, se puede cifrar la rentabilidad esperada y compararla con otras de rentabilidad. Es hacer simples comparaciones. Es por eso que Warren es famoso, por tomar decisiones económicas con gran celeridad. Simplemente calcula la tasa compuesta de rentabilidad anual que espera que una inversión le produzca y entonces determina si es o no es la que está buscando.

Epílogo

Warren creyó que, puesto que General Foods estaba produciéndole una tasa de rentabilidad inicial del 13,6% que se incrementaría un 8,7% al año, el mercado bursátil reconocería al cabo de un tiempo este aumento de valor y subiría el precio de las acciones. Y desde 1978 hasta 1984, los beneficios por acción de General Foods crecieron a un ritmo anual de cerca del 7%, de 4,65 a 6,96 dólares por acción. Durante este periodo el mercado incrementó el precio de las acciones hasta aproximadamente 54 dólares la acción en 1984.

Entonces, en 1985, la Philip Morris Company vio el valor de los muchos productos de marca de General Foods, los cuales creaban una fuerte base de beneficios, y compró todas las acciones de General Foods de Warren por 120 dólares la acción en una oferta que incluía toda la empresa. Esto dio a Warren una tasa compuesta de rentabilidad anual de su inversión de cerca del 21%. Sí, sí, es cierto: una tasa compuesta de rentabilidad anual de cerca del 21%.

Ya sé que ahora algunos de ustedes con estudios avanzados en Buffettología estarán pensando que he simplificado demasiado las cosas, lo cual es cierto; pero si ahora presentara de golpe todo un vendaval de términos financieros, algunos de nosotros nos perderíamos para siempre cuando llegásemos a las cuestiones más complicadas. Sí, la cosa se complica mucho más, y existen muchas sutilezas en la Buffettología, pero por ahora debemos concentrarnos en los cimientos para que podamos empezar a edificar la casa.

8

La empresa, las acciones, las obligaciones: breves explicaciones útiles

Me he fijado en que mucha gente no tiene la menor idea de qué es una obligación o, por ejemplo, de qué representa la propiedad de las acciones de una empresa. De hecho, mucha gente que tiene acciones tendría dificultades para explicar qué es una empresa. No es que le incluya a usted en este grupo. Sólo es que nunca se sabe quién va a coger este libro. Por tanto, creo que un breve recorrido a través de la forma de organización llamada empresarial y de su historia es apropiado por ahora. Es algo que Warren siempre tiene presente y que beneficiará a cualquier inversor.

Primeras formaciones de capital

Los inicios del comercio están perdidos en el tiempo; se creó antes de que la gente fuera suficientemente civilizada como para dejar documentación escrita. Los primeros registros comerciales que nos han llegado intactos se encuentran en las tablas de barro de Babilonia. Éstas incluyen la correspondencia de las mayores familias mercantiles así como documentación referente a las propiedades de los templos. Los registros muestran que en la Babilonia del gran Hammurabi (que vivió entre 1792 y 1750 a.C.), la propiedad se podía hipotecar y se hacían préstamos, que se pagaban con vino, harina, aceite, cebada y a veces plata, mientras que los intereses se pagaban con grano y plata.

Las primeras forams de comercio las ejercieron personas que trabajaban individualmente o se organizaban en asociaciones. Los fenicios (quienes ocuparon una franja de tierra en la costa de Siria y Palestina) y los griegos nos ofrecen algunos de los primeros ejemplos de formación de asociaciones comerciales. Un mercader que quería participar en el comercio fuera de su ciudad o país agrupaba a una serie de mercaderes, quienes a su vez contrataban a un capitán y alquilaban un barco para enviar sus mercancías a otros lugares y conseguir materiales necesarios en sus propios puertos. Aceite, higos, miel, lana y mármol eran algunos de los bienes con los que los primeros mercaderes comerciaban.

Los griegos gozaron de grandes oportunidades comerciales derivadas de las conquistas de Alejandro, extendiéndose desde Grecia hasta la India. Esta última disfrutó durante mucho tiempo de una industria textil más desarrollada, y los mercaderes griegos vieron la oportunidad de beneficiarse del comercio con sus homólogos indios. Las sedas y los algodones indios se convirtieron en los tejidos que vestían a los ricos de Grecia. Y si un mercader griego no disponía del capital suficiente para contratar su propia caravana, podía organizar un grupo de socios mercaderes con el fin de combinar sus recursos y establecer rutas con la India.

En general, las primeras formas de organización eran asociaciones de tipo temporal, y por tanto eran algo limitadas en tamaño. Solían concluir al acabarse el viaje de ida y vuelta al puerto.

La primera encarnación del concepto empresa se puede encontrar en la Venecia del siglo XV, en donde se gozaba de gran fortuna y poder al haberse convertido en centro del comercio con el Cercano Oriente. Tenía un esplendor que todavía puede verse en los suntuosos *palazzi* que se alinean en los canales, construidos por las grandes familias de mercaderes y de banqueros de Venecia.

Venecia vio el primer desarrollo de los libros de cuentas y de la banca, lo que añadió importancia y ofreció nuevas dimensiones de poder financiero al reino del comerciante. A menudo los hijos de comerciantes ricos de otras partes de Europa eran enviados allí para aprender el arte del comercio. De hecho, los libros de cuentas de partida doble entrada fueron inventados por Luca Pacioli, un fraile que vivió en Venecia durante esta época. Se puede ver la gran influencia que tuvo esta ciudad en las muchas palabras relacionadas con el comercio y con la banca, que tienen sus raíces en palabras italianas: *conto, conto corriente, porto, disconto, netto, deposito* y *folio*.

La forma de organización que se desarrolló en Venecia durante esta época podría llamarse una sociedad anónima. Más grandes que las primeras asociaciones y agrupaciones temporales, estas sociedades anónimas podían agrupar muchas asociaciones de pequeños comerciantes para formar grandes bases de capital permanente con el que financiar empresas que, debido a su tamaño y poder financiero, gozaban de mayores oportunidades de negocio. Y un mayor éxito comercial significaba una posición política y financiera más segura.

Este tipo de sociedades anónimas sufrió muchos cambios en cuanto las grandes empresas de la antigüedad se enfrentaron por el poder con la Iglesia y las monarquías. La Iglesia y los monarcas necesitaban a los comerciantes para su avance financiero, mientras que los comerciantes necesitaban a la Iglesia y a los monarcas para proteger sus bienes de ladrones y sus mercados de competidores. El poder de Dios y los ejércitos de un rey son aliados importantes a tener al lado. Para poner un paralelo moderno, tomemos el reino de Kuwait, que probablemente habría perdido toda su fortuna frente al reino de Irak si el reino de Norteamérica no hubiese intervenido para reprender a los iraquíes. Los negocios en Kuwait, es decir, el imperio del petróleo, hicieron que empresas norteamericanas como Bechtel, que construye infraestructuras petrolíferas, presionaran para conseguir una intervención armada; un caso de comerciantes que presionan a un rey para que les proteja de piratas y ladrones.

A medida que las empresas se hicieron más y más poderosas, empezaron a usurpar el poder de las monarquías. Así, los monarcas pronto se dieron cuenta de que uno de sus mayores intereses era limitar el poder del capital organizado; crearon leyes que prohibían la organización de sociedades anónimas sin la aprobación de la corona. Ejemplos de empresas de este tipo que fueron aprobadas por la monarquía son la East India Company y la Hudson's Bay Company, ambas con una historia pintoresca y fascinante.

Una empresa holandesa interesante que se desarrolló alrededor de 1610 fue la Dutch West Indies Company. Fue una operación empresarial extraordinaria que durante un tiempo produjo grandes dividendos, aunque sus beneficios eran necesariamente precarios, puesto que no provenían de las operaciones de comercio y colonización habituales sino de los ataques armados a los barcos españoles llenos de plata. El carácter de la empresa, descrito claramente en su carta constituyente, se oponía claramente a la paz entre Holanda y España. En realidad se trataba de una empresa de piratas que acumulaban el capital de sus inversores para construir barcos piratas y contratar mercenarios con el fin de robar a los barcos españoles cargados de oro y de plata del Nuevo Mundo. (¡Y esa gente de Wall Street cree que sabe cómo reaccionar ante una adquisición hostil!)

El poder financiero de las masas

Hace mucho tiempo, antes del desarrollo de la banca y de las sociedades anónimas, los ahorros individuales se guardaban en secreto, siendo así inútiles para la sociedad. Las escasas cantidades de dinero que el carnicero, camarero, zapatero o trabajador cualquiera podía ahorrar eran escondidas y nadie sacaba provecho de esos ahorros. Esto en parte era debido a la doctrina religiosa medieval según la cual era incorrecto prestar dinero con intereses, pero esta doctrina perdió su fuerza cuando tanto los comerciantes como el Papa y los monarcas necesitaron préstamos. Así pues, la clase dominante concluyó que era inteligente fomentar el préstamo de dinero permitiendo que el prestador obtuviese unos intereses.

No obstante, hay una gran diferencia entre la persona con mucho dinero que presta parte del mismo y el negocio del préstamo que practica un banquero. La diferencia es ésta: el banquero ha hecho del préstamo una profesión. El banquero actúa de intermediario entre la gente que tiene capital pero le falta la capacidad o la inclinación de utilizar sus ahorros con provecho y la gente que posee la capacidad y la inclinación para manejar cuestiones económicas pero que le falta la cantidad de dinero necesaria. El banquero es un especialista en esta profesión, y con su conocimiento especial puede hacer más que nadie para acumular el capital sobrante y situarlo allí donde pueda ser utilizado con mayor provecho. De esta manera, incluso el adolescente que trabaja durante el verano puede utilizar sus ahorros con provecho confiándolos al banquero local, quien prestará ese dinero a un miembro de la comunidad que se comprometa legalmente a devolverlo con *intereses*. Un banquero se pasa la vida entera generando dinero entre los intereses que paga a los depositantes particulares y lo que gana por el dinero que presta.

Para mucha gente, la primera incursión en el juego inversor llega cuando abre una cuenta en un banco y deposita la paga semanal. La paga semanal de una persona puede no parecer mucho, pero multiplicándola por 50.000 depositantes las cifras empiezan a crecer. Por tanto, un banco es una multitud de gente que ha prestado su dinero a cambio de una porción de lo que el banco ganará volviendo a prestar ese dinero a otras personas o empresas.

Cuando los bancos *prestan* dinero, cualquiera que recibe ese dinero está en deuda. La gente de negocios odia la deuda porque si las cosas van mal y el negocio se paraliza, el banco puede dejar de prestar y liquidar el negocio. Mucha gente de negocios prefiere financiar sus operaciones mediante la venta de una parte del capital de su empresa, que en las *acciones*. En la antigüedad, estas transacciones se realizaban en los mercados. Por aquel entonces, un mercado era un lugar concreto, designado por las autoridades locales, en el cual se podían realizar transacciones comerciales. El motivo de esto era crear un documento público de la transacción. También aseguraba al gobierno poder recaudar eficazmente impuestos de quienes comerciaban. Se designaban los mercados en días específicos y en lugares concretos, y se confiscaban los bienes de cualquiera a quien se descubriese comerciando fuera de estos límites.

Uno de los mercados que se desarrolló fue el mercado bursátil, un lugar en el que se comerciaban acciones de diferentes empresas entre diferentes inversores. La Bolsa de Nueva York es el equivalente moderno de los mercados de la antigüedad.

De esto trata Wall Street. En lugar de un banco que pide a particulares que le presten dinero para que lo pueda prestar a empresas, un tipo muy especial de banco llamado banco de inversión, como Merrill Lynch o Salomon Brothers, actúa como intermediario para una empresa que busca particulares o instituciones con capital que inviertan en ella. La inversión puede tomar la forma de un préstamo, que se manifestaría en que la empresa vendería una obligación al inversor. O la empresa puede escoger vender un interés de propiedad (una acción) al inversor.

El banco de inversión encuentra los particulares y las instituciones dispuestas a comprar las obligaciones o las acciones de la empresa que busca conseguir fondos. El banco de inversión gana dinero al cobrar una cantidad por el capital que ha podido conseguir para la empresa.

Cuando General Motors quiere conseguir una cantidad elevada de dinero para la expansión de una planta, puede ir a uno de los bancos de inversión, como Salomon Brothers o Merrill Lynch, y hacer que éstos vendan a los inversores obligaciones de GM (deudas) o acciones (intereses de propiedad) de la empresa.

La primera vez que una empresa vende un interés de propiedad al público, se denomina *oferta pública de venta*, o OIP. La segunda vez, oferta secundaria. Una vez las acciones han sido vendidas al público, los inversores particulares que las poseen pueden volverse entusiastas o pesimistas acerca del futuro de la empresa y pueden bien comprar más acciones o venderlas, dependiendo de cómo les parezcan las previsiones para la empresa. La Bolsa de Nueva York es un lugar en el que la gente se reúne para comprar y vender acciones, que previamente la empresa había vendido al público a través de un banco de inversión. Es un mercado de subastas, donde se reúnen vendedor y comprador. Éste ofrece un precio y el vendedor pide un precio, y cuando éstos se igualan, la transacción se lleva a cabo y las acciones cambian de manos.

Cuando su corredor de Merrill Lynch le llama y le dice que debería comprar acciones de General Motors, en realidad está haciendo una de estas dos cosas: o bien está intentando recaudar fondos para General Motors, o está actuando como intermediario entre usted y otro inversor que quiere vender acciones de General Motors. Con una venta, su corredor de Merrill Lynch tendrá una comisión por conseguir fondos para General Motors. Con la otra, tendrá una comisión por reunir un vendedor con un comprador. Naturalmente, los corredores de bolsa tienden a ser personas muy entusiastas porque si no hay transacción, no hay comisión.

Crear una empresa – Su formación de capital

Pongamos por caso que usted quiere crear una empresa, no para robar a los barcos de plata españoles sino para hacer galletas y tartas. Llamémosle Katie's Baking Company. Para conseguir el capital necesario para crear la empresa, usted puede pedir dinero prestado a los amigos o a un banco o puede vender acciones a inversores. Las acciones representan la propiedad del negocio y la deuda representa sólo una promesa de pago.

Para vender acciones de una empresa, usted debe haberla constituido.

Una gran característica de ser una empresa es la llamada responsabilidad limitada. Este quiere decir que si Katie's Baking Company sirve una galleta podrida, es denunciada por envenenamiento de uno de sus clientes y se exigen indemnizaciones, los accionistas de Katie's están protegidos de cualquier juicio. En efecto, el juicio puede determinar la expropiación de todo el dinero de la *empresa*, pero el demandante no puede perseguir a los *accionistas*.

Otra gran cosa de una empresa es que puede dividirse y venderse su propiedad para recaudar fondos para crearla o ampliarla. La propiedad, como las tartas de Katie's, puede dividirse en tantas partes como se quiera. Cuanto más cortada esté la tarta, menores serán las porciones. De la misma manera, cuanto más acciones se entreguen, menor será la porción de propiedad que la acción representará. Corte una tarta en dos partes iguales, y cada corte representa la mitad. Si una empresa tiene tan sólo dos acciones, entonces cada acción representa un interés de propiedad del 50% de la empresa.

Volvamos a Katie's. Después de mucha investigación usted encuentra que su hermana está dispuesta a invertir en su empresa si usted pone la misma cantidad de dinero. Así, cada uno invierte 5.000 u.m. y la empresa les entrega a cada uno cincuenta acciones. Estas cien acciones representan todas las acciones que la empresa tiene por ahora. Esto quiere decir que usted y su hermana poseen cada uno el 50% de la misma. Como con la tarta.

Puesto que usted y su hermana poseen el negocio, deben elegir un consejo de administración que supervise la gestión de la empresa. Como sucede en muchas empresas de propiedad limitada, se eligen a sí mismos como administradores. El consejo de administración contrata entonces a la dirección para que gestione la empresa. En este caso, como ni usted ni su hermana tienen ninguna experiencia en pastelería, contratan a una pastelera local llamada Janet Sweetbread para que gestione Katie's. La señora Sweetbread es la directora general de la empresa e informa directamente al consejo. Si al consejo no le gusta como ella hace las cosas, puede despedirla y contratar a un nuevo director general.

Si durante el primer año la empresa tiene unos beneficios netos (beneficios después de impuestos) de 100 u.m., entonces con cien acciones en circulación, la empresa pastelera habrá ganado 1 u.m. por acción. (Los beneficios netos divididos entre el número de acciones en circulación nos proporciona la cifra del beneficio por acción.)

Si Katie's Baking Company necesita recaudar fondos adicionales, puede o bien vender más acciones o pedir el dinero prestado a alguien. Si vende más acciones, los intereses de propiedad de la empresa se verán diluidos. Si vendiera cincuenta acciones más, entonces habría 150 acciones en circulación en total y cincuenta acciones representarían un 33% de la propiedad de la empresa. Esto no parece muy atractivo para el accionista propietario. Por tanto, a la siguiente reunión del consejo de administración se le dirá a su directora general, la señora Sweetbread, que en lugar de vender acciones debería vender obligaciones para recaudar los fondos que la empresa necesita.

Una obligación es una promesa de pago. Cuando usted va a un banco a pedir un préstamo, en esencia le está vendiendo una obligación. Le entrega un papel haciendo constar que toma prestada una cierta cantidad de dinero y que se compromete a devolverla más intereses. Cuando el banco le toma dinero prestado a usted, le vende un certificado de depósito, que en realidad es un tipo de obligación. Según el contrato, se compromete a que, si usted presta el dinero, lo devolverá en el futuro, más una tasa fija de interés.

Las grandes empresas como General Motors no solamente toman dinero prestado de los bancos: también entregan obligaciones al público. GM va a un banco de inversión como Merrill Lynch y dice que necesita recaudar 200 millones de dólares. No es una suma pequeña. Merrill Lynch, con millares de corredores por todo el país, dice que puede conseguir el dinero haciendo que esos millares de corredores vendan a sus clientes obligaciones de GM por valor de 200 millones de dólares. A cambio, Merrill Lynch cobra a GM una cantidad por proveer este servicio. Pero la relación entre quien presta el dinero y quien lo toma prestado existe entre GM y los millares de personas que compran las obligaciones de GM.

Otra forma con la que Merrill Lynch puede conseguir fondos para una empresa es vendiendo a sus clientes las acciones ordinarias de la misma. Pongamos que cuando creó Katie's usted tenía grandes planes y en lugar de necesitar 10.000 u.m. para crear la empresa, necesitaba 10 millones. Su hermana ahora no posee tal suma, con lo que usted confecciona un plan empresarial y se dirige a los banqueros de Merrill Lynch. La idea agrada en Merrill Lynch y el banco dice que puede convencer a sus clientes para que inviertan en su empresa. Usted dice: «¡genial!», y acuerda pagar a Merrill Lynch una cierta cantidad por proveerle este servicio. Merrill Lynch llama entonces a sus clientes y les vende las acciones de Katie's. A esto se le llama OPV.

Con una OPV una buena parte de la propiedad de las acciones de Katie's va a parar a las manos de millares de personas. Katie's tiene millares de propietarios particulares diferentes, cada uno de los cuales posee una pequeña porción de Katie's Baking Company.

Una cosa curiosa sucede cuando usted termina con muchos propietarios. Algunos de ellos puede que quieran salirse del negocio en un futuro.

Quizás necesiten el dinero o quizás crean que la pastelería ya no es el lugar más adecuado en el que colocar su dinero. Por el motivo que sea, quieren vender.

Los accionistas que quieren vender llaman a sus corredores de bolsa y les dicen que quieren vender cien acciones de Katie's Baking Company. Los que quieran comprar llamarán a sus corredores y les dirán que quieren comprar cien acciones de Katie's Baking Company.

Estos dos pedidos se encuentran cara a cara en la Bolsa de Nueva York, una de las muchas bolsas del mundo. Los compradores y los vendedores se encuentran, unos ofreciendo precios, otros pidiendo precios. Cuando estos precios se igualan, la venta se lleva a cabo. Se trata básicamente de un método de fijación de precios mediante subasta. Unos especialistas sentados en la sala que actúan como creadores de mercado facilitan todos estos procesos. Estos constructores de mercado tienen un lugar fijo en la sala donde se reúnen los compradores y los vendedores de unas acciones en concreto. Si usted quiere comprar acciones de Katie's, su corredor de bolsa llama a su agente en la sala de compraventa y le dice que compre cien acciones de Katie's en cuanto alguien ofrezca la venta a 10 u.m. la acción. El agente se dirige al creador de mercado de las acciones de Katie's y realiza el pedido. Y el creador de mercado actúa emparejando ambos agentes para la venta. A veces cuando el mercado es lento para algún tipo de acciones el creador de mercado compra acciones para su propia cuenta. Estas acciones se convierten en parte de su inventario, que ya venderá cuando al fin aparezca un comprador. El creador de mercado siempre conserva un pequeño lote de las acciones con las que trata para satisfacer los pedidos de compra cuando no hay vendedores.

En cuanto a nosotros nos concierne, llamaremos acción a cualquier porción que represente un interés de propiedad de la empresa. Y las obligaciones serán llamadas deuda. Las empresas que serán comentadas en este libro cotizan en varias bolsas desde hace años y tienen millares de accionistas.

9
Valorar una empresa

Ahora que hemos sentado las bases, procedamos a un análisis más detallado de la filosofía de Warren, la cual consiste en invertir desde una perspectiva empresarial.

Empecemos con un negocio sencillo y valorémoslo para determinar a qué precio sería una adquisición atractiva. Pasaremos por alto los efectos de la inflación y de los impuestos en el proceso de tasación. Esto también nos proporcionará la oportunidad de explicar el balance de la empresa, así como los informes de beneficios y el proceso de constitución de la empresa. El inversor experto ya debe conocer bien estas cosas, pero hay muchos que no.

Digamos que el joven Warren quiere realizar el sueño de juventud de convertirse en el hombre más rico de América y que a la edad de diecisiete años decide crear una empresa. El joven Warren, de siempre enfocado al negocio, ha estado ahorrando el dinero de repartidor del *Washington Post*, alcanzando la «enorme» suma de 35 dólares. Como todos los jóvenes magnates, tiene prisa por hacer algo con su dinero. ¿Qué debería hacer con él? ¿Gastarlo en chicas? No, todavía no ha conocido a Susie, su mujer y madre de sus hijos. Quizás debería gastarlo en algún dulce y una gaseosa. No, porque corroen los dientes, lo que significaría tener que pagar a un dentista, lo que significa desprenderse de un capital sin rentabilizarlo.

No, nada de eso: el joven Warren creará una empresa y ganará algún dinero más. Si quiere sacar un mayor provecho de las ventajas del interés compuesto sabe que cuanto más joven empiece, mejor. Como todos sabemos, la muerte es lo que detiene la acumulación de dinero y atrae al recaudador de impuestos a nuestras puertas.

Después de buscar a fondo, Warren encuentra una vieja máquina del millón que todavía funciona y la compra por 35 dólares. Ahora que posee el primer activo de su empresa, se da cuenta de que tiene que ponerla en algún sitio donde la gente la utilice. El señor de la sala de juegos local dice que ya tiene cuatro máquinas propias y que no quiere allí la de Warren para quitarle clientes. Viendo que la sala de juegos tiene una especie de monopolio en máquinas recreativas, el joven Warren se deprime al haber sido apartado de la acción. Como dicen en el negocio de la venta al por menor: «situación, situación y situación».

Pero, ¡espere! El joven Warren se da cuenta de repente de que todos esos tipos que juegan al millón llevan un corte de pelo estilo marinero que habitualmente corta un hombre llamado Sarge. Una visita a la peluquería de Sarge le indica dos cosas: (1) la ausencia de una máquina de millón y (2) una abundancia de tipos que juegan al millón esperando que Sarge les corte el pelo al estilo marinero. En este momento Warren tiene una «iluminación» y emprende su primer acuerdo empresarial, prometiendo a Sarge un 20% de todos los ingresos de la máquina del millón si le deja ponerla en su tienda. Sarge, siempre deseoso de ganarse algún dólar, dice: «¡Por supuesto!» y así entra en el negocio junto a Warren. Al día siguiente el joven Warren vuelve a la peluquería y se encuentra con 10 dólares. Con la sensación de haber inventado la rueda, entrega el 20% del bote (2 dólares) a Sarge y se embolsa el otro 80% (8 dólares). Al salir de la peluquería, Warren se da cuenta de que ésta va a ser una empresa muy provechosa.

Atención, los que tienen un MBA; si la máquina del millón del joven Warren sigue produciéndole 8 dólares diarios durante el resto del año, y Warren consigue un acuerdo de diez años para el alquiler del espacio en exclusiva, y después de esos diez años el edificio debe ser derribado, ¿qué valor tiene el negocio del joven Warren hoy?

Una buena pregunta. Pero la respuesta no está del todo clara. Echemos un vistazo a las finanzas de la empresa. Primero, los fondos y los activos de propiedad de Warren suman un total de 43 dólares, y no tiene deudas. Por tanto el balance de situación, algo que los contables utilizan para determinar la posición financiera de una empresa en un día concreto, tiene el siguiente aspecto al final del primer día de negocio:

Veamos la hoja de pérdidas y ganancias.

ACTIVO	
Caja *(de un día de negocio)*	8 dólares
Propiedad	35 dólares
Activos totales	43 dólares
PASIVO	
Deuda	0 dólares
Capital *(el dinero con el que creó la empresa)*	35 dólares
Beneficios no distribuidos *(el dinero retenido de las operaciones)*	8 dólares
VALOR EN ACCIONES/VALOR CONTABLE	
(suma del capital más los beneficios no distribuidos)	43 dólares
TOTAL DE LAS ACCIONES Y LAS DEUDAS	
	43 dólares

Los activos de 8 dólares en efectivo provienen del primer día de negocio. La propiedad es la máquina del millón, de valor 35 dólares. No se debe nada, con lo que la deuda es 0. El capital es el dinero que se invirtió inicialmente para crear la empresa, que en este caso es el valor de la máquina del millón, 35 dólares. Los beneficios no distribuidos son lo que produjo la empresa en su primer día de operaciones, 8 dólares. El valor en acciones es la suma del capital más los beneficios no distribuidos (35 + 8 = 43 dólares). Fíjese en que se puede hacer un balance para cualquier día del año, pero la mayoría de empresas sólo lo hacen al final de un trimestre fiscal y del año fiscal.

La cuenta de resultados es otro documento que muestra cuánto dinero ha producido un negocio durante un periodo concreto de tiempo. En el caso del negocio del joven Warren, la cuenta de resultados para el primer día tendría el siguiente aspecto:

Ingresos	10 dólares
Gastos	-2 dólares
Beneficios	8 dólares

Los ingresos son la cantidad de dinero que se obtuvo de la máquina: 10 dólares. Los gastos son la cantidad que se pagó a Sarge: 2 dólares. Los beneficios son lo que Warren se embolsó.

Valoración de la empresa de la máquina del millón de Warren

Podemos ver a partir del balance que el valor neto de la empresa es de 43 dólares. ¿La vendería usted por 43 dólares, su valor neto? No, pienso que no, porque usted cree, como el joven Warren, que le producirá 8 dólares diarios durante los próximos diez años. Así que, ¿cuál es el valor de la empresa de Warren? Una buena pregunta. Sabemos que se trata de una empresa que puede generar 8 dólares diarios de beneficios. También sabemos que Sarge tiene su tienda abierta los siete días de la semana y que está especialmente orgulloso de abrir también en vacaciones, lo que significa que abre 365 días al año. (De acuerdo, Sarge es un poco raro.) Multiplique los beneficios diarios de 8 dólares por los 365 días y obtendrá 2.920 dólares de beneficios al año (8 x 365 = 2.920 dólares). Si usted comprara la empresa por su valor en acciones de 43 dólares podría esperar unos beneficios preimpositivos de 2.920 dólares el primer año. No es una mala rentabilidad de la inversión. Así que, siempre en busca de una gran inversión, usted se acerca al joven Warren y le ofrece 43 dólares por su negocio. El joven Warren, que no tiene un pelo de tonto, le dice que su empresa de la máquina del millón vale más de 43 dólares y que ya puede largarse.

Algo disgustado, usted responde: «Bien, si eres tan listo, joven Warren, dime cuánto vale tu empresa» Y el joven Warren, que es un chico de negocios muy inteligente, le dice lo que su empresa vale.

Le dice que genera 2.920 dólares anuales y que espera estar en el negocio durante diez años, con lo que en realidad le estaría vendiendo unos beneficios anuales de 2.920 dólares durante los próximos diez años. También le dice que su empresa tiene el valor actual de ese flujo de beneficios anuales de 2.920 dólares. ¿El valor actual? «¿Qué?,» pregunta usted. Y contesta: «el valor actual». Algo avergonzado por su propia ingenuidad en cuestión de negocios, usted escucha una disertación del joven Warren acerca de la teoría del descuento al valor actual y de la comparación de tasas compuestas de rentabilidad anual.

Warren dice: «Si usted tiene un flujo de beneficios anuales de 2.920

dólares durante diez años, al final de esos diez años habrá acumulado la suma de 29.200 dólares, suponiendo que no gasta el dinero que ha ganado y retiene eficazmente los beneficios.»

«Y fíjese en esto,» dice con un gesto de júbilo. «Si ahorra este dinero y lo deposita mensualmente en un fondo del mercado monetario que pague un 8%, al final de los diez años tendrá aproximadamente 44.516,86 dólares. Es decir, señor Comprador, que la pregunta a realizar es: ¿Cuánto valen ahora esos futuros 44.516,86 dólares?»

Y usted se dice a sí mismo (en silencio, para que Warren no le oiga): si los tipos de interés son del 8%, ¿cuánto dinero tendría que invertir hoy para tener 44.516,86 dólares dentro de diez años? Saca su súper calculadora, que puede calcular valores presentes y futuros con un simple toque de dedos. Introduce el número de años (N = 10), la tasa de interés (%i = 8%) y el valor futuro (FV = 44.516,86); pulsa el botón de calcular y el de valor actual (PV); y *voilà*: 20.619,92 dólares.

Esto quiere decir que usted, el comprador, tendría que invertir 20.619,92 dólares con una tasa compuesta de rentabilidad anual del 8% durante un periodo de 10 años, si quiere haber acumulado la suma de 44.516,86 dólares al final del décimo año.

Usted podría pagar al joven Warren 20.619,92 dólares por su empresa de la máquina del millón y esperar ganar en total 44.516,86 dólares después de diez años de operaciones, lo que equivale a obtener una tasa compuesta de rentabilidad anual del 8% durante el periodo de diez años. Esto parece una buena rentabilidad de su dinero, exceptuando una cosa: usted puede conseguir una mejor rentabilidad invirtiendo durante diez años en obligaciones de la empresa al 10%.

¿Qué significa esto en nuestra evaluación? ¿Usted quiere invertir su dinero y obtener una rentabilidad del 8% o del 10%? Elegiría la del 10%, ya que se da el mismo factor de riesgo en ambas inversiones.

De esta manera, si usted pagase 20.619,92 dólares, podría calcular que obtendría una rentabilidad anual del 8%. Si quiere obtener una rentabilidad anual del 10%, tendría que pagar al joven Warren una cantidad menor de dinero.

Para saber lo que podría pagar por la empresa de la máquina del millón de Warren y obtener una tasa de rentabilidad efectiva igual al 10%, tiene que ajustar la entrada de la tasa de interés en el cálculo del valor actual realizado anteriormente, reflejando el 10% de tasa de rentabilidad deseada.

La ecuación en la calculadora sería la siguiente: vaya al modo financiero, introduzca el número de años (N = 10), la tasa de interés del 10% (10, %i), el valor futuro (44.516,86, FV), y pulse entonces el botón de calcular y el de valor actual (PV). La cifra que aparece será la cantidad de dinero que puede pagar por el negocio de Warren para obtener una rentabilidad del 10%: 17.163,17 dólares.

Esto quiere decir que si usted pagara 17.163,17 dólares por la empresa del joven Warren, usted podría esperar recuperar su inversión principal de 17.163,17 y añadirle 27.353,69 de beneficios, o sea un total de 44.516,86 dólares, lo que le proporciona una tasa compuesta de rentabilidad del 10%. (Recuerde que es en esta *tasa compuesta de rentabilidad anual* en lo que estamos interesados).

Así que, sean cuales sean sus requisitos de rentabilidad, es posible calcular la cantidad que tiene que pagar para obtenerla. Pague más de esa cantidad y estará especulando que la empresa irá mejor de lo que predicen los resultados previos. Pague menos y obtendrá una mayor rentabilidad de su dinero.

Tener una perspectiva empresarial

Lo que esto significa para usted, el comprador, es que sabe por adelantado lo que puede pagar por la empresa del joven Warren para obtener la rentabilidad que quiera. *Ha tomado una perspectiva empresarial.* Se da cuenta de las realidades de la empresa y de la rentabilidad que se ofrece, y está dispuesto a pagar un precio que tenga sentido económico. (En el mundo de Warren, sentido económico significa una tasa de rentabilidad anual de por lo menos un 15%. Más adelante veremos más sobre esto).

Usted no se ve atrapado prediciendo que el joven Warren se convertirá en el magnate de las máquinas del millón, con una gigantesca cadena de peluquerías con máquinas del millón por todos los EE.UU. No, eso lo dejamos para la gente de Wall Street. En lo que usted está interesado es en la *certeza* de la tasa anual de rentabilidad de la inversión.

Pensémoslo desde otra perspectiva. Antes de que gaste una sola moneda, el taxista que se compra un nuevo coche calcula lo que el taxi le va a costar frente a lo que va a ganar. Pero el tipo que va y se compra un Corvette del 62 porque cree que subirá de precio en el futuro no tiene ni idea de cuál será la rentabilidad de su inversión.

El comprador del Corvette está especulando y dejando que la avaricia y la esperanza dicten sus acciones. Su capacidad para calcular la rentabilidad futura ondea ante los fuertes vientos de la moda y la avaricia.

Otro ejemplo de la vida real es el particular que compra inmuebles comerciales, como edificios de oficinas. Tradicionalmente, los bancos no le prestarán dinero para comprar propiedades comerciales por más del 80% de lo que la propiedad puede aportar mediante alquileres.

De esta manera, si un edificio comercial que alquila oficinas puede generar 100.000 dólares netos al año, y los bancos cobran un 10% en las hipotecas, entonces el banco muy probablemente no estará dispuesto a prestarle a la persona que compre la propiedad más de 800.000 dólares.

La mayoría de bancos no prestará dinero para un edificio en cantidad superior a lo que éste puede aportar en forma de pagos de intereses. La propiedad comercial se compra y se vende casi siempre sobre la base de una perspectiva empresarial.

En cambio, los inmuebles residenciales poseen una naturaleza mucho más especulativa, y la gente compra edificios de apartamentos y paga más de lo que puede aportar con los beneficios del alquiler. Así, cualquier inversor tiene que hacer un adelanto importante para cubrir el precio especulativo excesivo y conseguir que el banco se sienta cómodo y tenga un margen de seguridad. Los bancos intentan prestar el dinero con una perspectiva empresarial. Se fijan mucho en cuánto puede ganar una propiedad y se preocupan poco del ascenso del valor de los inmuebles. Lo que realmente les importa es la capacidad de la propiedad de *generar beneficios* para cubrir los gastos de intereses.

El especulador, en cambio, esperará que el valor del inmueble se incremente y en el futuro lo venderá a un precio superior al que pagó por él. No se diferencia del comprador del Corvette, puesto que se preocupa poco de lo que de forma realista puede ganar la propiedad, en comparación con el precio al que puede ser vendida.

Y así sucede en el mercado bursátil, donde se subastan diariamente intereses de empresas de todo tipo, tanto desde la perspectiva empresarial como desde la especulación avara. Del lado de la inversión con perspectiva empresarial están las grandes empresas que buscan comprar otras empresas enteras para agregarlas a su base de beneficios. Del lado especulador están los inversores individuales y muchos fondos de inversión que no compran basándose en la razón puramente empresarial sino en la esperanza y la avaricia.

Hay que entender que el precio al que se vende una acción no siempre es indicativo del valor de la empresa. A veces el valor verdadero de la empresa es superior y a veces es inferior. El mercado bursátil está formado por personas y entidades, como empresas y fondos de inversión, que están motivadas por dos estrategias opuestas. Descritas en sus polos extremos, éstas consisten en la inversión desde una estricta perspectiva empresarial y la auténtica especulación motivada por el miedo y la avaricia.

Es esta especulación lo que puede enviar ciertas acciones a picos máximos y después a mínimos motivados por el miedo. Es la perspectiva empresarial la que las centra en el término medio, lejos de las alturas egoístas o de los descensos motivados por el miedo. Un caso concreto: RJR Nabisco estaba vendiendo sus acciones a 45 dólares cada una en 1988. Tenía unos beneficios de 5,92 dólares por acción y muy poca deuda. Tenía una larga historia de crecimiento espectacular en beneficios, que fue posible gracias al negocio del tabaco. No obstante, el público en general había etiquetado a la empresa como «paria» por la existencia de casos judiciales en que la gente acusaba a la empresa de ser la culpable de su cáncer. La bolsa lo vio y respondió bajando el precio de las acciones.

La dirección de RJR Nabisco vio el precio bajo y se dio cuenta de que podía conseguir prestados los millones de dólares que necesitaban para comprar una buena parte de las acciones, tomando así control de la empresa, y utilizar entonces el cash-flow libre de la empresa para devolver los millones pedidos en diversos préstamos. Viendo esta oportunidad, la dirección formó un grupo de inversores que consiguió el préstamo de millones de dólares por parte de un banco de inversión de Wall Street. Solucionada la financiación, el grupo inversor –la dirección– ofreció comprar las acciones restantes a 75 dólares la acción, lo que significaba pagar 17.000 millones por toda la empresa. Esto es como comprar unos inmuebles comerciales, pagando al vendedor con el dinero obtenido de una nueva hipoteca con el banco, y luego pagando al banco con los ingresos de los alquileres.

En el caso de RJR, el grupo inversor –la dirección–, actuando como comprador, intentó comprar la empresa, seguidamente hipotecarla para

Valorar una empresa

pagar a los propietarios (accionistas), y luego utilizar el cash-flow libre para devolver el dinero a los bancos. Era una jugada inteligente, y realizable gracias a que el público especulativo, motivado por el miedo, vendía muchas acciones, forzando que su precio disminuyera. El grupo inversor –la dirección–, conociendo el valor de la empresa desde una perspectiva empresarial, vio una oportunidad y la aprovechó haciendo subir el precio de las acciones desde un mínimo de 45 dólares, generado por el miedo, a una tasación desde una perspectiva empresarial de 75 dólares la acción.

Todo hubiese ido sobre ruedas para el grupo inversor –la dirección– de no haber sido por algunas personas de una empresa dedicada a las compras apalancadas, KKR, que pensaron que RJR valía un poco más y obtuvieron el apoyo de algunos bancos. KKR acabó comprando toda la empresa por unos 28.000 millones de dólares. Después de la compra, KKR utilizó el cash-flow libre de RJR, junto con los ingresos por la venta de numerosas subsidiarias, para pagar la deuda; y en el momento de escribir este libro, la empresa es muy rentable y ha pagado una gran parte de la deuda contraída con la compra. (Piense en las empresas del estilo de KKR como un grupo de inversores que compran un edificio sobre el cual no existe ninguna hipoteca, y después utilizan los alquileres que éste genera para devolver el dinero al banco. Pero en lugar de edificios, los grupos como KKR lo hacen con empresas que no tienen demasiada deuda y cuyas acciones se han devaluado).

Graham escribió en su edición de 1951 de *Security Analysis* que «en general, el mercado devalúa una *demanda en litigio* como ventaja y la sobrevalora como desventaja. Así los estudiosos de este tipo de situaciones tienen a menudo una oportunidad para comprar por menos del valor real, obteniendo beneficios atractivos (en promedio) cuando se resuelve el litigio».

RJR es un caso perfecto de cómo el miedo público sobrevalora una desventaja, provocando la venta abundante de las acciones de RJR. Fue entonces cuando el mundo empresarial, motivado por una perspectiva empresarial, vio el valor y estuvo dispuesto a pagar un precio muy por encima del que la bolsa indicaba.

Quede constancia que esto no sirve para decir que el mundo empresarial no es capaz de ser atrapado por la avaricia especulativa y luego gastar demasiado en una adquisición. Esto es algo que sucede a menudo cuando el ego de la dirección se ve atrapado en el juego, y la avaricia por incrementar su imperio se le sube a la cabeza, reemplazando la sólida lógica de invertir con una perspectiva empresarial.

10

Las dos únicas cosas que necesita saber acerca de una inversión con perspectiva empresarial: qué comprar y a qué precio

Es cierto. Si puede responder a estas dos preguntas, ya lo tiene. ¿Qué comprar, y a qué precio? Parece sencillo, ¿verdad?

El problema es que Wall Street, con todos sus banqueros inversores y sus corredores de bolsa, funciona básicamente como una serie de vendedores que trabajan a comisión. Como es natural, quieren obtener el mayor precio posible por los bienes que venden. El comprador puede estar seguro de no estar consiguiendo una oferta casi nunca. Las acciones nuevas son tasadas a su máximo para permitir que la empresa reciba el máximo dinero por ellas y que el banco de inversión reciba la máxima comisión. El corredor que nos llama por teléfono es un corredor a comisión, y como todos los corredores a comisión, está solamente interesado en vender los artículos más caros que pueda.

Si el corredor le vende unas acciones nuevas, entonces usted ya sabe de inmediato que el banco de inversión les ha puesto un precio alto y que no son ninguna oferta. Si el corredor le vende unas acciones que están respaldadas por su departamento de investigación, entonces usted sabe que está siguiendo la mentalidad general. A medida que el precio de las acciones se incrementa, también lo hace el entusiasmo del corredor: «¡Ha subido dos puntos hoy! ¡No hay límite para estas acciones! ¡Mejor apresurarse, porque el tren se va!»

Warren, de lo contrario, pierde el entusiasmo por una inversión si ésta sube de precio. ¿Es interesante, verdad, que el hombre que ha ganado más dinero en este juego siga una estrategia opuesta a la del tipo que nos llama por teléfono intentando vendernos algo?

Por razones más que extrañas, Wall Street y los inversores particulares han convertido las preguntas «qué comprar» y «a qué precio» en un espectáculo de pirotecnia financiera que confunde a la imaginación. Se han equivocado de lleno, centrándose solamente en qué comprar y olvidando por completo la *cuestión del precio*. Igual que los vendedores de joyas o de arte, dejan que la estética de la forma tenga preferencia frente la funcionalidad. El corredor de Wall Street trata las finanzas de la empresa como si fuesen cualidades estéticas y, casi sin excepción, separa del todo el precio de la pintura. Nunca llaman y dicen: «XYZ es una empresa excelente pero el precio es demasiado alto,» porque, la verdad sea dicha, probablemente piensen que las acciones de XYZ son una buena compra a cualquier precio, lo cual es una absoluta majadería.

Recuerde que el corredor le está intentando vender esperando que las acciones suban de precio, y es aquí donde las cualidades estéticas de las finanzas de la empresa juegan un papel importante. El corredor genera el entusiasmo con las finanzas y usted, salivando como el perro de Pavlov, le da su dinero. Hasta entonces nadie ha dicho nada sobre si usted ha recibido o no algún valor real por su dinero. ¿Pero qué tiene que ver el valor con la estética? Después de todo, usted acaba de comprar una pintura por un millón de dólares, y el coste de hacerla fue probablemente de menos de 500.

En cambio, si la funcionalidad hubiera sido su primera pregunta, usted vería cualquier inversión como lo hace Warren: desde una perspectiva empresarial. La cuestión clave no debería centrarse en que suba el precio de las acciones sino en saber si la empresa subyacente puede o no generar dinero. Y si puede, ¿cuánto? Una vez determinada esa cifra, se puede calcular la rentabilidad obtenida con el precio que se pide.

Nunca deja de sorprenderme cómo Wall Street puede vender a los inversores, a precios tan salvajes como ridículos, empresas que acaban de ser creadas y que no tendrán ningún beneficio durante mucho tiempo. Esto sucede mientras empresas que muestran una larga historia de beneficios y de crecimiento se cotizan a precios increíblemente bajos.

Para Graham las preguntas «qué comprar» y «a qué precio» eran mutuamente·dependientes. Sin embargo, Graham ponía más énfasis que Warren en dejar que el precio determinase qué comprar. Mientras la empresa tuviese unos beneficios estables, el precio pedido por acción determinaría lo que se podía comprar, y Graham se preocupaba poco de la naturaleza de la empresa; no le importaba si fabricaba o vendía coches, pilas, aviones, monorraíles o seguros, siempre que el precio de las acciones de la empresa estuviese muy por debajo de lo que él creía que valía. Para Graham un precio suficientemente bajo compensaba unas finanzas inherentes pobres.

Graham desarrolló un arsenal de técnicas diferentes para determinar el valor de la empresa en cuestión. Todo, desde el valor del activo hasta la rentabilidad económica, tenía su lugar en el cálculo del valor intrínseco. Graham calculaba el valor de una empresa y después determinaba si el precio pedido era suficientemente bajo para sacar unos buenos beneficios. El potencial de beneficios suficientes permitía tener lo que él llamaba el «margen de seguridad».

La estrategia ganadora de Warren
(¡Éste es un concepto clave, así que preste atención!)

- El enfoque de Warren, en cambio, consiste en separar las dos cuestiones. Como ya sabemos, primero descubre qué comprar y después decide si el precio es el adecuado. Un ejemplo de la vida real sería si Graham fuera a una tienda de artículos rebajados en busca de una oferta de cualquier cosa, siempre que fuese una oferta. Seguro que conoce la sensación: usted camina por la tienda y encuentra unos guantes de esquiar rebajados un 90%; aunque usted viva en Florida y probablemente nunca los utilizará, el precio es tan bajo que no se pueden dejar escapar. Ésta es la esencia de lo que Graham era y de cómo determinaba sus inversiones.

- El enfoque de Warren consiste en determinar a priori lo que quiere comprar y entonces esperar a que se rebaje. Así que sólo podría ser visto en una tienda de descuentos cuando buscase ofertas de lo que *él necesita*. Warren trabaja en el mercado bursátil de la misma manera. Ya sabe de antemano qué empresas desearía poseer. Todo lo que espera es el precio adecuado. Con Warren, la pregunta «qué comprar» se separa de «a qué precio». Primero decide qué comprar, y después determina si se vende al precio adecuado.

- Warren cree que primero hay que decidir en qué empresas se quiere invertir y comprarlas sólo cuando se vendan a un precio que permita una rentabilidad de la inversión que tenga sentido económico.

¡Ahora vuelva a leer lo anterior otra vez!

Cómo determina Warren cuáles son las empresas adecuadas a comprar y a qué precio, será el tema central del resto de este libro.

11

Qué podemos aprender del arma secreta de Warren: la magia del interés compuesto

Entender tanto el poder de la rentabilidad compuesta como la dificultad de conseguirla, es la clave para entender muchas cosas.

Charlie Munger
Forbes, 22 de enero, 1996

Antes de seguir más adelante, me gustaría explicar cómo encaja la magia de las sumas compuestas en la filosofía de Warren y cómo a menudo quienes intentan entender sus estrategias la pasan por alto.

Quizás cuando era niño le dijeron que si tenía un centavo y lo doblaba en un año, tendría dos centavos. Si tenía dos centavos en el año 2 y los doblaba de nuevo, tendría cuatro centavos. Si seguía este proceso durante un periodo de 27 años convertiría el centavo del año 1 en 1,3 millones de dólares al final del vigésimo séptimo año. Suena a magia financiera, ¿verdad? Estamos ante una acumulación compuesta de dinero a un ritmo del 100% al año.

Durante los primeros años de la sociedad inversora de Warren, él era muy entusiasta en sus cartas a sus pocos socios acerca de las virtudes de las sumas compuestas de dinero. El motivo es que la capitalización es una de las maravillas del mundo y Warren la ha utilizado con efectos espectaculares consiguiendo que el valor de sus inversiones creciera a un ritmo extraordinario. *Pero el truco verdadero es conseguir una tasa de rentabilidad compuesta anual que no esté sujeta a los impuestos por ingresos personales.* Éste es probablemente su mayor secreto y se le escapa a la mayoría de estudiantes de Buffettología. Volveremos a este aspecto brillante de la Buffettología más adelante, pero por ahora centrémonos en las bases de la capitalización.

Componer

Lo que Warren busca de una inversión es la mayor tasa de rentabilidad compuesta anual después de impuestos posible. Warren cree que la capitalización es el secreto para convertirse en rico de verdad. Veamos por qué y cómo la capitalización puede hacerle rico.

A continuación mostramos qué valor tendrán 100.000 u.m. en diez, veinte y treinta años con una tasa compuesta anual libre de impuestos del 5, 10, 15 y 20%.

	5%	10%	15%	20%
10 años	162.889	259.374	404.555	619.173
20 años	265.329	672.749	1.636.653	3.833.759
30 años	432.194	1.744.940	6.621.177	23.737.631

Es asombroso, ¿verdad? Una diferencia solamente del 5 al 10 por ciento puede tener un efecto enorme en las ganancias totales. Sus 100.000 u.m. capitalizándose anualmente, libres de impuestos, a una tasa de rentabilidad del 10% valdrían 259.374 u.m. al cabo de diez años. Aumente la tasa de rentabilidad hasta un 20% y las 100.000 u.m. se capitalizan, libres de impuestos, en diez años hasta sumar 619.173 u.m. Al cabo de veinte años, suman 3.833.759 u.m. Pero capitalizar las 100.000 u.m. a una tasa de rentabilidad anual del 20% libre de impuestos durante treinta años generaría 23.737.631 u.m., una cifra mucho más elevada.

La diferencia que pueden significar unos pocos puntos porcentuales durante *un largo periodo* es asombrosa. Sus 100.000 u.m., capitalizándose anualmente, libres de impuestos, a una tasa de rentabilidad del 5% valdrán en treinta años 432.194 u.m. Pero salte al 10%, y en treinta años las 100.000 u.m. valdrán 1.744.940 u.m. Añada 5 puntos porcentuales más, para capitalizar al 15% durante treinta años, y las 100.000 u.m. crecerán hasta 6.621.177 u.m. Pase del 15 al 20% y verá cómo las 100.000 u.m. se capitalizan anualmente al 20% y crecen hasta convertirse en 23.737.631 u.m. en treinta años.

Aquí está lo que valdrán las 100.000 u.m. en treinta años, componiéndose a una tasa anual del 5, 10, 15 y 20%.

	5%	10%	15%	20%
30 años	432.194	1.744.940	6.621.177	23.737.631

Warren busca obtener la mayor tasa de rentabilidad compuesta anual posible durante el mayor tiempo posible. En Berkshire Hathaway, Warren ha sido capaz de incrementar el valor neto subyacente de su empresa *a una tasa media compuesta anual del 23,8% durante los últimos 32 años*, lo cual es extraordinario.

No exagero al calificar de fundamental el concepto de la capitalización para entender a Warren. Es simple y fácil de entender, pero por alguna extraña razón se ha subestimado su importancia en la teoría inversora. Para Warren la teoría de la capitalización reina con suprema importancia. Veamos con más detalle por qué.

La capitalización y los impuestos personales

El objetivo es comprar unas acciones que no paguen dividendos y que vayan capitalizándose durante 30 años a una tasa del 15% al año, y sólo paguen un único impuesto del 35% al final del periodo. Después de impuestos, esto supone una tasa de rentabilidad anual del 13,4%.

CHARLIE MUNGER
Forbes, 22 enero de 1996.

La primera cosa que hay que entender es que una rentabilidad compuesta es diferente de la que normalmente se paga en las inversiones pasivas, como cualquier obligación de una empresa. Normalmente, el inversor en obligaciones deposita una cantidad fija (por ejemplo, 1000 u.m.), y la presta a la empresa que ofrece las obligaciones (por ejemplo, General Motors) durante un periodo fijo (por ejemplo, 5 años) a un tipo de interés fijo (por ejemplo, del 8%). El inversor recibe 80 u.m. al año durante cinco años, y al final del quinto año General Motors devuelve las 1.000 u.m. El inversor habrá ganado un total de 400 u.m. en intereses (5 x 80 = 400 u.m.).

Desde un punto de vista fiscal, cada vez que el inversor recibe 80 u.m. de General Motors, Hacienda las considera como un ingreso y por tanto aplica un impuesto al tipo adecuado a los ingresos personales. Si el inversor es una persona con ingresos elevados, su tipo impositivo será de cerca del 31%, lo que significa que la rentabilidad después de impuestos anual del inversor será de 55,2 u.m. (80 − 31% = 55,2 u.m.). El inversor habrá ganado, después de impuestos, un total de 276 u.m. en intereses (55,2 x 5 años = 276 u.m.) durante el periodo de cinco años.

Pero piense en lo genial que sería si General Motors, en lugar de devolver el 8% al inversor sometiéndolo así a impuestos personales, lo añadiera de forma automática a la cantidad principal que el inversor depositó inicialmente en la empresa. Esto incrementaría la cantidad principal que el inversor prestaría a GM y así incrementaría también la cantidad principal sobre la cual el inversor estaría obteniendo un 8%. Es decir, que la inversión en las obligaciones de General Motors se estaría capitalizando a una tasa anual del 8%. Esto también permitiría al inversor evitar la carga de los impuestos por ingresos personales hasta el final, cuando las obligaciones vencieran y General Motors devolviera el dinero más intereses.

Por tanto, en el caso de General Motors, el inversor presta a GM 1000 u.m. y obtiene un 8%, es decir, 80 u.m., el primer año. En lugar de devolver ese dinero, GM lo conserva y compra más obligaciones para el inversor. Esto convierte el préstamo a GM del inversor en el primer día del segundo año en 1.080 u.m. Durante el segundo año GM pagará al inversor un 8% de 1.080, u 86 u.m. Y esas 86 u.m. serán entonces acumuladas a la cantidad principal de 1.080 u.m., lo que convertirá la cantidad total invertida en 1.166 u.m. en el primer día del tercer año. Este proceso sigue hasta el final del quinto año.

La siguiente tabla muestra los resultados de la capitalización libre de impuestos:

Qué podemos aprender del arma secreta de Warren: la magia del interés compuesto

Año	Cantidad Invertida (u.m.)	Interés generado y retenido (u.m.)
1	1.000,00	80,00
2	1.080,00	86,40
3	1.166,40	93,31
4	1.259,71	100,77
5	1.360,48	108,83
		469,31 u.m.

Al cabo de cinco años, al vencer las obligaciones, el inversor recibirá un cheque de 1.469,31 u.m. Esto quiere decir que las obligaciones compuestas de General Motors le devolverán al inversor su inversión principal de 1.000 u.m. más un interés total para el periodo de cinco años de 469,31 u.m. El inversor tendrá que pagar impuestos por ingresos personales sobre las 469,31 u.m., lo que reducirá sus beneficios un 31%, hasta 323,82 u.m. (469,31 − 31% = 323,82 u.m.). Esto significa que su inversión se ha capitalizado a una tasa anual antes de impuestos del 8% durante cinco años.

Parece perfecto, ¿verdad? Lástima que Hacienda no le permita al inversor salirse con la suya. En Hacienda se dieron cuenta hace tiempo de esta jugada y le enviarán al inversor una factura cada año que éste gane intereses, aunque no vea ni un cheque hasta el final del quinto año.

Pero en el caso de Warren, Hacienda olvidó un punto importante. En el mundo de Warren, comprar las acciones de una empresa (acciones ordinarias) es lo mismo que comprar su deuda. Warren concibe las acciones más o menos como un tipo de obligaciones. La única diferencia entre ellas y las obligaciones normales es que la tasa de rentabilidad en las acciones no está fijada, sino que varía cada año en relación con los beneficios de la empresa. *Lo que Hacienda olvidó es que la rentabilidad de las acciones de Warren no está sujeta a los impuestos por ingresos personales a no ser que se pague como dividendo al inversor.*

Tiene que entender que los beneficios netos declarados por una empresa en su informe anual son una cifra después de impuestos. Es decir, que esos beneficios ya no estarán sujetos a más impuestos a no ser que la empresa los pague como dividendos. Si la empresa paga los beneficios en forma de dividendos, entonces usted tiene que pagar impuestos por ingresos personales sobre los dividendos recibidos.

Por ejemplo, si la empresa A tiene unos beneficios después de impuestos de 10 u.m. por acción y devuelve 10 u.m. por acción a sus accionistas, éstos tienen que pagar impuestos por ingresos personales sobre esas 10 u.m., lo que les proporciona una rentabilidad después de impuestos de cerca de 7 u.m. Pero si la empresa A decidiera retener esas 10 u.m. y no pagarlas en forma de dividendos, entonces ese dinero de los accionistas se quedaría en la empresa, libre de los efectos punitivos de los impuestos por ingresos personales, y libre para multiplicarse de forma compuesta.

Warren observó que los ingresos que se conseguían con obligaciones del Estado o de empresas estaban sujetos a impuestos por ingresos personales. Esto quiere decir que si compraba estas obligaciones que pagaban un 8%, su rentabilidad después de impuestos era aproximadamente del 5,5% (8% de tasa de rentabilidad – un 31% de tipo impositivo = 5,5%).

Warren está interesado en empresas que tienen unos beneficios por acción fuertes y con tendencia creciente. Esto significa que puede comprar sus obligaciones/acciones con una tasa de rentabilidad creciente. Piénselo: la tasa de rentabilidad, en lugar de estar fijada, está creciendo. Y si la empresa no devuelve los beneficios a Warren en forma de dividendos, sino que decide retenerlos, Warren está protegido de impuestos por ingresos personales hasta que vende su inversión, lo cual podría no ocurrir nunca.

Los beneficios que la empresa retiene se capitalizan a la tasa de rentabilidad efectiva a la cual la empresa puede reinvertirlos con provecho. Beneficios compuestos y ningún impuesto por ingresos personales. A mí me parece perfecto. (Recuerde que el objetivo inversor de Warren es conseguir la mayor tasa de rentabilidad compuesta anual posible durante el tiempo más largo posible.)

Como ya hemos dicho con anterioridad, durante los últimos 32 años Berkshire Hathaway ha sido capaz de obtener una tasa de rentabilidad *compuesta* media anual del capital invertido de aproximadamente el 23%. O sea que, si usted hubiese pagado el valor contable por las acciones de Berkshire Hathaway de principios de los años ochenta, en realidad habría comprado unas acciones que le generarían una rentabilidad compuesta después de impuestos de cerca del 23% al año. Naturalmente, Berkshire no puede enviarle el 23% de lo que usted ganó con su inversión, porque esto llevaría a Hacienda a las puertas de su casa. Además, probablemente usted no sería capaz de colocar mejor el dinero para conseguir una tasa de rentabilidad del 23%. Con lo cual es mejor dejar el dinero en Berkshire y dejar que el valor neto de Berkshire lo vea reflejado con un aumento en el precio de las acciones. En el caso de Berkshire, el precio de las acciones subió de 500 dólares la acción en 1982 a un máximo de 48.600 dólares la acción en 1997.

Como es obvio, cuando alguien vende su inversión en Berkshire, el recaudador de impuestos le pide una parte de lo que gana. Pero eso sólo sucede al final, y mientras tanto ha ido acumulando el 23% libre de impuestos durante años.

Supongamos pues que usted invierte 1.000 u.m. en unas acciones del tipo Warren durante diez años y que espera obtener una tasa de rentabilidad compuesta del 23% al año. En el año 10 su inversión debería valer 7.925 u.m., con unos beneficios de 6.925 u.m. Si a esos beneficios les resta los impuestos sobre ganancias del capital del 20% obtendrá unos beneficios después de impuestos de 5.540 u.m. Esto nos da una tasa de rentabilidad compuesta anual del 20,65% durante el periodo de diez años. (En caso de que se lo esté preguntando, si la inversión es de 100.000 u.m. y se capitaliza a un 20,65% durante diez años vale 653.541 u.m. en el año 10. Extendiendo el periodo a treinta años, las 100.000 u.m. se han capitalizado hasta valer 27.913.853 u.m.)

Para obtener una tasa de rentabilidad compuesta anual después de impuestos del 20,65% con las obligaciones normales de una empresa, las cuales pagan un tipo de interés fijo, las obligaciones deberían tener una tasa de rentabilidad anual de cerca del 29,94%. (Una rentabilidad del 29,94% - impuestos por ingresos personales del 31% = 20,65%.)

Si le ofreciese obligaciones de una empresa calificada AAA, a diez años, que le pagasen anualmente una tasa de rentabilidad del 29,94%, ¿las compraría? Seguro que sí. De hecho, intentaría comprar todas las que pudiese, e incluso formar una sociedad para conseguir dinero de los amigos. Podría haber hecho algo equivalente invirtiendo en Berkshire Hathaway a principio de los ochenta. De hecho, toda la gente de Wall Street podría haberlo hecho pero, ¿lo hizo? Sólo unos pocos, como Mario Gabelli, Sequoia Fund y T. Rowe Price, pero nadie más. Y la gente se pregunta por qué la mayoría de clientes de Wall Street no son los propietarios de los yates.

La capitalización y el precio que uno paga

Muchos analistas inversores creen que si usted compra una excelente empresa que piensa conservar durante varios años no tiene que preocuparse mucho del precio que pague. *Nada podría ser más erróneo.* Considere lo siguiente: en 1987 el gigante de tabaco y alimentación Philip Morris se cotizaba a un precio entre 6,07 y 10,36 dólares la acción (ajustes debidos a escisiones). Diez años más tarde, en 1997, se cotizaba a 44 dólares la acción. Si usted hubiese pagado 6,07 dólares la acción en 1987 y vendiese por 44 dólares la acción en 1997, su tasa de rentabilidad compuesta anual antes de impuestos habría sido aproximadamente del 21%. Pero si hubiese pagado 10,36 dólares la acción en 1987 y vendiese por 44 dólares la acción en 1997, su tasa de rentabilidad compuesta anual antes de impuestos hubiese sido de cerca del 15,56%.

Si hubiese invertido 100.000 dólares en Philip Morris a 6,07 dólares la acción en 1987, se habrían capitalizado anualmente a un 21,9% y habrían crecido hasta aproximadamente 724.497,77 en 1997. Pero si hubiese invertido 100.000 dólares en Philip Morris a 10,36 dólares la acción en 1987, la cantidad se habría capitalizado anualmente a un 15,56% y habría crecido hasta aproximadamente 424.693,22 en 1997. La diferencia es de 299.804,55 dólares, ¡y eso es mucho dinero!

Para realizar la ecuación anterior en su calculadora financiera introduzca el precio de mercado de las acciones de Philip Morris en 1987 de 6,07 dólares como el valor actual (tecla PV), y luego el número de años, 10 (tecla N). Introduzca también el precio al que vendió las acciones en 1997, que era de 44 dólares, como el valor futuro (tecla FV). Entonces pulse el botón de calcular y la tecla de interés (%i). La calculadora le dirá que su tasa de rentabilidad compuesta anual durante el periodo de diez años sobre su inversión original de 6,07 dólares la acción es del 21,9%.

Una *última idea* sobre las maravillas de la capitalización. Warren es famoso por conducir modelos de coches viejos. Durante los primeros tiempos de su sociedad conducía un VolksWagen «Escarabajo». Quienes observaban esto lo atribuían a una falta de interés general por adquirir bienes materiales. Lo que no veían es cuánto influye la capitalización en los hábitos de compra de Warren. Un automóvil que cuesta hoy unos 20.000 dólares no valdrá nada dentro de diez años. Pero Warren sabe que puede obtener una tasa de rentabilidad compuesta anual del 23% en sus inversiones. Esto quiere decir que los 20.000 dólares invertidos hoy valdrán 158.518 dólares en diez años. En veinte, ya suman 1.256.412 dólares y en treinta, 9.958.257 dólares. Para Warren, 9.958.257 dólares es demasiado dinero para tirarlo en un coche nuevo.

12

Determinar qué tipo de empresa quiere poseer

¿Cuáles son las características de la empresa que usted querría poseer? En el mundo de Warren ésta es la pregunta clave que pone las bases. Hay que saber qué se quiere comprar antes de mirar su precio.

Warren siempre ha defendido que identificar en qué se quiere invertir es un desafío mental importante. En el caso de Warren, después de pasar sus primeros años siguiendo la filosofía de Graham, cosa que a menudo le llevaba a adquirir empresas mediocres, se rebeló contra su tutor y tomó las filosofías de Philip Fisher y Charles Munger.

Fisher y Munger, a través de la experiencia, desarrollaron una filosofía inversora que apostaba tan sólo por la adquisición de empresas que *tuviesen unas finanzas superiores* jugando a su favor, y que se vendiesen al precio adecuado. Fisher y Munger estaban de acuerdo con Graham en que el precio que se paga determina la tasa de rentabilidad de la inversión, pero diferían de él en qué era una *compra deseable*.

Graham creía que la mayoría de empresas eran posibles candidatas para la inversión siempre que él percibiese que se estaban vendiendo a un precio rebajado. Para Graham, las posibilidades eran infinitas, y su cartera de inversiones reflejaba esta idea. En un día cualquiera podía tener posiciones en centenares de acciones diferentes. Graham pensaba que las empresas tenían un valor intrínseco y que cuando se vendían por debajo de ese valor eran candidatas para la adquisición. El inversor sólo tenía que determinar el valor intrínseco de la empresa, el cual Graham decía que era más un «rango de valores» que un único precio. Le gustaba decir que si un hombre era gordo no hacía falta conocer su peso para saber que era gordo.

El problema de este enfoque está en determinar qué es gordo. Piénselo de la siguiente manera: para muchos británicos, los alemanes parecen gordos, mientras que muchos alemanes piensan que los británicos son delgados. Lo mismo sucede con los negocios. Lo que parece ser delgado puede ser gordo, y lo que parece gordo puede ser en realidad delgado. Graham no se preocupaba tanto por la naturaleza del negocio que compraba, ya que estaba metido en demasiados.

Lo que Graham hizo para intentar solucionar este problema fue establecer modelos que determinaran si una empresa era gorda o no. Un método que utilizó durante los más de treinta años en que estuvo invirtiendo era comprar un grupo de acciones ordinarias a un precio inferior al de su capital humano, o al valor neto de su activo corriente, sin otorgar peso alguno a las fábricas y a otros activos fijos, y deduciendo posteriormente todo el pasivo del activo corriente. Otro método que utilizó fue comprar un grupo de acciones por menos de siete veces los beneficios declarados durante los últimos doce meses.

Graham avisó que estos métodos sólo servían para comprar un grupo de empresas, y no una sola. Graham calculó que, como grupo, le producirían al inversor una rentabilidad media anual de entre el 15% y el 20% durante un largo periodo (por ejemplo, diez años).

La filosofía de Graham, sin embargo, falló en el problema central de comprar por debajo del valor intrínseco. Es decir, para que el inversor sacase provecho de la inversión, el precio de la empresa que compraba por debajo de su valor intrínseco tenía que subir algún día *hasta* o *por encima* del valor intrínseco de las acciones. Nos encontramos con el *problema de la consecución del valor* que tiene toda inversión orientada al valor intrínseco.

En otras palabras, ¿qué hacemos con las empresas que compramos a un precio inferior a su valor intrínseco si continúan vendiéndose por debajo de éste?

Veamos un ejemplo. Pongamos que Graham encuentra una empresa que cree que vale 62,5 u.m. la acción pero que se vende a 50 u.m. la acción. En el mundo de Graham las acciones de esta empresa están infravaloradas 12,5 u.m. Si Graham invirtiese en la empresa a 50 u.m. la acción y el precio de las acciones creciera el primer año hasta 62,5 u.m. la acción, entonces habría conseguido una rentabilidad del 25% de su dinero. Pero aquí viene el problema: si la empresa no consigue su valor de 62,5 u.m. en el primer año, la rentabilidad de su inversión disminuye drásticamente. Si la empresa alcanza su valor intrínseco, 62,5 u.m., en el segundo año, la rentabilidad de Graham ha bajado hasta un 11,8% compuesto anual. Si la empresa no consigue ese precio hasta el tercer año, la rentabilidad de Graham cae hasta el 7,7% compuesto anual. En el cuarto año, cae hasta un 5,7% y en el quinto hasta un 4,5%. Si la empresa sigue vendiéndose siempre a 50 u.m. la acción, la rentabilidad es un *gran cero*.

De aquí, pues, el problema de la consecución del valor. Si nunca ocurre la consecución del valor, cada año que uno espera, la tasa de rentabilidad compuesta anual esperada *disminuye sustancialmente*. Y si tarda más de unos pocos años, uno acaba con una rentabilidad que podría ser inferior a la que habría conseguido depositando su dinero en una libreta de ahorros en un banco.

La solución de Graham para este problema fue requerir lo que él llamaba un *margen de seguridad* (concepto que adaptó del análisis de obligaciones). Así, Graham sólo invertía en empresas cuya rentabilidad prevista fuese aproximadamente del 25% o más, lo que le ofrecía un margen de seguridad suficiente para esperar unos años. (La rentabilidad prevista es la diferencia entre el precio de mercado de las acciones y la determinación de Graham del valor intrínseco de las acciones.) De esta manera Graham se aseguraba una rentabilidad adecuada incluso aunque tuviese que esperar varios años hasta que la empresa alcanzara su valor intrínseco.

Para protegerse frente a aquellas empresas que jamás alcanzaban su precio, Graham diversificaba sus adquisiciones, a veces, como ya hemos comentado, poseyendo un centenar o más de empresas diferentes. También propuso un programa que defendía la venta de cualquier empresa que no hubiese alcanzado su pleno valor en dos o tres años. Graham no era un jugador a largo plazo. No podía serlo, ya que para él, cuánto más tardaba la inversión en alcanzar su valor intrínseco, menor era su tasa de rentabilidad compuesta anual.

Finalmente Graham se dio cuenta de que era imposible analizar algunas empresas y que no se podía determinar su valor intrínseco. Desarrolló un modelo que precisaba de estabilidad en los beneficios de la empresa para que el analista de valores pudiera determinar su valor intrínseco. Beneficios estables equivalían para Graham a beneficios predecibles, lo que permitía un cálculo más exacto del valor intrínseco. Así, este requisito alejó a Graham de algunas empresas que no tenían beneficios estables.

Graham, utilizando este punto de vista limitado, empezó a restringir su campo de posibles inversiones. El razonamiento cuantitativo, pese a ser un reflejo de la vertiente cualitativa de la empresa, no siempre articula *lo que está pasando en la empresa.* Unos beneficios estables podrán permitirle a uno fijar un valor intrínseco a una empresa, pero no siempre indicarán la naturaleza de las finanzas de la empresa subyacente. Unos beneficios estables sólo permiten una base sólida a partir de la cual realizar cálculos matemáticos.

Warren observó que, pese a ser eficaces, a los métodos de Graham les faltaba certeza y a menudo le llevaban a conservar inversiones que nunca emergían. Las inversiones de Warren en empresas como Vornado, Sperry & Hutchinson, Dempster Mill Manufacturing y Hochschild-Kohn las realizó según una base grahamiana, pero sus valores siguieron un camino de descenso junto con las finanzas de las empresas.

Por otro lado, la filosofía grahamiana dictaminaba que se tenía que vender una inversión si ésta alcanzaba su valor intrínseco o si se había conservado durante dos o tres años. Pero Warren se encontró con que cada vez que vendía una inversión tipo Graham que había funcionado bien, los impuestos erosionaban sus beneficios.

Warren descubrió la solución a este problema en las filosofías de Charlie Munger y Philip Fisher, quienes defendían la inversión sólo en empresas excelentes que tuvieran un valor expansivo.

13

La teoría del valor intrínseco expansivo

Philip Fisher y Charlie Munger se dieron cuenta de que determinadas empresas tenían una especie de valor expansivo y que aunque una empresa se vendiese siempre por debajo de su valor intrínseco, si la rentabilidad de la empresa seguía aumentando, *al final el precio de las acciones se incrementaría reflejando la mejor situación financiera de la empresa.*

Un ejemplo perfecto de esta situación es General Foods, que ya comentamos en el capítulo 7. Los beneficios por acción de General Foods siguieron subiendo desde el año 1979, cuando Warren empezó a comprar acciones, hasta 1985, cuando Philip Morris compró la empresa. A medida que los beneficios de General Foods se incrementaban, el valor intrínseco de la empresa también aumentaba. Y con este ascenso en el valor intrínseco, también aumentaba el precio de las acciones. Pero incluso con este aumento en el precio de las acciones, el mercado seguía valorando a la empresa por debajo de su valor intrínseco, relativo a la rentabilidad de las obligaciones del Estado. Veámoslo:

Año	Beneficios (dólares)	Precio de venta (dólares)	V.I.*	Rend. Oblig.**
79	5,12	28-37	51	10,0%
80	5,14	24-35	43	11,9%
81	4,47	28-35	34	13,1%
82	5,73	29-48	54	10,6%
83	6,10	37-54	51	11,9%
84	6,96	45-60	60	11,6%
85	Philip Morris compra la empresa por 120 dólares la acción.			

*V.I.= Valor Intrínseco relativo a las obligaciones del Estado. Ésta es la cantidad que debería invertir en obligaciones del Estado en ese año para obtener la tasa de rentabilidad equivalente a la que las acciones de General Foods estaban generando. Este método de valoración está explicado con mucho detalle en el capítulo 34.
**Rend. Oblig.= El rendimiento medio de las obligaciones del Estado en ese año.

En la tabla podemos ver que en 1979 General Foods estaba ganando 5,12 dólares por acción y que el precio de mercado de las acciones estaba entre 28 y 37 dólares la acción. Unos beneficios de 5,12 dólares por acción frente a un precio de las acciones de entre 28 y 37 dólares equivale a una tasa de rentabilidad de entre el 13 y el 18% (5,12 / 28 = 18%). También podemos ver que la tasa de rentabilidad de las obligaciones del Estado en 1979 era del 10%, lo que da a las acciones de General Foods un valor relativo a las obligaciones del Estado de 51,20 dólares (5,12 / 0,10 = 51,20 dólares). Esto significa que usted tendría que comprar 51,20 dólares en obligaciones del Estado que pagaran un 10% anual para obtener 5,12 dólares al año (51,20 x 0,10 = 5,12 dólares).

Siguiendo al Graham más clásico, Warren podría haber vendido las posiciones de General Foods en 1981, pues el precio de mercado empezaba a reflejar el valor intrínseco de la empresa relativo a la rentabilidad de las obligaciones del Estado. También podría haberlo hecho en 1984, cuando el precio de las acciones había subido hasta 60 dólares la acción, reflejando un incremento en los beneficios por acción. Y además, siguiendo a Graham, Warren debería haber vendido las acciones dos o tres años después de adquirirlas porque no había habido un aumento significativo en el precio de las mismas.

Pero como General Foods *es el tipo de empresa que tiene un valor expansivo*, Warren conservó sus posiciones. Incluso aunque la empresa seguía a veces vendiéndose por debajo de su valor intrínseco, el precio de mercado siguió subiendo. Warren sabía que el precio de mercado finalmente subiría porque las finanzas de la empresa le permitían experimentar un crecimiento a largo plazo, que se vería reflejado con un aumento en los beneficios por acción. *Y la bolsa acabaría subiendo el precio de mercado de las acciones para reflejar el incremento en los beneficios por acción.*

Warren, utilizando las ideas de Fisher y Munger, se dio cuenta de que al final, la bolsa valoraría plenamente las acciones de General Foods, y si no lo hacía, las acciones seguirían subiendo de precio a medida que el mercado siguiera aumentando en el valor intrínseco de la empresa. Citando a Graham: *A corto plazo, el mercado es una máquina de votar que permite que el capricho, el miedo y la avaricia dictaminen el signo de los votos. Pero a largo plazo, el mercado es una máquina de pesar que valora una empresa de acuerdo con el peso de su valor intrínseco.*

Independientemente de cuál fuese la tendencia financiera entre 1979 y 1985, Warren podía comprar acciones de General Foods a un precio de mercado, que en relación a sus beneficios, le permitía una rentabilidad de por lo menos un 13%, y a menudo casi un 20%. (Recuerde que Warren considera los beneficios por acción *retenidos por la empresa* como su rentabilidad). La única preocupación de Warren era si la naturaleza de la empresa (General Foods) era tal que *los beneficios de la empresa seguirían creciendo, protegiendo y expandiendo así su tasa de rentabilidad estimada.*

Así pues, durante los años setenta, Warren empezó a darse cuenta de que el enfoque grahamiano de la inversión (comprar cualquier cosa que fuese definida como una oferta) no era la estrategia ideal. Warren descubrió que las empresas mediocres no tenían unos beneficios realmente predecibles. Una empresa con unas finanzas inherentes pobres, muy a menudo se mantenía igual; y aunque la empresa pudiese tener un periodo de resultados esperanzadores, la extrema competencia del comercio acabaría eliminando cualquier rentabilidad a largo plazo que pudiese incrementar el valor de la empresa.

También observó que, de hecho, una empresa mediocre o normal siempre andaría con dificultad y que el mercado bursátil, viendo resultados deslucidos, nunca se entusiasmaría con ella. El resultado final: una empresa cuyas acciones tendían un precio que no hacía nada. Warren también se dio cuenta de que incluso cuando el mercado eliminaba la diferencia entre el precio de mercado y el valor intrínseco previsto, su rentabilidad era pobre puesto que sus ganancias estaban limitadas a la diferencia entre el valor intrínseco y el precio de mercado. Por otra parte, los impuestos sobre las ganancias de capital se comían parte de su rentabilidad. Pero como las finanzas de la empresa eran tan pobres, mantenerse en ella era como tomar un barco que no iba a ninguna parte.

Warren ha definido la estrategia inversora de Graham como comprar algo a un precio suficientemente bajo con la esperanza de que algún día en el futuro próximo sucederá algo que incremente la fortuna de la empresa y permita al inversor vender sus posiciones con unos beneficios decentes. Si el bajo precio proporciona un margen de seguridad, el inversor está protegido frente a la pérdida permanente de capital.

Pero Warren descubrió que ese suceso que tenía que provocar el aumento de la fortuna muchas veces no ocurría, e incluso a menudo sucedía lo contrario. Sucedía algo que provocaba la disminución de la riqueza de la empresa, cosa que le dejaba a él con prisas para vender sus posiciones o teniendo que apoyar una sociedad a punto de desmoronarse.

Además, si el suceso ocurría y Warren vendía sus posiciones, los beneficios estaban sujetos a los efectos punitivos de los impuestos por ganancias del capital, los cuales se llevaban una buena parte de su rentabilidad.

Su gran revelación sobre este método de inversión fue que una empresa mediocre seguirá muy probablemente siendo mediocre y que los resultados del inversor también lo serán. Cualquier ventaja que la adquisición rebajada había proporcionado inicialmente al inversor se erosionaba con la baja rentabilidad que la empresa mediocre producía.

Warren aprendió que el tiempo es el amigo de las grandes empresas y el peor enemigo de las mediocres.

También descubrió que las finanzas de una empresa excelente son totalmente diferentes de las de una mediocre. Vio que si podía encontrar una empresa excelente, esa empresa, de hecho, tendría un *valor expansivo* a diferencia del *valor estático* de las empresas mediocres. Se dio cuenta de que el valor expansivo de las empresas excelentes provocaría al final una reacción en la bolsa, aumentando el precio de sus acciones.

Y todavía otro factor añadido al fenómeno de las empresas excelentes: si la empresa seguía creciendo, tenía más sentido conservar la inversión indefinidamente que venderla. Esto permitía posponer los impuestos por ingresos de capital hasta una fecha lejana y gozar de los frutos de la capitalización de los beneficios no distribuidos.

A Warren le encanta utilizar dos ejemplos para explicar esta idea. El del *Washington Post* es el primero de ellos. Con el *Post*, Warren compró unas 1.727.765 acciones en 1973 por 9.731.000 dólares. Ha conservado esa inversión hasta hoy, y actualmente vale cerca de 600 millones de dólares. Esto significa una rentabilidad compuesta anual de la inversión en el *Washington Post* de cerca del 18,7% durante un periodo de veinticuatro años.

Imagínese ser capaz de invertir en unas obligaciones que pagasen unos intereses del 18,7%; e imagínese ahora que todos los pagos de intereses generasen también unos intereses del 18,7%. A mí me parece maravilloso. Y es lo que Warren obtuvo en realidad cuando compró las acciones del *Washington Post*: una tasa de rentabilidad anual del 18,7%, capitalizándose cada año durante veinticuatro años.

Pese a que Warren ha admitido que a veces, durante los últimos 24 años, las acciones del *Washington Post* se han cotizado por encima de su valor intrínseco, él ha preferido conservar su inversión porque se trata de una empresa excelente y porque sabía que para sacar el máximo provecho de las maravillas del interés compuesto tenía que conservar la inversión durante mucho tiempo.

Su inversión en GEICO, una compañía de seguros, se llevó a cabo bajo circunstancias parecidas. Warren adquirió acciones de GEICO por valor de 45.713.000 dólares en 1972. En 1995 valían aproximadamente 1.759.594.000 dólares, habiéndole producido una tasa de rentabilidad compuesta anual de aproximadamente el 17,2%. GEICO es otra empresa que Warren identifica como empresa excelente. (De hecho, le gustaba tanto poseer acciones de GEICO que en 1996 compró el resto de la empresa).

También le gusta comentar el ejemplo de Coca-Cola. Coca-Cola entró en bolsa en 1919 a 40 dólares la acción. Si usted hubiese comprado una acción por 40 dólares en 1919 y la hubiese conservado hasta 1993, reinvirtiendo todos los dividendos, su acción habría crecido hasta convertirse en más de 2,1 millones de dólares. Esto equivale aproximadamente a una tasa de rentabilidad de la inversión anual del 15,8%.

Warren, enfrentado al problema de la consecución del valor, empezó a ver la filosofía de Graham de comprar cualquier empresa, fuese cual fuese, como absurda y, como ya hemos dicho, comenzó a integrar en su filosofía la teoría de Fisher y Munger sobre el valor expansivo de las empresas excelentes.

14

La empresa mediocre

Una de las claves del éxito de Warren es que encontró una forma de determinar si estaba tratando con una de esas pocas empresas excelentes que le permitirían ir cosechando grandes beneficios cada año o con una empresa mediocre cuyas finanzas inherentes le mantendrían anclado a unos resultados mediocres.

Para facilitarse la tarea, Warren dividió el mundo de las empresas en dos categorías diferentes:

1

el *tipo de empresa* «commodity» (que venda mercaderías basándose en el precio), que observó que producía continuamente unos resultados inferiores

2

y la *empresa excelente*, que posee lo que Warren denomina un monopolio del consumidor.

Warren descubrió que las finanzas subyacentes de los monopolios del consumidor eran las más provechosas para sus propietarios y que como grupo, tendían a superar la actuación general del mercado.

Pero primero lo primero. Echemos un vistazo al tipo de empresas «commodity» y a las sutilezas que las convierten en una inversión indeseable cuando se comparan con las empresas que tienen un monopolio del consumidor a su favor.

La empresa «commodity»

Cuando decimos tipo de empresa «commodity» queremos decir una empresa que vende un producto cuyo precio es el factor motivador único principal en la decisión de compra del consumidor. Las empresas «commodity» más claras y sencillas con las que tratamos cada día son:

- fabricantes de textiles
- productores de alimentación primaria como maíz o arroz
- productores de acero
- compañías de gas y petroleras
- la industria de la madera
- los fabricantes de papel

Todas estas empresas venden un producto por el cual existe una competencia considerable en el mercado. El precio es el factor motivador principal en la decisión de compra del consumidor.

Uno compra gasolina según el precio, no según la marca, aunque las compañías petroleras nos quieran hacer creer que una marca es mejor que otra. El precio es el factor que decide. Lo mismo sucede con productos como el cemento, la madera, los ladrillos o la memoria y los chips procesadores para el ordenador (aunque Intel intente cambiar esta situación dando a sus chips procesadores reconocimiento de marca).

Aclarémoslo: no importa realmente de dónde venga el maíz que compramos mientras sea maíz y tenga el sabor del maíz. El elevado nivel de competencia lleva a mercados muy competitivos y, durante el proceso, a unos márgenes de beneficios muy estrechos.

Entre las empresas «commodity», vence aquélla con menos costes. Esto sucede porque la que tiene menos costes es la que tiene más libertad para fijar precios. Los costes son menores, y por tanto los márgenes de beneficios más amplios. Es un concepto simple pero que posee implicaciones complicadas, porque ser el productor con menos costes significa casi siempre que la empresa tiene que hacer continuas mejoras en la fabricación para seguir siendo competitiva. Esto requiere gastos adicionales, cosa que tiende a llevarse los beneficios no distribuidos, que podrían haber sido utilizados para el desarollo de nuevos productos o para adquirir nuevas empresas, incrementando así el valor de la empresa.

La cosa funciona normalmente así: la Empresa A realiza unas mejoras en su proceso de fabricación, cosa que disminuye sus costes de producción, lo cual incrementa los márgenes de beneficios. Entonces la Empresa A baja el precio de su producto en un intento de conseguir más cuota de mercado de las Empresas B, C y D.

Las Empresas B, C y D empiezan a perder negocio frente a la Empresa A y responden haciendo las mismas mejoras en sus procesos de fabricación que había hecho la Empresa A. Entonces las Empresas B, C y D bajan sus precios para competir con la Empresa A y destruyen así cualquier incremento en el margen de beneficios de la Empresa A generado por las mejoras en el proceso de fabricación. Y el ciclo vicioso se repite una y otra vez.

Hay ocasiones en las que la demanda de un servicio o producto supera la oferta. Cuando el Huracán Andrew arrasó Florida y destruyó miles de casas, el coste de los paneles de madera contrachapada se puso por las nubes. En momentos así, todos los productores y vendedores ganan mucho dinero. Pero un aumento de la demanda se satisface normalmente con un aumento de la oferta. Y cuando la demanda disminuye, el exceso de oferta hace bajar de nuevo tanto los precios como los márgenes de beneficios.

Por otra parte, una empresa «commodity» es totalmente dependiente de la calidad y de la inteligencia de la dirección para crear una empresa rentable. Si a la dirección le falta previsión o si gasta los activos de la empresa situando recursos de forma poco inteligente, la empresa puede perder toda su ventaja como productor de menor coste y enfrentarse a la posibilidad de un ataque de la competencia y de ruina financiera.

Desde un punto de vista inversor, de los dos modelos de Warren la empresa «commodity» es la que ofrece menos para el crecimiento futuro del valor de los accionistas. Por una parte, los beneficios de estas empresas siempre son bajos por la competencia de precios, con lo cual no hay dinero para expandir el negocio o para invertirlo en empresas nuevas y más provechosas. Además, incluso aunque consigan ganar dinero, este capital debe ser utilizado para actualizar las fábricas y la maquinaria con el fin de mantenerse por delante de la competencia.

Las empresas «commodity» intentan a veces crear una diferenciación del producto bombardeando al comprador con anuncios mediante los cuales el fabricante intenta hacerle creer que su producto es mejor que el de la competencia. En algunos casos existen modificaciones sustanciales del producto para mantenerse por delante de la competencia. No obstante, el problema es que independientemente de qué se le haga a un producto, si la elección del consumidor se basa solamente en el precio, la empresa productora con menos costes es la ganadora, y las demás acaban luchando por sobrevivir.

Como ejemplo de las pobres cualidades inversoras de las empresas «commodity», a Warren le gusta citar a Burlington Industries, que fabrica textiles, diferenciándose con sus precios.

En 1964 Burlington Industries tuvo unas ventas de 1.200 millones de dólares y las acciones se vendían a un precio medio de alrededor de 30 dólares por acción. Entre 1964 y 1985 la empresa gastó cerca de 3.000 millones de dólares, o cerca de 100 dólares por acción, en mejoras para ser más eficiente y por tanto más rentable. La mayoría de estos gastos fueron para mejorar costes y para expandir las operaciones. Y aunque en 1985 la empresa informó de unas ventas de 2.800 millones de dólares, había perdido volumen de ventas en dólares ajustados a la inflación. También estaba obteniendo unos ingresos mucho menores en las ventas y en las acciones que en 1964. Las acciones en 1985 se vendían a 34 dólares, sólo un poco mejor que en 1964. Veintiún años de operaciones y un gasto de 3.000 millones de dólares de los accionistas, y las acciones todavía no habían mostrado más que una ligera subida.

Los directivos de Burlington son unos de los más eficientes de la industria textil, pero el problema está en la industria. Una pobre economía del sector, que se originó por un exceso de competencia, provocó una capacidad de producción sustancialmente excesiva en todo el sector textil. Esto significa competencia de precios, lo que significa márgenes de beneficios más estrechos, lo que significa menos beneficios, lo que significa acciones con actuación muy pobre y accionistas decepcionados.

A Warren le encanta decir que cuando unos directivos con una excelente reputación se encuentran en una empresa con una pobre reputación, normalmente es la reputación de la empresa la que se mantiene intacta.

Identificar una empresa «commodity»

Identificar una empresa «commodity» no es tan difícil: casi siempre venden algo que muchas otras empresas también venden. Sus características incluyen unos márgenes de beneficios estrechos, poca rentabilidad de los recursos propios, dificultad de conseguir lealtad a la marca, presencia de múltiples productores, existencia de un sustancial exceso de capacidad de producción en el sector, beneficios erráticos y rentabilidad casi totalmente dependiente de la capacidad de la dirección de utilizar eficazmente los activos tangibles.

Las características básicas de las empresas «commodity» son:

- *Márgenes de beneficios estrechos.* Unos márgenes de beneficios estrechos son consecuencia de la fijación de precios competitivos (una empresa baja los precios de sus productos para competir con otra empresa).

- *Poca rentabilidad de los recursos propios.* Éste es un buen indicador de que la empresa en consideración es una empresa «commodity». Como la tasa de rentabilidad media de una empresa norteamericana es de cerca del 12%, cualquier cifra por debajo de ésta puede indicar la presencia de unas finanzas pobres provocadas por una guerra de precios.

- *Ausencia de lealtad a la marca.* Si el nombre de la marca del producto que acaba de comprar no significa mucho, entonces puede estar seguro de que está tratando con una empresa «commodity».

- *Presencia de múltiples productores.* Vaya a cualquier tienda de productos para la automoción y verá siete u ocho marcas diferentes de aceite, y todas ellas a más o menos el mismo precio. Muchos productores alimentan la competencia, y la competencia alimenta la reducción de precios, y los precios bajos alimentan unos márgenes de beneficios estrechos y los márgenes de beneficios estrechos provocan menos beneficios para los accionistas.

- *Existencia de un sustancial exceso de capacidad de producción en el sector.* Siempre que haya un sustancial exceso de capacidad de producción en un sector, nadie se puede beneficiar realmente de un incremento de la demanda hasta que se utilice este exceso de capacidad. Es entonces, y sólo entonces, cuando los precios pueden subir. No obstante, si los precios suben, los directivos sentirán la necesidad de crecer. Se les meterán en la cabeza grandes visiones de enormes imperios del sector. Y con los bolsillos llenos del dinero de los accionistas, derivado del incremento de la demanda y de los precios, se pondrán en marcha hacia sus ilusiones. Expandirán la producción y, de rebote, crearán más capacidad de producción.

El problema es que la gente de la competencia tendrá la misma idea. Pronto todos habrán incrementado su capacidad productiva y nos encontraremos de nuevo con el problema inicial de exceso de capacidad. Un exceso de capacidad significa guerra de precios, y guerra de precios significa márgenes de beneficios muy pobres y escasos beneficios. Y entonces empieza todo de nuevo.

- *Beneficios erráticos.* Una buena señal de que está tratando con una empresa «commodity» es que los beneficios son absolutamente erráticos. Un estudio de los beneficios por acción de una empresa durante los últimos siete o diez años mostrará casi siempre algún patrón de subidas y bajadas, típico de una empresa «commodity».

Si los beneficios por acción de la empresa en cuestión tienen el siguiente aspecto, entonces ya puede sospechar que se trata de una empresa «commodity».

Año	Beneficios (dólares)
1987	1,57
1988	0,16
1989	0,28
1990	0,42
1991	0,23 (pérdidas)
1992	0,60
1993	1,90
1994	2,39
1995	0,43
1996	0,69 (pérdidas)

- *Rentabilidad casi totalmente dependiente de la capacidad de la dirección de utilizar eficazmente los activos tangibles.* Siempre que la rentabilidad de una empresa dependa en gran parte de su capacidad de utilizar con eficacia sus activos tangibles, como fábricas o maquinaria, y *no* de sus activos intangibles como *patentes, copyrights* y *nombres de marca*, debería sospechar que la empresa en cuestión es una empresa «commodity».

En resumen

Recuerde: si el precio es el factor motivador más importante en la compra de un producto, entonces muy probablemente está tratando con una empresa «commodity». Por tanto, la empresa le producirá como máximo unos resultados cercanos a la media a largo plazo.

15

Cómo identificar la empresa excelente: la clave de la buena suerte de Warren

Como ya sabemos, Warren sólo busca empresas con buenas finanzas, empresas cuyos ingresos futuros pueda predecir razonablemente. A lo largo de su carrera en el mundo de la inversión Warren ha sido capaz de encontrar un buen número de esas empresas. Y ha descubierto que éstas siempre vendían un producto o servicio que creaba lo que él llama un monopolio del consumidor.

El puente de peaje es una forma típica de monopolio del consumidor. Si usted, el consumidor, quiere cruzar el río sin tener que nadar ni utilizar una barca, muy probablemente tendrá que cruzarlo por un puente, y para utilizar el puente tendrá que pagar un peaje. El puente de peaje tiene un tipo de monopolio para cruzar el río en ese punto concreto. Lo mismo se puede decir cuando en una ciudad sólo hay *un* periódico; si quiere anunciarse en él, tiene que pagar el precio por anunciarse que pone el periódico, o no se podrá anunciar. Este monopolio del consumidor da al puente de peaje o al periódico una mayor libertad a la hora de fijar precios, lo que se traduce en mayores beneficios para sus accionistas.

En este capítulo nos centraremos en cómo identificar empresas excepcionales que tengan un monopolio del consumidor a su favor. Esta es la parte del libro sobre «lo que Warren quiere comprar». Y lo que Warren quiere comprar son empresas cuyos productos o servicios creen un monopolio del consumidor.

Warren busca una empresa con un monopolio del consumidor

Para centrarnos en el tema, hagamos un breve retroceso en el tiempo y examinemos algunos de los primeros pensadores que estudiaron el valor inversor de los monopolios del consumidor.

En 1938, un estudiante emprendedor llamado Lawrence N. Bloomberg, quien iba a la Johns Hopkins University, escribió en su tesis doctoral un informe sobre el valor inversor de los monopolios del consumidor. El informe, titulado «El Valor Inversor de la Voluntad», comparaba los valores en inversión de empresas que disponían de monopolios del consumidor con empresas «commodity». Bloomberg creía que era la voluntad del consumidor la que creaba lo que Warren llama el monopolio del consumidor. Bloomberg escribió que, aunque la voluntad es un estado mental se adhiere a una empresa debido a *algún atributo distintivo que la hace particularmente atractiva para los compradores, quienes forman entonces unos lazos de unión con la empresa y el producto que vende.*

Bloomberg pensó que la voluntad del consumidor podría ir ligada al hecho de que la empresa tuviese una localización conveniente, unos empleados amables, una entrega rápida y unos productos satisfactorios. También creía que la publicidad puede ser tan insistente que haga que el consumidor tenga en mente un producto o una marca al realizar sus compras. O quizás, mediante la posesión de un proceso secreto o de una patente, una empresa puede ser capaz de proveer un producto ligeramente diferente; por ejemplo, piense en el proceso secreto de fabricación de la Coca-Cola.

Bloomberg dijo que una empresa podía conseguir mejores resultados por los motivos anteriores, lo cual equivalía a tener una mayor rentabilidad de los recursos propios, un mayor crecimiento de los beneficios y una mejor actuación en bolsa; además, las acciones de dichas empresas superarían al resto del mercado independientemente de si la economía estaba en una época de expansión o de recesión.

Warren ha desarrollado un test conceptual para determinar la presencia de estos monopolios del consumidor. Al realizar el test, le gusta preguntarse: *si tuviese acceso a miles de millones de dólares (que lo tiene) y eligiese a los cincuenta mejores directivos del país (que puede hacerlo), ¿podría crear una empresa y competir con éxito con las empresas en cuestión?*

Si la respuesta es un claro no, entonces es porque la empresa en cuestión está protegida por algún tipo de monopolio del consumidor.

En el mundo de Warren el verdadero test de la fuerza de un monopolio del consumidor es cuánto daño podría infringirle un competidor a quien no le importase ganar o perder dinero. ¿Se puede competir con el *Wall Street Journal*? Podría gastar miles de millones y aún así no quitarle un solo lector. ¿Podría crear una empresa de chicles y competir con Wrigley? Muchas lo han probado y han fracasado en el intento. ¿Y qué me dice de las barras de chocolate Hershey? ¿Y de Coca-Cola?

Yendo por las montañas de Indonesia el año pasado, nos paramos a un lado de la carretera para tomar algo de beber. En esa pequeña tienda perdida en el mundo, en un país donde no hay casi ningún símbolo de América, sólo tenían un tipo de refresco: Coca-Cola.

Piense en Coca-Cola durante un momento. Piense en cuántos establecimientos la venden. Cada gasolinera, cine, supermercado, restaurante, tienda de comida rápida, bar, hotel y estadio vende Coca-Cola. En cada edificio de oficinas de Norteamérica puede estar seguro de que hay una máquina de Coca-Cola esperando hacerse con su dinero. Coca-Cola es una bebida tan popular que las tiendas y los restaurantes tienen que tenerla. ¡Tienen que tenerla!; porque si no la tienen, pierden ventas. ¿Puede decirme algún otro producto de marca que todos estos vendedores tengan que tener?

Intente ahora competir con Coca-Cola y necesitará el capital de dos General Motors, y aún así probablemente seguirá fracasando. Estamos hablando de un monopolio del consumidor a prueba de bombas. Personalmente, yo me he tomado miles de Coca-Colas en mi vida. ¿Y usted? ¿Y sus hijos?

¿Y qué me dice de los cigarrillos Marlboro? ¿Ha intentado alguna vez convencer a un fumador de Marlboro de que cambie de marca?

Mi test personal para determinar un monopolio del consumidor es preguntar: si alguien me diese los derechos de una marca concreta como Marlboro o Wrigley, o los derechos del nombre y de la fórmula secreta de Coca-Cola, ¿aceptarían los banqueros de Salomon Brothers o Goldman Sachs conseguir los fondos que necesitara para empezar a producir? Si la respuesta es afirmativa, ya sé que he dado con una empresa ganadora.

Si uno poseyera la única compañía de aguas de la ciudad, podría ganar mucho dinero. El único problema es que la población ya tuvo, hace tiempo, suficiente sentido común como para regular el sector del agua. Lo mismo puede decirse de muchas empresas de artículos de consumo básicos. Son grandes empresas, pero las regulaciones no permiten que sus propietarios obtengan mayores resultados. Lo que estamos buscando es una compañía de aguas sin regular.

El problema es que cuando la comunidad inversora identifica empresas de este tipo, los precios se ponen por las nubes. Como el precio que se paga determina la tasa de rentabilidad que se obtiene, ésta será efectivamente menor. O sea que el truco está en encontrar una que el resto del mundo no haya identificado todavía. Se podría decir que estamos buscando una compañía de aguas disfrazada.

Bloomberg creía que una de las razones por las que las empresas con fuertes monopolios del consumidor eran tan rentables era que no dependían de inversiones en tierras, fábricas o maquinaria. Este tipo de gastos fijos sí afectan mucho a los costes de producción de las empresas «commodity».

De lo contrario, la fortuna de las empresas con monopolios del consumidor se constituye principalmente en forma de activos intangibles, como la fórmula secreta de Coca-Cola o el nombre de marca de Marlboro. Como los impuestos que pagan estas empresas tienden a variar según los beneficios, mientras que los que pagan las empresas que realizan continuamente grandes inversiones en activos físicos, como General Motors, no son tan flexibles. Fuera de las primeras etapas de un periodo de expansión, el tipo de empresa «commodity»/de activos físicos sólo puede satisfacer un incremento de la demanda de sus productos incurriendo en altos costes para la ampliación de fábricas.

Las empresas que se benefician de los monopolios del consumidor, debido a sus enormes cash-flows, normalmente están libres de deudas. Empresas como Wrigley (fabricante de chicles) o UST (fabricante de tabaco para mascar) tienen muy poca o ninguna deuda en sus balances; esto les proporciona gran libertad para adquirir otras empresas rentables o bien sus propias acciones. Por otra parte, casi siempre son fabricantes de productos de poca tecnología, los cuales no precisan de plantas de fabricación sofisticadas. Además, como hay poca competencia significativa, pueden utilizar durante más tiempo sus instalaciones. No tener que competir significa no tener que gastar continuamente en nuevas fábricas y nuevos equipamientos.

General Motors, un fabricante de automóviles, o sea un producto sensible a los precios, tiene que gastar miles de millones de dólares para reequipar y construir nuevas fábricas si quiere sacar un nuevo modelo al mercado. Y se trata de un producto que puede ser competitivo durante unos pocos años, después de los cuales GM tiene que volver de nuevo a construir.

Cabe destacar que la historia indica que varias formas de monopolios del consumidor han existido desde los comienzos del comercio. Desde los venecianos, quienes sacaban provecho de su monopolio en el comercio con Oriente, hasta el monopolio del imperio británico en el acero de calidad que se enviaba al Oeste americano, donde los nombres de Colt y Winchester significaban armas de calidad, o la fabricante alemana de cañones Krupp, cuyos productos se pudieron encontrar a ambos lados en las dos guerras mundiales: todas estas empresas se beneficiaron de la percepción de los consumidores de una necesidad de calidad y de servicios por la que estaban dispuestos a pagar más.

Piense en General Electric, la empresa que Thomas Edison ayudó a crear, y los beneficios que tuvo electrificando el planeta. Se vende a un país la información sobre cómo hacer electricidad y los productos para distribuirla, y luego se le venden enchufes, bombillas, herramientas y refrigeradores. (Es como cuando Gillette regalaba la maquinilla para que los clientes comprasen hojas de afeitar.) Hoy día GE es una de las empresas más importantes de América. Su poder proviene en parte del enorme capital que adquirió a principios de siglo, cuando era la única en juego.

16

Nueve preguntas para ayudarle a determinar si una empresa es verdaderamente excelente

Warren ha descubierto que las empresas excelentes tienen ciertas características que ayudan a identificarlas.

Creo que es más sencillo dividir esta parte del análisis en una serie de preguntas. Warren utiliza un método interrogativo parecido cuando intenta determinar la presencia de un monopolio del consumidor, de unas finanzas excepcionales y de una gestión orientada a los accionistas.

Veamos cuáles son las preguntas:

N°.1

¿Tiene la empresa un monopolio del consumidor fácilmente identificable?

N°.2

¿Son sólidos los beneficios de la empresa y muestran una tendencia al alza?

N°.3

¿Está la empresa financiada prudentemente?

N°.4

¿Obtiene continuamente la empresa una tasa elevada de rentabilidad del capital de los accionistas?

N°.5

¿Retiene la empresa sus beneficios?

N°.6

¿Cuánto tiene que invertir la empresa para mantener las operaciones actuales?

N°.7

¿Puede la empresa reinvertir los beneficios no distribuidos en nuevas oportunidades de negocio, en expandir sus operaciones o en readquirir sus acciones? ¿Cumple bien la dirección este cometido?

N°.8

¿Puede la empresa ajustar los precios según la inflación?

N°.9

¿Incrementará el valor añadido de los beneficios no distribuidos el valor de mercado de la empresa?

Nueve ideas para una revelación. Más o menos como intentar saber si una cita a ciegas nos llevará al altar. ¿Ha estado casado/a? ¿Ha ido a la universidad? ¿Tiene un buen trabajo? ¿Ronca?

Hacemos lo mismo cuando asignamos capital a la inversión. Como dice Warren, en el terreno de la inversión es mejor que uno actúe como un católico y se case de por vida. De esa forma, uno se preocupa por encontrar una pareja que valga la pena conservar, porque luego no hay forma de escaparse.

Veamos pues estas cuestiones con más detalle.

N°.1

¿Tiene la empresa un monopolio del consumidor fácilmente identificable?

Ya hemos comentado los conceptos de monopolio del consumidor y del puente de peaje. Ésta es la primera pregunta que debe hacerse: ¿tenemos delante un monopolio del consumidor? Puede ser un producto de marca o un servicio clave del cual depende la gente o las empresas. Los productos son mucho más fáciles de identificar, o sea que empecemos por ellos.

Vaya a cualquier tienda, supermercado, farmacia, bar, gasolinera o librería y pregúntese: *¿Cuáles son los productos de marca que este negocio tiene que tener?* ¿De qué productos sería un craso error no disponer? Haga una lista.

Ahora entre en un establecimiento y examine el producto, que probablemente ya habrá visto en los anuncios muchas veces. Si tiene el nombre de una marca que inmediatamente reconoce, entonces hay muchas probabilidades de que exista algún tipo de monopolio del consumidor.

Dígame un periódico que se pueda encontrar en cualquier quiosco de Norteamérica: *USA Today*. Dígame un un refresco que se pueda comprar en cualquier rincón del mundo: Coca-Cola. Dígame una marca de cigarrillos que esté presente en todos los estancos: Marlboro. ¿Quién tiene los derechos de la película *La Sirenita*, de la cual sus hijos parecen no cansarse nunca? Disney. ¿Qué tipo de hojas de afeitar utiliza cada mañana? Sólo con ir al supermercado ya deberían venirle a la cabeza muchas ideas.

Las empresas que proporcionan servicios que constituyen monopolios del consumidor son más difíciles de identificar. Los lugares clave para encontrarlas son el campo de la publicidad (cadenas de televisión y agencias de publicidad) y de los servicios financieros, como las empresas de tarjetas de crédito. (No se preocupe, porque el siguiente capítulo se encarga de decirle dónde tiene que buscar exactamente empresas que tengan monopolios del consumidor.)

Pero no sólo porque la empresa tenga un producto de marca a su favor tiene que ser una empresa excelente. Hay muchas maneras de que la dirección fracase en el intento de maximizar la magia del monopolio del consumidor.

Así pues, después de encontrarse frente al producto o servicio, debe empezar un análisis cuantitativo/cualitativo de la empresa y de su equipo directivo. Se empieza por un buen producto, pero eso no necesariamente significa una gran empresa.

N°.2

¿Son sólidos los beneficios de la empresa y muestran una tendencia al alza?

Un monopolio del consumidor es una gran cosa, pero el equipo directivo puede haber hecho tan poco en la gestión del resto de la empresa que los beneficios anuales por acción pueden fluctuar en exceso. Warren busca unos beneficios anuales por acción fuertes y que muestren una tendencia al alza.

¿La gráfica de beneficios por acción de la empresa en cuestión se parece a la de la Empresa I o a la de la Empresa II?

Empresa I		Empresa II	
Año	Beneficios por acción (dólares)	Año	Beneficios por acción (dólares)
87	1,07	87	1,57
88	1,16	88	0,06
89	1,28	89	0,28
90	1,42	90	0,42
91	1,64	91	0,23 (pérdidas)
92	1,60	92	0,60
93	1,90	93	1,90
94	2,39	94	2,39
95	2,43	95	0,43
96	2,69	96	0,69

Warren estaría interesado en la Empresa I y no en la Empresa II. Los beneficios por acción de esta última han sido demasiado erráticos para poder predecir con certeza. Independientemente de los productos competitivos que la Empresa II pueda tener, algo va mal para que los beneficios fluctúen tanto.

La Empresa I muestra un gráfico de beneficios por acción que no sólo indica que posee un producto o productos con monopolio del consumidor, sino que su dirección sabe convertir esta ventaja en valor real para los accionistas.

N°.3

¿Está la empresa financiada prudentemente?

A Warren le gustan las empresas que están financiadas prudentemente. Si una empresa posee un gran monopolio del consumidor muy probablemente goza de unos ingresos enormes y no tiene la necesidad de la carga que supone una deuda a largo plazo. Las empresas favoritas de Warren, como Wrigley, UST o International Flavor & Fragances tienen muy poca o ninguna deuda. Las grandes estrellas de Warren, como Coca-Cola o Gillette, mantienen ambas una deuda a largo plazo inferior a los beneficios netos.

A veces una empresa excelente con un monopolio del consumidor puede añadir una gran cantidad a su deuda para financiar la adquisición de otra empresa, como cuando Capital Cities aumentó en más del doble su deuda a largo plazo para adquirir las redes de televisión y radio ABC. En un caso así hay que pensar que la empresa adquirida también es un monopolio del consumidor, que en este caso lo era. Pero si no lo es, ¡vigile!

Cuando se utiliza la deuda a largo plazo para adquirir otra empresa, la norma general es:

- Si el matrimonio es entre dos monopolios del consumidor, muy probablemente será un matrimonio fantástico. Produciendo ambas un exceso de beneficios, pronto enormes montañas de deudas pueden reducirse a cenizas.

- Pero cuando un monopolio del consumidor contrae matrimonio con una empresa «commodity», el resultado es casi siempre mediocre. Esto se debe a que la empresa «commodity» tendrá que absorber los beneficios del monopolio del consumidor para respaldar su pobre economía, dejando poco margen para la reducción de la deuda. La excepción ocurre cuando la dirección de una empresa «commodity» utiliza el cash-flow de la empresa para adquirir una empresa tipo monopolio del consumidor, y después de la fusión, abandona la empresa «commodity».

- Cuando dos empresas «commodity» contraen matrimonio el resultado es en general desastroso, puesto que ninguna de las dos es capaz de generar suficientes beneficios para reducir la deuda.

Cuando busque empresas excelentes, busque aquéllas que posean monopolios del consumidor y que estén financiadas prudentemente. Si la empresa con un monopolio del consumidor está utilizando grandes cantidades de deuda a largo plazo, debería ser solamente para adquirir otras empresas con monopolios del consumidor.

N°.4

¿Obtiene continuamente la empresa una tasa elevada de rentabilidad del capital de los accionistas?

Warren se ha dado cuenta de que una rentabilidad elevada del capital de los accionistas puede generarle mucha riqueza. Es por eso que busca invertir en empresas que obtengan continuamente una rentabilidad elevada de dicho capital.

Para entender plenamente por qué Warren está tan interesado en la alta rentabilidad del capital de los accionistas, veamos lo siguiente.

El capital de los accionistas se define como el activo total de una empresa menos la deuda total. Es como la propiedad de su casa. Imaginemos por ejemplo que usted compró una casa para alquilarla y que pagó 200.000 dólares por ella. Para cerrar el trato invirtió 50.000 dólares de su bolsillo y pidió 150.000 a un banco. Los 50.000 dólares que usted invirtió son su capital en la propiedad.

Cuando la alquile, la cantidad que obtenga del alquiler después de pagar gastos, hipoteca e impuestos será la rentabilidad de su capital. Si alquilase la casa por 15.000 dólares al año y tuviese unos gastos totales de 10.000 dólares, entonces ganaría 5.000 dólares anuales por su capital de 50.000 dólares. Por tanto, la rentabilidad de su capital de 50.000 dólares sería los 5.000 que ganó, lo que equivale a una tasa de rentabilidad del capital del 10% (5.000 / 50.000 = 10%).

De la misma manera, si poseyera una empresa y ésta tuviese 10 millones de dólares de activo y 4 millones de deuda, el capital de los accionistas de la empresa sería de 6 millones. Si la empresa ganase, después de impuestos, 1.980.000 dólares, podríamos encontrar que la tasa rentabilidad del capital de los accionistas sería del 33% (1.980.000 / 6.000.000 = 33%).

Esto significa que los 6.000.000 de capital de los accionistas están generando un 33% de tasa de rentabilidad.

La tasa media de rentabilidad del capital de los accionistas de una empresa norteamericana durante los últimos cuarenta años ha sido aproximadamente del 12%.

Todo lo que esté por encima del 12% está por *encima* de la media. Todo lo que esté debajo del 12% está por *debajo* de la media. *Y estar por debajo de la media no es lo que estamos buscando.*

Lo que Warren busca en una empresa es una rentabilidad del capital de los accionistas continuamente por encima de la media. No estamos hablando de un 12 o un 13%, sino de un 15% o más (cuanto más, mejor).

Veamos algunas de las empresas que atrajeron a Warren en el pasado el tipo de rentabilidad del capital que conseguían.

The General Foods Corporation tenía una tasa de rentabilidad del capital media anual del 16% cuando Warren empezó a comprarla. La rentabilidad del capital de Coca-Cola en el año que empezó a adquirirla era aproximadamente del 33%, y tuvo una media del 25% durante los cinco años siguientes. Hershey Foods ha fascinado durante mucho tiempo a Warren. Ha tenido una tasa media anual de rentabilidad del capital del 16,7%. Una empresa como Philip Morris, el conglomerado de tabaco y alimentación, ha tenido una tasa media anual de rentabilidad del capital del 30,5% durante los últimos diez años. Capital Cities tenía una tasa del 18% cuando Warren adquirió sus acciones (que en 1995 cambió por mil millones de dólares y una buena parte de la propiedad de Mickey Mouse, la Walt Disney Company). La tasa de rentabilidad de Service Master superaba el 40%, y la de UST superaba el 30%. Gannett Corporation, una de sus adquisiciones más recientes, tenía una rentabilidad del capital del 25%.

Warren está convencido de que una elevada rentabilidad del capital de los accionistas es un buen indicador de que la dirección de la empresa no sólo puede generar beneficios con el negocio existente sino que también sabe emplear provechosamente los beneficios no distribuidos para ganar más dinero para los accionistas.

Continuamente *significa* continuamente. Warren no persigue empresas que en cierta ocasión puedan tener una gran rentabilidad, sino empresas que la tengan continuamente.

Análisis de la rentabilidad del capital de una empresa

¿La rentabilidad del capital de la empresa en cuestión se parece a la de la Empresa I o a la de la Empresa II?

Empresa I		Empresa II	
Año	Rentabilidad del capital (%)	Año	Rentabilidad del capital (%)
87	28,4	87	5,7
88	31,2	88	1,6
89	34,2	89	2,8
90	35,9	90	4,2
91	36,6	91	2,3
92	48,8	92	7,0
93	47,7	93	9,4
94	48,8	94	9,3
95	55,4	95	4,3
96	56,0	96	6,9

Warren estaría interesado en la Empresa I y no en la Empresa II. La rentabilidad del capital de la Empresa II es demasiado baja. La Empresa I muestra una tasa de rentabilidad del capital muy alta, lo que indica que se beneficia de la presencia de un fuerte monopolio del consumidor.

Se puede decir mucho más de por qué Warren está solamente interesado en empresas con altas tasas de rentabilidad del capital, y ya veremos con más detalle este tema en la segunda parte del libro. Unas tasas de rentabilidad del capital elevadas indican la presencia de una empresa excelente.

N°.5

¿Retiene la empresa sus beneficios?

En la edición de 1934 de *Security Analysis*, Graham presenta a sus lectores a Edgar Lawrence Smith, quien escribió en 1924 un libro sobre la inversión titulado *Common Stocks as Long-Term Investments* («Acciones ordinarias como inversiones a largo plazo», Macmillan, 1924). En él, Smith planteó la idea de que en teoría las acciones deberían incrementar su valor a medida que ganan más de lo que pagan en dividendos, puesto que los beneficios no distribuidos se añaden al valor neto de la empresa. En un caso práctico, una empresa tendría una rentabilidad de capital del 12%, pagaría un 8% en forma de dividendos y retendría un 4% de reservas. Si hiciese esto cada año, el valor de las acciones aumentaría junto con el valor contable, a una tasa anual compuesta del 4%.

Teniendo esto en cuenta, Smith explica el crecimiento del valor de las acciones ordinarias como consecuencia de la acumulación de activos mediante la reinversión de los beneficios en la expansión de sus operaciones. Graham, no obstante, nos advierte de que no todas las empresas *pueden* reinvertir sus beneficios en la expansión de sus operaciones. La mayoría, de hecho, deben gastar esos beneficios no distribuidos para *mantener* simplemente la situación actual, actualizando fábricas y maquinaria. (Estudiaremos esto más adelante.) Predecir los beneficios futuros de cualquier empresa puede ser muy complicado y está sujeto a mucha variabilidad. Esto quiere decir que hacer una predicción de los beneficios futuros puede ser la fuente de un desastre potencial.

Warren llegó a la conclusión de que la evaluación de Graham del análisis de Smith era correcta para la mayoría de empresas. Sin embargo, encontró que bajo un análisis detallado algunas empresas eran una excepción a la regla. Warren se dio cuenta de que estas excepciones eran capaces durante mucho tiempo de emplear provechosamente sus beneficios no distribuidos a unas tasas de rentabilidad muy por encima de la media. En pocas palabras, Warren encontró unas pocas empresas que no necesitaban gastar sus beneficios no distribuidos para actualizar fábricas o maquinaria o para el desarrollo de nuevos productos, sino que los podían dedicar a adquirir nuevas empresas o bien a expandir las operaciones de sus empresas más rentables.

Lo que queremos es invertir en empresas que puedan retener sus beneficios y que no se hayan comprometido a pagar gran parte de los mismos como dividendos. De esta manera los accionistas pueden beneficiarse plenamente de los efectos del interés compuesto, la clave para hacerse realmente rico.

N°.6

¿Cuánto tiene que invertir la empresa para mantener las operaciones actuales?

Como ya hemos dicho, *ganar dinero es una cosa, retenerlo es otra, y no tener que gastarlo para mantener las operaciones actuales es una tercera cosa diferente.* Warren descubrió que para que la teoría de Smith funcionase tenía que invertir en empresas que (1) ganasen dinero, (2) pudiesen retenerlo, y (3) no tuviesen que gastarlo para mantener las operaciones actuales.

Warren observó que las necesidades de inversión de una empresa pueden ser tan importantes que ésta termine por no tener dinero suficiente para incrementar la fortuna de sus accionistas.

Pongamos un ejemplo: si una empresa gana 1 millón de u.m. al año, y las retiene todas, pero al año siguiente tiene que gastar 2 millones en mantener al día fábricas y maquinaria para la producción, en realidad la empresa no está generando riqueza alguna. La empresa perfecta para Warren sería una que generase 2 millones de u.m. y no gastase ni una sola en reponer fábricas o maquinaria.

Warren solía enseñar esta lección en las clases nocturnas sobre inversión que daba en la Escuela de Negocios de Omaha de la Universidad de Nebraska.

Mostraba como AT&T, antes de que se disolviera, era una inversión pobre para sus accionistas, porque a pesar de ganar mucho dinero, tenía que dedicar incluso más dinero del que ganaba a las necesidades de financiación (investigación y desarrollo e infraestructura). La forma con que AT&T financiaba la expansión era ampliando el capital y la deuda.

En cambio una empresa como Thomson Publishing, que poseía un buen número de periódicos en poblaciones con un solo periódico, ganaba mucho dinero para sus accionistas. La causa era que, una vez construida toda su infraestructura de impresión, la empresa tenía poca necesidad del capital de sus accionistas. Esto llevó a que se gastasen grandes cantidades de dinero en la adquisición de otros periódicos, lo cual hizo más ricos a sus accionistas.

Así pues, una empresa aumentó su valor sin precisar de nuevas inyecciones de capital mientras que la otra sólo pudo crecer gracias al capital adicional que se invirtió en ella.

Se puede ver este mismo fenómeno en los informes financieros de The General Motors Company, que indican que entre principios de 1985 y finales de 1994 la empresa ganó aproximadamente 17,92 dólares por acción y pagó como dividendos cerca de 20,60 dólares por acción. Durante este mismo periodo la empresa gastó aproximadamente 102,34 dólares por acción en mejoras. La pregunta obvia es: si los beneficios de General Motors durante este periodo sumaban 17,92 dólares y pagó como dividendos 20,60 dólares, ¿de dónde salieron los 2,68 dólares extra que pagó como dividendos y los 102,34 dólares que dedicó a inversiones?

Desde principios de 1985 hasta finales de 1994, General Motors añadió cerca de 33.000 millones de dólares de deuda, lo que equivale a un incremento de la deuda por acción de cerca de 43,70 dólares. Además, la empresa aumentó el capital en 132 millones de acciones. El valor contable de General Motors cayó 34,29 dólares la acción (de 45,99 dólares en 1985 a 11,7 dólares en 1994), a medida que los costes de desarrollo de nuevos coches consumían los beneficios no distribuidos. ¿Qué hizo todo esto para aumentar la riqueza de sus accionistas? Nada.

A principios de 1985 las acciones de General Motors se cotizaban a 40 dólares la acción. Diez años más tarde, ya lo habrá adivinado, se cotizaban a 40 dólares la acción. Es decir, después de diez años de actividad, de 33.000 millones de dólares adicionales de deuda, de 132 millones de acciones más de capital, el precio de mercado de las acciones no había cambiado. La rentabilidad anual para los inversores se reducía al pago de los 20,60 dólares de dividendos, que equivale a una tasa de rentabilidad compuesta antes de impuestos de aproximadamente el 5,8%. Teniendo en cuenta inflación e impuestos, el capital invertido acaba perdiendo su valor real.

General Motors tiene unas enormes necesidades de financiación porque los productos que fabrica, coches y camiones, están en constante cambio. Esto significa que GM debe reequipar continuamente sus plantas de fabricación para adaptarse a los cambios de cada nuevo diseño, lo que supone grandes inversiones sólo para mantener el negocio.

Una última historia para fijar este tema. Hace cerca de un año estuve comiendo con el propietario de una empresa que pone asfalto en las carreteras. Después de charlar un rato se hizo evidente que el propietario obtenía cada año unos beneficios netos de aproximadamente 200.000 dólares. Me lo confirmó, pero también añadió que aproximadamente cada cuatro años tenía que sustituir toda su maquinaria, lo que le costaba cerca de 600.000 dólares. Por tanto en realidad lo que ganaba eran 50.000 dólares al año.

Lo que Warren quiere es una empresa que casi nunca tenga que sustituir fábricas y maquinaria y que no necesite grandes inversiones en investigación y desarrollo. Quiere una empresa que haga un producto con muy poca o ninguna competencia: el único periódico de la población, un fabricante de barritas de chocolate, una empresa de chicles, los productos para el afeitado, una empresa de refrescos, una fábrica de cerveza; empresas básicas con productos que la gente no quiere que cambien demasiado. Un producto predecible, unos beneficios predecibles.

N°.7

¿Puede la empresa reinvertir los beneficios no distribuidos en nuevas oportunidades de negocio, en expandir sus operaciones o en readquirir sus acciones? ¿Cumple bien la dirección este cometido?

Otra de las claves de Warren para definir una gran empresa es que tenga la capacidad de retener los beneficios y de reinvertirlos en otras empresas que le proporcionen ingresos adicionales elevados.

Recuerde el joven Warren y la máquina del millón. Si conservase esa única máquina del millón y nunca ampliase el negocio, todo el dinero que ganara iría a parar a una cuenta bancaria que proporcionaría el tipo de interés que el banco ofreciese.

Sin embargo, si el joven Warren invirtiese los beneficios en nuevas empresas que proporcionasen una mejor rentabilidad que la cuenta bancaria, conseguiría una mayor rentabilidad de su capital *y a la vez se convertiría en un propietario/accionista más rico.*

Piénselo de esta manera: si yo le diese 10.000 u.m. al año durante diez años y usted las guardase en una caja fuerte, al cabo de diez años habría ahorrado 100.000 u.m. Si metiese esas 10.000 u.m. en una cuenta bancaria que pagase un 5% anual compuesto en intereses, al cabo de diez años tendría 132.067 u.m.

Si usted tuviese el toque mágico de Warren y pudiese reinvertir los beneficios con una tasa de rentabilidad compuesta anual del 23%, al cabo de diez años la cantidad acumulada sería de 370.388 u.m., lo que supone unas 200.000 u.m. más que cualquiera de los casos anteriores.

Si mantuviese ese 23% durante un periodo de veinte años, las maravillas de los intereses compuestos empezarían a tener efecto, y la suma alcanzaría ya las 3.306.059 u.m. Esa suma es sin duda mucho mayor que las 200.000 u.m. que tendría si hubiese mantenido el dinero en la caja fuerte durante veinte años. También es mayor que las 347.193 u.m. que tendría si hubiese ido ingresando los pagos de 10.000 u.m. durante veinte años en una cuenta bancaria con un tipo de interés del 5%.

Warren cree que si una empresa puede utilizar sus beneficios no distribuidos con unas tasas de rentabilidad superiores a la media, entonces es mejor mantener esos beneficios en la empresa. Ya ha dicho muchas veces que no está insatisfecho cuando las empresas propiedad de Berkshire retienen todos sus beneficios, siempre que puedan utilizar esos fondos con tasas de rentabilidad superiores a la media.

Warren ha seguido esta filosofía y la ha aplicado a empresas en las que tenía una participación minoritaria. Según él, si la empresa tiene un historial de uso rentable de los beneficios no distribuidos o una razonable promesa de hacerlo, será ventajoso para los accionistas dejar que la empresa retenga todos los beneficios que pueda emplear con rentabilidad.

Tenga en cuenta que si la empresa tiene pocas necesidades de financiación y ninguna perspectiva de utilizar el capital para aportar tasas de rentabilidad elevadas, o si la dirección posee un historial de inversión de los beneficios no distribuidos en proyectos de poca rentabilidad, entonces Warren defiende que la opción más atractiva es pagar esos beneficios en forma de dividendos o bien utilizarlos para recomprar acciones.

Cuando se utilizan los beneficios no distribuidos para recomprar acciones, la empresa de hecho está comprando su propia propiedad e incrementando así los beneficios por acción de los accionistas que no venden. Piénselo así: si usted tiene una participación y hay sólo tres socios, cada uno de ustedes posee un tercio de la empresa. Si la empresa, utilizando sus propios fondos, compra a uno de los socios, entonces los dos que quedan poseen cada uno el 50% de la empresa, y se dividen los beneficios futuros mitad y mitad. Las recompras de acciones provocan un aumento de los beneficios por acción, lo que hace aumentar el precio de mercado de las acciones, lo que supone unos accionistas más ricos. (El Capítulo 40 ofrece una explicación detallada de la situación económica que motiva los programas de recompra de acciones y por qué Warren es un gran entusiasta de ellos.)

Warren prefiere invertir en empresas muy rentables que requieren muy poco en investigación y desarrollo o en sustitución de fábricas y maquinaria. Las mejores empresas de este tipo tienen la capacidad de invertir o adquirir otras empresas similares. Como ejemplo, sirvan RJR Nabisco y Philip Morris. Ambas poseen empresas de cigarrillos que generan montones de beneficios no distribuidos. Si decidiesen reinvertir esos beneficios en, por ejemplo, el negocio automovilístico, podrían esperar grandes gastos durante mucho tiempo hasta empezar a obtener beneficios de sus operaciones. Sin embargo, han escogido utilizar sus beneficios para adquirir otras empresas como Nabisco Foods, General Foods o Kraft Foods, además de otras marcas de productos de alimentación. Otro buen ejemplo de esta estrategia es Sara Lee Corporation, que no sólo produce pastel de queso de marca propia sino que ha conseguido construir una cartera de otras empresas de productos de consumo de marca como Marcilla, Sanex o Playtex.

Capital Cities, antes de fusionarse con Disney, utilizó su empresa de TV por cable para comprar la empresa de televisión ABC, otra empresa muy rentable. Durante mucho tiempo dedicó la mayor parte de su dinero a adquirir otras empresas relacionadas con los medios de información. Lo hizo con el dinero de sus accionistas porque las cadenas de televisión y radio eran muy rentables. Se creaba una cadena de televisión y duraba cuarenta años.

Hasta hace poco, el monopolio del consumidor que tenían los medios estaba protegido de la competencia por las leyes. Sin embargo, la expansión reciente de la televisión por cable, por satélite e interactiva mediante el uso de líneas telefónicas pone en duda la capacidad de las tres grandes cadenas (ABC, CBS y NBC) de proteger sus empresas de la nueva competencia.

Hay una anécdota sobre el director general de Capital Cities, Tom Murphy, que un día estaba en casa de Warren en Omaha mirando la tele. Alguien le dijo: «Es sorprendente cuántos avances ha habido en el campo de la televisión, ¿verdad?». Él respondió que le gustaban más los viejos tiempos cuando sólo había televisores en blanco y negro y tres cadenas luchando por los dólares de quienes quisieran anunciarse. Warren opina que estas empresas pueden no ser ya las empresas fantásticas que eran, pero aún así son grandes empresas.

Probablemente la pregunta más importante que usted como inversor a largo plazo deba hacerse es si el equipo directivo de la empresa puede o no puede utilizar sus beneficios no distribuidos. Dedicar capital a una empresa que no tiene la oportunidad ni el talento directivo para hacer crecer sus beneficios no distribuidos puede hacer que el barco de su inversión se hunda en las profundidades del mar.

N°.8

¿Puede la empresa ajustar los precios según la inflación?

La inflación hace que los precios suban. El problema con las empresas «commodity» es que mientras los precios de la mano de obra y de las materias primas aumentan, es posible que la producción excesiva cree una situación en la que la empresa tenga que bajar los precios de sus productos con el fin de estimular la demanda. En casos así, los costes de producción pueden superar el precio que el producto tendrá en el mercado, y por tanto la empresa pierde mucho dinero. Esto provoca normalmente que la empresa reduzca la producción hasta que se agote el exceso de oferta. Pero esto requiere su tiempo; las leyes de la oferta y la demanda funcionan, pero a su ritmo. Mientras tanto, las pérdidas se acumulan y la viabilidad de la empresa disminuye. (Los ganaderos se enfrentan continuamente a este problema. El precio del ganado vivo está bajando, pero los costes de alimentación, mano de obra, seguros, veterinarios y tierras de pastoreo siguen aumentando. Un error en el cálculo del precio del ganado para el próximo otoño, y el negocio familiar tendrá que cerrar.)

Esta situación sucede con mucha frecuencia en las compañías aéreas. Estas empresas se comprometen con todo tipo de costes fijos importantes. Desde el combustible de los aviones hasta los contratos con pilotos, personal de tierra, mecánicos y azafatas, todos ellos cuestan dinero e incrementan los costes con la inflación. Pero también hay una guerra de precios y las compañías aéreas tienen que reducir los precios de sus billetes para ser competitivas. ¿Quiere volar de Nueva York a Los Ángeles? Hay una docena o más de compañías dispuestas a competir por su dinero. Si una de ellas baja los precios considerablemente, todas acaban perdiendo. En los años sesenta, un billete de ida y vuelta de Omaha a París costaba 1.000 dólares o más. Hace poco compré uno por 500 dólares. Pese a que los costes de los aviones, el combustible, los pilotos, el personal de tierra, los mecánicos y la comida horrible del avión se han cuadruplicado en los últimos cuarenta años, mi billete, gracias a la guerra de precios, ha bajado de precio. Pero la compañía que me lo vendió no se ha hecho más rica. Ahora ya sabe por qué se hunden tantas compañías aéreas.

Con las empresas «commodity» es posible que los costes de producción aumenten con la inflación mientras que los precios que la empresa puede poner a sus productos tengan que disminuir debido a la competencia.

Para Warren la empresa o monopolio del consumidor excelente es aquél que tiene la libertad suficiente para incrementar sus precios con la inflación sin experimentar una disminución de la demanda. De esta manera sus beneficios se mantienen constantes, independientemente del comportamiento de la inflación.

N°.9

¿Incrementará el valor añadido de los beneficios no distribuidos el valor de mercado de la empresa?

Graham afirmó en los últimos años de su vida que creía que el mercado estaba formado por dos componentes. Uno está orientado a la inversión a largo plazo y por tanto, con el tiempo, el precio de mercado de las acciones de una empresa refleja su valor intrínseco. El otro componente es como un casino: la gente apuesta a las fluctuaciones del precio a corto plazo. Graham creía que en general domina el aspecto casino de la ecuación, en el cual personas e instituciones especulan sobre el impacto que la información diaria pueda tener en el valor de las acciones.

Graham también creía que era este factor de casino el que permitía al inversor paciente la oportunidad de poner en práctica su arte, pues mientras el miedo y la avaricia dominaban en el casino, se ofrecía la oportunidad al inversor a largo plazo de adquirir empresas por debajo de su valor intrínseco.

Warren defiende esta teoría pero añade algo más, ya que cree que la naturaleza a largo plazo del mercado hará subir continuamente el precio de las acciones de una empresa si ésta puede asignar adecuadamente el capital para incrementar el valor neto de la empresa. Un magnífico ejemplo de esto es su propia Berkshire Hathaway, que en 1981 tenía un valor neto de 527 dólares por acción y se cotizaba a 525 dólares la acción. Dieciséis años más tarde, en 1997, tenía un valor neto de aproximadamente 20.000 dólares por acción y se cotizaba cerca de los 45.000 dólares la acción. Warren expandió la empresa destinando los beneficios no distribuidos a la adquisición de participaciones parciales y totales en empresas con unas finanzas excepcionales. A medida que el valor neto de la empresa fue creciendo, también lo hizo la tasación de la empresa en el mercado, incrementándose así el precio de las acciones.

Otro buen ejemplo de este fenómeno a largo plazo es The Philip Morris Company. Esta gran productora de cigarrillos ha sufrido durante los últimos veinte años la mala reputación generada por centenares de pleitos de gente con cáncer que culpaba de su enfermedad a Philip Morris y a su rentable producto.

El mercado, que es asustadizo y nervioso, vio esos pleitos como una gran maldición y valoró Philip Morris entre ocho y catorce veces sus beneficios, aunque estaba obteniendo continuamente una tasa de rentabilidad del capital del 21%. Pero la empresa siguió ganando dinero y adquiriendo más y más empresas. Su valor neto por acción siguió creciendo. Y con el avance del valor neto de la empresa y de los beneficios por acción, las acciones de la empresa también aumentaron de precio, aunque se continuaban cotizando entre ocho y catorce veces los beneficios.

Aunque Philip Morris estaba estigmatizada por el mercado, el fenómeno a largo plazo del encuentro entre el precio de mercado y el valor intrínseco de una empresa logró aumentar el precio de las acciones, proporcionando a los accionistas una tasa de rentabilidad compuesta anual de cerca del 21% durante los últimos diez años.

Recuerde: a corto plazo el mercado es maníaco-depresivo, con cambios de humor irracionales que llevan los precios de las acciones desde las nubes hasta grandes depresiones, y viceversa. Es este comportamiento maníaco-depresivo del mercado el que ofrece oportunidades para el inversor sabio, que sabe que un mercado a largo plazo ajusta el precio de las acciones para reflejar el valor real de la empresa.

Warren busca una empresa cuyas acciones tengan un precio que responda al aumento real del valor económico de la empresa. No busca una empresa cuyas acciones suban de precio por efectos de la especulación. La primera es una empresa segura, la otra es sólo una apuesta en las carreras.

Resumen

Warren persigue la inversión en empresas cuyas finanzas sean excelentes y produzcan beneficios del tipo monopolio. Ha descubierto que estas empresas excelentes suelen tener algún tipo de monopolio del consumidor, sea un producto de marca o un servicio que los consumidores creen que ofrece mayores ventajas que la competencia.

Warren se ha dado cuenta de que ser capaz de retener los beneficios sin tener que gastarlos para mantener las operaciones actuales no es suficiente. La dirección de la empresa debe tener la capacidad de destinar esos beneficios no distribuidos a nuevas empresas que generen dinero y que también obtengan tasas de rentabilidad elevadas del capital invertido. Si no hay nuevas empresas disponibles, estas empresas excelentes deberían dedicarse a recomprar sus propias acciones.

Warren también se ha encontrado con que una empresa excelente, por norma general, tiene que ser financiada con prudencia y tiene que tener libertad para ajustar los precios de sus productos o servicios según la inflación.

Ahora tenemos ya una idea del aspecto de la bestia que perseguimos. En el próximo capítulo veremos en qué terrenos empresariales puede estar escondida.

17

Dónde buscar empresas excelentes

¿Dónde se encuentran las empresas excelentes que han creado puentes de peaje conceptuales? Básicamente existen tres tipos de empresas que producen excelentes resultados:

1

empresas que hacen productos que se consumen o utilizan rápidamente, cuyo nombre de marca tiene atractivo y que los comerciantes tienen que tener o utilizar para mantenerse en el negocio;

2

empresas de comunicaciones que proporcionan servicios repetitivos que los fabricantes deben utilizar para persuadir a la gente para que compre sus productos;

3

empresas que proporcionan servicios al consumidor repetitivos que la gente y las empresas necesitan continuamente.

Examinemos de cerca estas tres categorías.

Empresas que hacen productos que se consumen o utilizan rápidamente, cuyo nombre de marca tiene atractivo y que los comerciantes tienen que tener o utilizar para mantenerse en el negocio.

Los comerciantes (como el supermercado más cercano), a diferencia de los fabricantes (como The Coca-Cola Company), obtienen sus beneficios comprando barato y vendiendo más caro. Los comerciantes necesitan pagar lo mínimo posible por el producto y venderlo lo más caro posible. Sus beneficios son la diferencia entre lo que pagaron por el producto y lo que obtienen al venderlo. Si existen muchos fabricantes de un producto, un comerciante puede ir cambiando de uno a otro en busca del precio mínimo. Pero si hay un producto que sólo un fabricante vende, en ese caso el comerciante tiene que pagar el precio que éste pida, lo que da la ventaja del precio al fabricante y no al comerciante; y esto significa mayores márgenes de beneficios para el fabricante.

Fíjese también en que, cuando un gran número de comerciantes necesitan un producto concreto y sólo hay un fabricante, la competencia de precios se traslada a los comerciantes. Así, diferentes comerciantes bajan el precio del producto para estimular las ventas. *Pero el fabricante sigue cobrando a todas las tiendas lo mismo*. La competencia de precios entre los distintos comerciantes destruye sus márgenes de beneficios, *no* los del fabricante.

Las empresas que fabrican productos de consumo o uso rápido y que los comerciantes tienen que tener para mantener su negocio son, de hecho, un tipo de puente de peaje. El consumidor quiere un cierto producto de marca; si el comerciante quiere tener algún beneficio tiene que ofrecer al consumidor ese producto. La idea es que sólo existe un fabricante, sólo hay un puente, y si usted quiere ese producto de marca tiene que pagar el peaje de *ese fabricante*.

Demos una vuelta por el supermercado más cercano. Antes de entrar, ¿puede predecir qué productos de marca tiene que tener para mantener el negocio? Bueno, tiene que tener Coca-Cola, cigarrillos Marlboro, tabaco para mascar Skoal, chocolate Hershey, chicles Wrigley y Doritos. Sin estos productos el propietario perdería ventas y dinero. Los fabricantes de estos productos (Coca-Cola Company, Philip Morris Company, US Tobacco, Hershey Foods, Wm. Wrigley Jr. Company y Pepsi-Cola Company) tienen todos unas tasas de rentabilidad del capital elevadas.

Dígame ocho productos de marca que todo colmado debería tener. Pasta de dientes Crest, Advil, Listerine, Coca-Cola, cigarrillos Marlboro, tampones Tampax, bolígrafos Bic y hojas de afeitar Gillette. Sin estos productos el comerciante perderá ventas. Y los fabricantes de estos productos obtienen una gran rentabilidad de su capital.

Cuando come en un restaurante, usted no pide su café por la marca. Ni tampoco pide una hamburguesa y unas patatas o un arroz frito por la marca. La empresa que vende hamburguesas al restaurante no tiene una tasa de rentabilidad del capital por encima de la media, porque nadie entra en un restaurante y pide una hamburguesa preparada por Bob's Meats. Pero sí que pide su Coca-Cola por la marca. Y si usted es propietario de un restaurante que no tiene Coca-Cola, entonces simplemente perderá ventas.

¿Qué productos de marca deben vender las tiendas de ropa? Ropa interior Fruit of the Loom o Hanes y, naturalmente, la omnipresente ropa Levi's. Ambas tienen unas tasas de rentabilidad del capital elevadas. ¿Y qué me dice de las tiendas de calzado deportivo? ¿Alguna objeción a Nike? Nike tiene una rentabilidad del capital excelente. ¿Y las ferreterías? Bombillas WD-40 y GE. Ambos fabricantes obtienen, como ya debe suponerse, unas tasas de rentabilidad superiores a la media.

Piense en las medicinas que hay en una farmacia. Vivimos en una época en la que un planeta superpoblado está interconectado por miles de vuelos internacionales diarios; nuevas enfermedades pueden saltar de un país a otro en cuestión de horas. Añada el hecho de que los virus se pueden mutar y convertir en nuevas enfermedades, y no hace falta ser un genio para darse cuenta de que los modernos vendedores de pócimas de la curación, los laboratorios farmacéuticos, experimentarán un incremento de la demanda de sus productos. Productos que la gente necesita desesperadamente, protegidos por patentes, dan lugar a que si usted quiere recuperarse tiene que pagar el peaje. El vigilante del puente, el farmacéutico, tiene que tener los productos o perderá negocio. Todos los principales fabricantes de medicinas con receta, como Merck & Company, Marion Merrell Dow, Inc., Mylan Labs o Eli Lilly and Company obtienen tasas de rentabilidad del capital realmente elevadas; son empresas muy rentables.

También cabe mencionar las cadenas de restaurantes que han convertido la comida genérica en productos de marca. Cadenas como McDonald's han trasformado la comida más omnipresente, la hamburguesa, en un producto de marca. Las claves del éxito son la calidad, la localización, un producto sin altibajos a precios asequibles. Un mordisco a una hamburguesa de McDonald's en Hong Kong tiene exactamente el mismo sabor que en los EE.UU. McDonald's tiene continuamente unas tasas de rentabilidad del capital por encima de la media.

La publicidad asegura a los fabricantes que los consumidores pedirán sus productos y que los comerciantes no podrán sustituirlos por un producto más barato y obtener un mayor margen de beneficios. El comerciante se convierte en el vigilante del puente de peaje, y el fabricante tiene garantizados sus beneficios. Como estos de productos se consumen en el acto o en poco tiempo, el vigilante y el fabricante pueden esperar muchos viajes rentables a través del puente.

Para Warren, el producto de consumo de marca es el tipo de empresa con «puente de peaje» que le interesa poseer.

Empresas de comunicaciones que proporcionan servicios repetitivos que los fabricantes deben utilizar para persuadir a la gente para que compre sus productos.

Hace mucho tiempo, los fabricantes de los productos llegaban a sus clientes potenciales enviando vendedores directamente a las casas de los clientes. Pero con el avance de la radio, la televisión, los periódicos y un gran número de revistas especializadas, los fabricantes vieron que podían encontrar un camino directo hacia miles de personas con un anuncio bien colocado. Los fabricantes se dieron cuenta de que estas nuevas maneras de llegar al cliente funcionaban, es decir, que se incrementaban las ventas y los beneficios. Al final, la publicidad se convirtió en el campo de batalla donde los fabricantes se pelean los unos con los otros y donde muchas empresas gastan centenares de millones de dólares para hacer que el mensaje «compre nuestro producto» llegue a sus clientes potenciales.

Poco después estas empresas vieron que ya no había vuelta atrás: los fabricantes tenían que anunciarse o corrían el riesgo de que algún competidor apareciera y les barriera de su precioso nicho de mercado.

Warren descubrió que la publicidad creaba algo parecido a un puente conceptual entre el cliente potencial y el fabricante. Para poder crear demanda de su producto, un fabricante tenía que anunciarse. Este puente de peaje de la publicidad beneficia a las agencias de publicidad, a los editores de revistas, a los periódicos y a las redes de comunicaciones de todo el mundo.

Cuando sólo había tres cadenas de televisión importantes, cada una de ellas generaba mucho dinero. Warren se dio cuenta de ello e invirtió una gran cantidad de dinero en Capital Cities y después en ABC. Ahora que existen 67 cadenas para escoger, ya no ganan lo que ganaban. Siguen generando mucho dinero, pero no tanto como cuando eran sólo tres los puentes de peaje para cruzar el río.

Lo mismo puede decirse de los periódicos. Un único periódico en una población relativamente grande puede tener unos beneficios excelentes, pero si aparece un competidor es probable que ni uno ni el otro lo hagan bien. Warren experimentó esta situación con el *Buffalo Evening News*. Cuando había un competidor, el periódico era como máximo un negocio promedio. Pero desde que el competidor desapareció, los resultados del *Buffalo Evening News* han sido espectaculares. Warren se ha dado cuenta de que si sólo hay un periódico en la ciudad, éste puede subir mucho el precio de sus anuncios sin perder clientela. ¿En qué otro lugar podrían los fabricantes atravesar el río que lleva a sus clientes mediante la prensa?

Las agencias de publicidad que trabajan a escala mundial también gozan de grandes rentabilidades de su capital, al estar en una posición única en la que se benefician de las enormes multinacionales que venden sus productos por todo el mundo. Si una de estas multinacionales quiere lanzar una campaña publicitaria, tiene que utilizar una agencia de publicidad como Interpublic, la segunda mayor del mundo. Interpublic se convierte en el puente de peaje por el cual tiene que cruzar el fabricante si quiere llegar al consumidor. Esto es lo que pensó Warren cuando adquirió el 17% de Interpublic.

Empresas que proporcionan servicios al consumidor repetitivos que la gente y las empresas necesitan continuamente.

No productos, sino servicios. Y los servicios pueden ser proporcionados por trabajadores sin contrato indefinido, a menudo con habilidades limitadas, a los que se contrata sólo cuando se necesitan. Este segmento extraño del mundo empresarial incluye empresas como Service Master, que proporciona métodos de lucha contra insectos, limpieza profesional, servicio de asistentes y cuidado de céspedes; Rollins, que controla Orkin, el mayor servicio de métodos contra insectos y contra termitas del mundo, y que también ofrece servicios de seguridad doméstica y de oficinas.

Este segmento del conjunto de empresas con «puente de peaje» de Warren también incluye las empresas de tarjetas de crédito en las que ha invertido, como American Express. Cada vez que utiliza una de sus tarjetas de crédito, ésta cobra una comisión al comerciante, como un peaje. Si usted no paga a su tarjeta de crédito dentro del periodo estipulado también le cobran un peaje a usted. Millones de pequeños peajes de cada transacción se van acumulando. Y además, estos extraños puentes de peaje de las tarjetas de crédito no tienen que invertir en grandes fábricas o en maquinaria.

La clave de este tipo de empresas es que proporcionan servicios necesarios pero que requieren pocos gastos y poco personal muy cualificado. Por otro lado, no existe la obsolescencia del producto. Una vez establecida la infraestructura y el equipo directivo, la empresa puede contratar y despedir a los empleados según dicte la demanda. Se contrata una persona como vigilante de seguridad y se le paga 8 dólares la hora en formación. Luego se le contrata para el trabajo y se le paga 25 dólares la hora. Si no hay trabajo, no hay que pagarle.

Además, nadie tiene que gastar dinero y energía actualizando o desarrollando nuevos productos. El dinero que estas empresas ganan va directamente a sus bolsillos y puede destinarse a la expansión de operaciones, a pagar dividendos o a recomprar acciones.

Mientras sigan habiendo plagas de insectos, las termitas sigan comiendo, los ladrones sigan robando los compradores sigan comprando, estas empresas seguirán ganando dinero, mucho dinero, durante mucho tiempo.

Resumen

La mejor forma de empezar la búsqueda de la empresa excelente (del tipo «puente de peaje») es estar delante de un supermercado e intentar nombrar qué productos de marca tiene que tener para no perder negocio. Este proceso mental es mucho mejor que pasarse horas hojeando revistas financieras buscando la empresa de sus sueños.

Los productos con que se encontrará le llevarán a las empresas que gobiernan monopolios del consumidor y que gozan de grandes rentabilidades de su capital y de grandes resultados para sus propietarios. O sea que tome un bolígrafo y papel y vaya anotándolos.

Otras empresas de interés serán aquéllas que tengan una situación única para beneficiarse de proporcionar servicios de publicidad a empresas, como un periódico único en la ciudad.

De especial interés serán también aquéllas que proporcionen servicios repetitivos que no requieren ni productos ni personal cualificado, como American Express.

18

Más formas de encontrar una empresa en la que invertir

Al principio de mi formación en Buffettología fui al supermercado en busca de productos que la gente o yo misma solía comprar. Tengo que decir que mis selecciones no eran nada espectaculares. Pruébelo y verá a qué me refiero: Coca-Cola, Philip Morris, ConAgra, Kraft, General Foods, chocolate Hershey, RJR Nabisco, Quaker Oats, Kellogg's, sopas Campbell, chicles Wrigley y Sara Lee Corporation son algunas de las maravillosas empresas que venden fantásticos productos en cualquier supermercado. Cada día de cada semana de cada mes de cada año hasta el fin de los días, la gente se gastará parte del dinero que se ha ganado trabajando en el lote de seis latas de Coca-Cola para refrescar un caluroso día de verano, o en cigarrillos Marlboro (para parecer interesante), o en Kool-Aid para los niños (cuando crecen tienen mucho apetito), o quizás en chicles.

Mi madre ya masticaba chicles Wrigley cuando era niña, yo los masticaba cuando era joven, y el otro día mi hijo me ofreció uno. ¿Y qué me dice de las galletas Oreo? ¿Cree que esas dos roscas de chocolate con azúcar en medio se quedarán obsoletas en los próximos diez años, como le pasará a su ordenador o a su coche? Mientras haya niños, la buena gente de RJR Nabisco seguirá produciendo galletitas Oreo y vendiéndolas a nuestros hijos. Personalmente, yo todavía disfruto abriéndolas y comiéndome el azúcar.

Existen pues grandes ideas para invertir en cciones de empresas justo delante nuestro. Además, ¿qué posibilidades tiene usted de entender los trabajos de, por ejemplo, Genentech? Y créame, el corredor de bolsa que le informa acerca de la empresa tampoco la entiende.

Uno de los requisitos previos que Warren exige a cualquier inversión es entender qué producto fabrica y cómo funciona. Le gustan los productos que no quedan obsoletos por algún avance tecnológico. Esto quiere decir descartar muchas empresas de alta tecnología. No quiere decir que no pueda invertir en ellas, según los principios de Warren. Sólo significa que si no entiende lo que hacen, mejor dejarlas aparte. ¿Pero quién sabe quién estará leyendo este libro?

A Warren le encanta contar la historia de un amigo suyo con una situación económica difícil pero que lo había aprendido todo acerca de las compañías de aguas. Según Warren, su amigo era capaz de decir cuánto dinero ganaba una determinada empresa cuando alguien utilizaba el baño. Después de un tiempo, su amigo ganó una fortuna invirtiendo... ¿sabe en qué? Claro, ¡en compañías de aguas!

La idea es que hay que entender en qué se está invirtiendo y nunca dejar de hacerlo; es una condición necesaria. Hay que conocer las reglas del juego en que se participa. Entender la naturaleza de la empresa es clave para entender las finanzas que hay detrás de ella. Y son esas finanzas las que le dirán si la empresa es del tipo «commodity» o de monopolio del consumidor. También le dirán si el equipo directivo es capaz de reinvertir los beneficios no distribuidos de forma rentable para el inversor. Y le dará una idea de cuánto vale la empresa y de si es posible predecir el flujo de beneficios futuros de la empresa, lo cual es esencial si quiere calcular el valor de la empresa como inversión.

Por tanto, ¿quiere ideas para invertir? Empiece por las cosas del día a día. Divídalas en dos categorías. Por un lado las empresas «commodity» y por otro los monopolios del consumidor. Algunas de estas empresas cotizarán en bolsa, es decir, que podrá comprar sus acciones. Otras, en cambio, serán de propiedad privada y no le ofrecerán opción de compra alguna.

A lo mejor siempre se toma una Coca-Cola después del trabajo. Coca-Cola es un nombre de marca conocido en todo el mundo, por tanto sería un monopolio del consumidor. Quizás compra el *Wall Street Journal*: monopolio del consumidor. Seguro que compra gasolina para su coche: empresa «commodity». O a lo mejor se pone perfume Chanel: monopolio del consumidor. Quizás tiene una especial preferencia por las herramientas Black & Decker. Mire donde mire, en su vida cotidiana encontrará empresas cuyos productos entiende y utiliza. Los mecánicos saben del negocio automovilístico, los doctores del sector médico, los farmacéuticos de fármacos. Una persona que trabaja en un mostrador de una Kwik Shop sabe cuáles son el refresco, la cerveza, los cigarrillos o el caramelo que más se vende sin ninguna duda, y es probable que jamás haya leído ningún informe de un analista.

Un vendedor de una tienda de informática puede decirle qué marcas venden las mejores máquinas y cuál es el software que más se vende últimamente.

Lo que quiero decir es que tiene enfrente suyo a centenares de empresas a las que entiende, es decir, centenares de caminos hacia oportunidades potenciales de inversión.

Pero recuerde: sólo son caminos, y requieren mucha más información para poder determinar su valor como inversión.

¿Adónde vamos a partir de aquí?

¿Adónde se va una vez se ha encontrado el nombre de una empresa que fabrica un producto que se entiende? Pues puede empezar mirando el envoltorio del producto y descubrir dónde se fabricó, y después haga uso de la magnífica gente de información. Llámela y obtenga el número de teléfono de la empresa en cuestión. A veces puede ser que la empresa que ha escogido sea una subsidiaria de otra empresa. Por ejemplo, la marca de ropa interior femenina Hanes es parte de Sara Lee. Sí, la misma gente que hacen pasteles de queso también viste a las mujeres con ropa íntima. También puede ser que la dirección de la etiqueta sea de la fábrica pero no de las oficinas de la empresa. Bueno, pues llame a la empresa y pídales el teléfono de la oficina central. Llame allí y dígales que quiere una copia del informe anual de la empresa. Es muy probable que el o la recepcionista le ponga en contacto con alguien de relaciones con los accionistas. En ese caso, dígale que quiere una copia del informe anual de la empresa y la persona que esté al otro lado del teléfono tomará sus datos para enviarle gratuitamente una copia.

Sí, sí, gratuitamente.

También puede ser que le digan que la empresa es de propiedad privada y que no se entregan informes anuales al público. Esto le pasaría si, por ejemplo, intentase obtener un informe anual de una empresa como Chanel Corporation, fabricante de la elegante fragancia Chanel No.5. En tal caso, no ha habido suerte y hay que pasar a la siguiente empresa de la lista.

Si el informe anual llega por correo y usted sabe que se pueden comprar acciones de la empresa y sabe dónde está su oficina central, además de conocer uno o muchos de los productos que fabrica, entonces está en situación de utilizar algunos de los recursos que ofrecen los sectores financieros y de la información.

Lo primero que debería hacer es visitar la biblioteca más cercana donde encontrará un conjunto de libros titulados *Guía de las publicaciones empresariales*. Este sorprendente conjunto de libros contiene un listado por página, semana, mes y año de cualquier publicación en la que la empresa en cuestión ha sido citada. La guía llega hasta hace treinta años, o sea que tendría que empezar por la información más reciente y buscar los artículos que han aparecido en publicaciones como *Fortune, Business Week, Forbes* o *Smart Money*. También puede buscarlo a través de internet. Aunque puede haber incontables listados, éste puede ofrecerle una buena visión general de la empresa y del sector en el cual opera.

Es realmente sorprendente, si se piensa bien: tenemos tanta información como un buen reportero que escribe sobre la empresa en la que estamos interesados, un reportero que quizás haya hablado con la competencia, haya entrevistado al presidente de la empresa y haya captado las opiniones de todos los analistas conocidos. Y lo mejor de todo es que no hay que pagar nada por este servicio, porque una vez con el listado, se va al mostrador de las publicaciones y el responsable de la biblioteca le dirá dónde está la información. Y aún es más probable que no le muestre una copia de la revista sino una copia en microfilm. Y todo gratis. (Las bibliotecas universitarias son a menudo mejores fuentes de información que la biblioteca de la ciudad, sobretodo si la universidad dispone de una escuela de negocios.)

Mientras lea los artículos acuérdese de tomar notas. Haga una lista con los nombres de las empresas competidoras y de cualquier persona citada. Es importante hacerlo porque en el futuro puede interesar contactar con ellas y hacerles algunas preguntas. Ya sé que usted debe estar pensando: ¿cómo puedo llamar a esa gente y hacerles algunas preguntas? Pues coja el teléfono y marque el número. Dígales que gestiona un pequeño fondo; porque, ¿qué pasa si el fondo sólo tiene un inversor, es decir, usted? Dígales que está pensando en invertir en la empresa. En nueve de cada diez casos estarán contentos de hablarle de la empresa.

Ahora que ya sabe algo más sobre la empresa, puede regresar a la biblioteca y buscar una fuente de información financiera titulada *Value Line Investment Survey*, un estudio sobre inversión creado por Arnold Bernhard, quien en 1937 empezó a recopilar datos de acciones y a publicarlos. Bernhard fue un contemporáneo de Graham y buscaba un valor estándar para las acciones. Estaba de acuerdo con el concepto grahamiano del valor intrínseco pero tenía sus reservas acerca de los métodos que Graham utilizaba para calcular el valor intrínseco de una empresa.

Value Line cubre mil setecientas empresas diferentes y hace un listado de los datos numéricos más significativos de los últimos quince años. Es una herramienta clave en el juego y Warren la utiliza a menudo. Está repleta de cifras importantes, como los cálculos de beneficios por acción y de rentabilidad del capital. Es muy recomendable.

Otra fuente de información es *Moody's Guide*, también *Standard and Poor's Stock Reports* trata algunos temas. Tanto *Moody's* como *Standard and Poor's* y *Value Line* ofrecen suscripciones; si está decidido a invertir, entonces vale la pena invertir en ellas.

Busque el nombre de su empresa en *Value Line* y vaya a la página concreta. Si no encuentra la empresa en *Value Line*, pruebe con *Moody's*. Hay una lista para las acciones que cotizan en la Bolsa de Nueva York y otra para las del mercado OTC o extrabursátil.

También encontrará mucha información en las páginas web de las sociedades y agencias de valores.

Si no encuentra su empresa en ninguno de estos servicios, llame a la empresa e intente conseguir los informes anuales de tantos años como pueda.

Una vez haya leído la información encontrada en *Guide to Business Periodicals* y haya reunido las cifras financieras de la empresa de por lo menos los últimos siete años, ya puede responder algunas preguntas clave acerca de la naturaleza de la empresa, es decir: ¿es una empresa «commodity», un monopolio del consumidor o un término medio? También puede responder algunas preguntas acerca del equipo directivo: ¿tiene en mente los intereses de los accionistas o malgasta su dinero en proyectos poco rentables?

Si las cosas parecen atractivas, querrá trabajar un poco las cifras y obtener la rentabilidad del capital o el crecimiento de los beneficios durante los últimos ocho o diez años. También querrá calcular el valor que la empresa tiene como inversión, utilizando las ecuaciones que se comentan en la sección de herramientas matemáticas. Pero recuerde: los beneficios de la empresa tienen que mostrar fortaleza y los productos de la empresa tienen que permitir predecir los beneficios futuros con un cierto grado de facilidad.

Warren suele referirse a un *círculo de competencia* y utiliza Bill Gates y su increíble empresa, Microsoft, como ejemplo. También es probable que diga que Gates es el manager más creativo y listo del mundo empresarial y que la empresa es perfecta. Sin embargo, Warren dice que es incapaz de predecir con garantía cuáles serán los beneficios futuros de la empresa y que por tanto no puede calcular el valor futuro de Microsoft. Si Warren es incapaz de calcular el valor futuro de una empresa, entonces la descarta de su círculo de confianza y no la considera para una posible inversión. En el caso de Microsoft sólo dice que no comprende suficientemente a la empresa como para evaluarla, y si no la puede evaluar, no invertirá en ella.

Bien, pongamos por caso que una vez considerado todo esto, la empresa parece ser la que estaba buscando. En este momento es cuando debería dar un paso más adelante.

El siguiente paso es en realidad una adaptación de algo que el genio de la inversión Philip Fisher escribió en su sorprendente libro de los años sesenta titulado *Common Stock and Uncommon Profits* («Acciones ordinarias y beneficios extraordinarios»). En él describe este proceso de investigación como el enfoque del curioso. Es una técnica de investigación en la cual el posible inversor llama a la competencia y a los clientes de una empresa y les pregunta sobre ella. No es muy diferente de tomar un café con la exnovia o el exnovio de alguien con quien se está pensando en salir.

De hecho, Warren coge el teléfono y llama a la competencia y les pregunta qué piensan de una determinada empresa. O puede preguntarle a alguien que ya sabe que tiene conocimientos sobre alguna parte de la empresa. Si alguna vez está con Warren después de que se haya tomado cuatro o cinco Coca-Colas puede obsequiarle con alguna de sus primeras escapadas como curioso investigador, de cuando él iba a la Escuela de Negocios de Columbia. Mi favorita es cuando Warren descubrió que su profesor preferido, nada menos que Benjamin Graham, era presidente de una compañía de seguros llamada Government Employees Insurance Company (GEICO). El joven Warren, al enterarse, se adentró en la biblioteca de Columbia, buscó GEICO y descubrió que la empresa estaba situada en Washington, D.C.

Así que, un sábado, Warren tomó al tren hacia Washington, D.C., y llegó a las oficinas centrales de GEICO cerca de las once de la mañana. Al encontrarse las puertas cerradas, llamó muchas veces hasta que un conserje respondió. Warren le preguntó si había alguien con quien pudiese hablar de la empresa. El conserje le dijo que había alguien en la sexta planta que podría ayudarle. Allí encontró nada menos que a Lorimar Davidson, jefe de inversiones de GEICO, que posteriormente se convertiría en director general. Davidson, abrumado e impresionado por el deseo de Warren de conocer la empresa, estuvo cuatro horas explicándole el negocio de los seguros y cómo funcionaba GEICO. Y Warren se enamoró por completo de la empresa. Como ya sabemos, más tarde añadiría GEICO a su círculo de confianza y durante los siguientes cuarenta años ganaría más de 1.700 millones de dólares con una inversión de 45 millones en la empresa.

Sea un investigador curioso, ¡sí!

Un servicio que una empresa de inversión le puede proporcionar es una lista de todas las instituciones que poseen un determinado capital en acciones. Yo encuentro muy interesante llamar a esas instituciones y hablar con el analista que hace el seguimiento de la empresa que me interesa. Le digo que gestiono un pequeño fondo y que estoy pensando en añadir la empresa a mi cartera de inversiones. Todavía no he conocido a un analista que me rechace. Los analistas, en general, son gente muy habladora, y sin dudarlo exponen los factores que les hicieron interesarse por ciertas acciones. A veces uno también descubre porqué les gustaría no haberlas comprado. Pero recuerde: ahora ya hemos «hecho los deberes» sobre la empresa y podemos hablar de datos concretos de la empresa y hacer preguntas fundamentales y oportunas.

Hace poco un gestor de inversiones me dijo que una empresa sobre la que yo le había preguntado no era muy buena y que carecía de buenas perspectivas de futuro, pero que el equipo directivo era genial y que el director general era de los que cualquiera querría para su propia empresa. A este gestor le gusta invertir en empresas en las que pueda confiar.

Otra cosa que me gusta hacer es entrar en una tienda que vende el producto de la empresa que estoy pensando comprar. Le pregunto al jefe del supermercado cómo van las ventas de un producto en particular.

Cuando Philip Morris bajó el precio de los Marlboro para recuperar ventas frente a las marcas más baratas, empecé a preguntar a los trabajadores de una Kwik Shop si la bajada de precios había estimulado las ventas de Marlboro. Todos dijeron que sí. Semanas antes de que la prensa informara de que la bajada de precios estaba estimulando las ventas y permitiendo que Philip Morris recuperase cuota de mercado, yo ya sabía que la estrategia estaba funcionando.

Warren es un curioso, Philip Fisher también, David (mi coautor) y yo somos unos curiosos, y usted también tiene que serlo. Sea creativo y páselo bien. Lo peor que le puede pasar es que alguien no responda a su pregunta; lo mejor es que acabe con algún amigo.

Cualquiera puede hacer estas cosas. No se necesitan MBAs y no hay que trabajar para una empresa inversora en Wall Street. Todo lo que se necesita es pasar algún tiempo en la biblioteca leyendo y después hacer algunas llamadas. No sea tímido; después de todo, se trata de su dinero, y si no está dispuesto a hacer algún pequeño esfuerzo en sus decisiones de inversión, es probable que pronto deje de ser suyo.

19

Lo que necesita saber de la dirección de la empresa en la que podría invertir

Hablemos ahora de la gente a la que usted ha confiado su dinero: la dirección de la empresa en la que ha invertido.

En general una empresa pobre es justamente eso, y por mucho talento que tenga la dirección, no hay nada que la cambie. Si tuviera a dos capitanes de barco y uno fuese mucho más experimentado que el otro, ¿quién cree que ganaría la carrera si pusiéramos al más experimentado en un bote hinchable y al menos experimentado en una lancha a motor? No importa cuán bueno sea el equipo directivo si la empresa padece graves problemas financieros inherentes.

Lo mismo se puede decir de las empresas con una situación económica excepcional, que incluso unos directivos ineptos no podrían alterar. Warren dijo una vez que sólo está interesado en invertir en empresas cuyas finanzas inherentes son tan sólidas que incluso algún loco podría dirigirlas.

Son las finanzas de la empresa, y no su equipo directivo, lo que el inversor debería mirar primero a la hora de determinar si se tiene que considerar a la empresa como inversión o no. Pero como apunta el viejo dicho, no sólo se quiere una dirección que sea trabajadora e inteligente: también debe ser honesta. Porque si no es honesta, las primeras dos cualidades (trabajadora e inteligente) trabajarán en contra del inversor.

La honestidad es probablemente el rasgo más importante que debe tener un equipo directivo. Los directivos honestos se comportarán siempre como propietarios. Será menos probable que malgasten los activos de los accionistas. Uno de los ingredientes clave de la inversión con éxito es que la dirección opere según la misma premisa que usted y que Warren: *desde una sólida perspectiva empresarial.*

Las habilidades fáciles de identificar en un directivo con perspectiva de propietario incluyen:

- asignar capital de forma rentable;
- mantener la rentabilidad del capital tan elevada como sea posible;
- pagar los beneficios no distribuidos o destinarlos a la recompra de las acciones de la empresa si no se presentan oportunidades de inversión.

Warren está convencido de que una señal indicativa de las buenas intenciones de la dirección de la empresa es la utilización del excedente de beneficios no distribuidos para comprar acciones de la empresa *cuando tiene sentido empresarial hacerlo.*

Cuando una empresa recompra sus propias acciones a precios que le producen una mejor rentabilidad que otras inversiones, está beneficiando a los propietarios que conservan sus acciones. Su trozo del pastel se ha hecho más grande, y sin mover un dedo. Suena muy bien, ¿verdad? Warren cree que así es.

Veamos la gestión de Capital Cities para ver cómo funciona.

La dirección de Capital Cities recompró desde 1989 hasta 1992 más de 1 millón de sus propias acciones, gastándose cerca de 400 millones de dólares. La justificación del gasto del dinero de los accionistas fue que puesto que Capital Cities era una empresa de radiodifusión, tenía que invertir sólo en alguna empresa a la que entendiese, en este caso, una de radiodifusión.

El problema es que en aquel momento las empresas de radiodifusión que no cotizaban en bolsa se vendían a precios muy elevados, a diferencia del mercado público (el mercado bursátil), en el cual estas empresas se vendían con un descuento importante respecto a las otras. La dirección de Capital Cities vio que sus acciones se vendían a un precio inferior a los que se pagaban para las empresas no cotizadas. Así que compró sus propias acciones, que era mejor que comprar las acciones de empresas de propiedad privada. Esta operación incrementó la riqueza de los accionistas que conservaron sus acciones.

De nuevo, se necesita una dirección honesta que vea en su función la de aumentar la riqueza de los accionistas y no construir sueños de grandeza. El gran sabio de Wall Street de los años veinte y treinta Bernard Baruch, cuando enumeró sus criterios de inversión, afirmó: «Lo más importante es el carácter y la mentalidad de la dirección. Prefiero tener una mejor dirección con menos dinero que unos directivos mediocres con mucho dinero. Una gestión pobre puede incluso arruinar una buena posición. La calidad de la dirección es importante, en especial a la hora de evaluar las previsiones de crecimiento futuro» (*My Own Story*, Holt, Rinehart & Winston, 1957).

Al fin y al cabo, el equipo directivo tiene un control completo sobre su dinero. Si no le gusta lo que está haciendo con él, o bien vota por su sustitución o vende las acciones y deja el negocio.

20

Cuándo puede una bajada convertirse en una oportunidad de inversión

Lo que asombra a quienes observan a Warren es que a veces compra una empresa cuando las previsiones son las peores. Lo hizo recientemente cuando compró acciones del Wells Fargo Bank a principios de los noventa. Entre las inversiones anteriores de este tipo destacan la compra de acciones de American Express a finales de los sesenta después del escándalo del aceite doméstico (que se explicará más adelante), y la adquisición de sus intereses en GEICO durante los años setenta.

Para entender estas situaciones hay que recordar que Graham creía que, puesto que la mayoría de los agentes de bolsa se decantan por el corto plazo, fijan el 90% de su atención en el intento de evaluar los resultados actuales. Es decir, que si una empresa tuviese un mal año, el mercado bursátil reduciría en gran medida el precio de sus acciones, incluso aunque durante los años precedentes los resultados hubiesen sido excelentes. Para Graham esto representaba una gran oportunidad para el inversor con una visión a largo plazo. Warren se ha dado cuenta de que la volatilidad del corto plazo genera oportunidades para el inversor a largo plazo.

Déjeme ponerle un ejemplo práctico. Imaginemos que usted posee una pequeña estación de esquí. Ya lleva treinta años en el negocio, y cada año ha obtenido unos beneficios netos de cerca de 300.000 dólares. Ocasionalmente ha habido algún año muy bueno y ha ganado 600.000. Y también ha habido alguno en que no ha nevado y no ha ganado nada.

¿Habría valorado su estación de esquí por menos dinero el año que no nevó y no ganó ni un dólar? Seguro que no. Usted ya sabe que los ciclos meteorológicos pueden traer un año malísimo, como también pueden traerlo excepcional. No son más que las subidas y las bajadas propias del negocio. Y si estuviese valorando su empresa, tendría en cuenta la presencia de estas oscilaciones. Tiene sentido, ¿verdad?

Pero si su estación de esquí fuese una empresa en la Bolsa, el mercado bursátil, motivado por el corto plazo, revaloraría su empresa cada año en función de los beneficios. En los mejores años el precio de las acciones de la estación de esquí se dispararía hasta las nubes. De la misma forma, cuando no nevara, disminuiría mucho el precio de las acciones.

Este tipo de sucesos le pasa con frecuencia a casi todas las empresas, independientemente de que sean «commodity» o monopolios del consumidor. El sector de la televisión y los periódicos dependen por completo de la publicidad. Sin embargo, los ingresos por publicidad fluctúan según la actividad de toda la economía. Si ésta entra en recesión, los ingresos por publicidad también disminuyen, con lo cual las televisiones y los periódicos ganan menos. Al ver esta reducción de los ingresos, el mercado bursátil reacciona precipitando la caída del precio de las acciones de la televisión o el periódico.

Capital Cities/ABC Inc. fue víctima de este comportamiento maníaco-depresivo del mercado bursátil en 1990. Debido a una recesión económica, los ingresos por publicidad empezaron a descender, y Capital Cities informó que sus beneficios netos en 1990 serían casi idénticos a los de 1989. La Bolsa, acostumbrada a un crecimiento de los beneficios de Capital Cities de cerca del 27% al año, reaccionó violentamente y en tan sólo seis meses redujo el precio de las acciones de 63,3 dólares la acción a 38 dólares la acción. Así, Capital Cities perdió el 40% del precio de sus acciones, y todo porque sus previsiones eran mantenerse igual que el año anterior. (En 1995 Capital Cities y The Walt Disney Company acordaron fusionarse. Esto hizo subir las acciones de Capital Cities hasta 125 dólares la acción. Comprando una acción en 1990 por 38 dólares y vendiéndola en 1995 por 125, la tasa de rentabilidad compuesta anual antes de impuestos que se obtenía era del 26%, con unos beneficios de 87 dólares.)

Algo parecido puede suceder también en el sector de la banca. Los cambios en los tipos de interés provocan fluctuaciones en los beneficios de un banco en un cierto año. Los bancos también son susceptibles a las expansiones y recesiones del mercado inmobiliario. Así como experimenta épocas de gran expansión, este sector padece temporadas de gran contracción, seguidas de largos periodos de calma relativa. Pero una recesión de todo el sector es muy diferente a que un solo banco se vuelva insolvente por mala gestión. Para un gran banco como Wells Fargo, un problema de este tipo es mucho más serio que para un banco regional de tamaño medio. Uno lleva el fantasma de toda una economía en recesión, mientras que el otro sólo acarrea una catástrofe regional.

Los grandes bancos son agentes clave en el mundo económico. Ocupan de forma permanente un nicho vital de nuestra economía. No sólo hacen negocios con decenas de miles de particulares y empresas, sino que también actúan de banqueros con los pequeños bancos. La mayoría de estos grandes bancos forman parte del grupo de élite de instituciones financieras con derecho a comprar obligaciones del Tesoro Público de los EE.UU. y venderlas a otros bancos o instituciones, como si fueran un puente de peaje. Para el Banco de la Reserva Federal ellos son el centro del universo financiero. Si alguno de ellos está mal gestionado y puede volverse insolvente, la Reserva Federal hace lo imposible para forzar su fusión con otro gran banco. Pero en una recesión, cuando todos los bancos tienen problemas, la Reserva Federal sólo tiene una solución, que no es otra que facilitar la oferta de dinero para intentar mantener los grandes bancos a flote.

De lo que mucha gente no se da cuenta es que los bancos piden dinero prestado de otros bancos. El Banco de la Reserva Federal es lo que se llama una ventana de descuentos, donde tradicionalmente se dirigen los bancos cuando tienen problemas y necesitan pedir dinero. La ventana de descuentos es una fuente de dinero barato para los bancos. Esto les permite pedir dinero del Banco de la Reserva Federal para prestarlo luego de forma rentable. En los periodos de actividad económica normal, si un banco se presenta con demasiada frecuencia en la ventana de descuentos, se envía a una comisión para investigarlo. Pero en épocas de recesión nacional, la ventana de descuentos es una forma de asegurar que los grandes bancos sigan operando.

Recuerde: en una recesión sectorial todo el mundo sufre las consecuencias. Pero los fuertes sobreviven y los débiles desaparecen del escenario económico. Uno de los más prudentes y bien gestionados grandes bancos de la Costa Oeste, además de que posee unas sólidas finanzas, es Wells Fargo, el octavo banco más grande de EE.UU.

Wells Fargo, en 1990 y 1991, respondiendo a una recesión estadounidense en el mercado inmobiliario, reservó poco más de 1,3 billones de dólares para posibles pérdidas en préstamos, aproximadamente 25 dólares por acción del valor neto de sus acciones, que era de 55 dólares la acción.

Cuando un banco reserva fondos para posibles pérdidas, solamente designa parte de su valor neto como reserva para pérdidas futuras *potenciales*. No quiere decir que esas pérdidas se *hayan producido*, ni que *vayan a producirse*. Lo que significa es que existe la posibilidad de que ocurran y que el banco estará preparado para afrontarlas.

Es decir, que si Wells Fargo perdiese todo lo que había reservado para pérdidas potenciales, 25 dólares la acción, todavía tendría un valor neto restante de 28 dólares la acción. Al final las pérdidas se produjeron, pero no fueron tan importantes como Wells Fargo había previsto. En 1991 casi eliminaron por completo los beneficios del banco. Pero aún así siguió siendo solvente e informó en 1991 de unos pequeños beneficios netos de 21 millones de dólares, o 0,04 dólares la acción.

Wall Street reaccionó como si Wells Fargo fuese un banco regional al borde de la insolvencia y en el periodo de cuatro meses convirtió el precio de las acciones de Wells Fargo de 86 dólares la acción a 41,3 dólares la acción. Wells Fargo perdió en 52% del precio de mercado de sus acciones básicamente porque no iba a obtener beneficios en 1991. Warren respondió comprando el 10% de la empresa (5 millones de acciones) a un precio medio de 57,8 dólares la acción.

Lo que Warren vio en Wells Fargo era uno de los grandes bancos mejor gestionados y más rentables de EE.UU. vendiéndose en bolsa a un precio muy por debajo del que se vendían los demás bancos. Y aunque todos los bancos compiten unos con otros, los grandes bancos como Wells Fargo, como ya hemos comentado, poseen un tipo de monopolio en las transacciones financieras que es como un puente de peaje. Para participar en la sociedad, sea como particular, como negocio familiar o como empresa de miles de millones de dólares, hay que tener una cuenta bancaria, un préstamo o una hipoteca. Y por cada cuenta bancaria, cada préstamo y cada hipoteca el banquero cobrará una comisión por los servicios que presta. California, por ejemplo, tiene muchas personas, miles de empresas, y un gran número de bancos pequeños y medianos; y Wells Fargo está para servirles a todos... cobrando una comisión.

Volviendo a lo anterior, las pérdidas que Wells Fargo experimentó no fueron las esperadas y siete años más tarde, en 1997, para comprar una acción de Wells Fargo había que pagar cerca de 270 dólares por acción. Warren consiguió, con su inversión de 1990, una tasa de rentabilidad compuesta anual aproximadamente del 24,6%.

Hay que saber en qué se está interesado antes de ir de compras. Pero a veces un giro inesperado en los ciclos económicos crea unos pocos años de descenso para una empresa excelente, y el mercado bursátil se asusta y rebaja en gran medida el precio de sus acciones.

En el caso de Capital Cities fue una recesión general la que provocó un descenso de los ingresos por publicidad. Pero estas cosas ya han pasado antes. La misma recesión provocó que el mercado inmobiliario se colapsara y que, como consecuencia, todo el sector bancario sufriera grandes pérdidas. Pero Wells Fargo no iba a desaparecer así como así: estaba demasiado bien gestionado y era una pieza demasiado importante en el juego bancario. Los bancos más débiles desaparecen mucho antes que los gigantes caigan. Los intereses existentes en el sistema financiero y la Reserva Federal ya se encargan de ello.

En resumen: ¿cuál es la conclusión? La conclusión es que si ha identificado a empresas que poseen un excelente equipo directivo o un gran monopolio del consumidor o ambos, es posible predecir que muy probablemente sobrevivirán a una recesión, siendo aún más probable que al salir de ella consigan una posición mejor que la anterior. *Las recesiones son duras para los débiles, pero allanan el terreno para que los fuertes consigan una mayor cuota cuando las cosas mejoren.*

Un caso embrollado

A veces, una empresa con un gran monopolio del consumidor a su favor hace algo estúpido, pero corregible. Desde 1936 hasta mediados de los años setenta, GEICO hizo una fortuna asegurando a conductores preferentes, operando con costes bajos y eliminando personal mediante el uso del correo directo. Pero a principios de los setenta el nuevo equipo directivo decidió que intentaría ampliar la empresa y vender seguros a cualquier conductor.

Esta nueva filosofía de asegurar a cualquiera atrajo a muchos conductores propensos a accidentes. Más accidentes significaban que GEICO perdería más dinero, y así fue. En 1975 la empresa informó de unas pérdidas netas de 126 millones de dólares, lo que la situó al borde de la insolvencia. En respuesta a esta crisis, la junta de directivos de GEICO contrató a Jack Byrne como nuevo presidente. Byrne, una vez nombrado, preguntó a Warren si pensaba invertir en la empresa. A Warren sólo le preocupaba una cosa, y era saber si GEICO renunciaría a la práctica no rentable de asegurar a cualquier conductor y volvería a asegurar sólo a los conductores preferentes mediante correo directo. Byrne dijo que ése era el plan, y Warren realizó la inversión.

Un suceso diferente ocurrió en American Express a mediados de los años sesenta. La empresa, a través de una filial de logística, verificó la existencia de unos tanques llenos de aceite doméstico por valor de cerca de 60 millones de dólares, propiedad del proveedor Anthony De Angelis. A su vez, De Angelis había presentado los tanques de aceite como garantía para un préstamo de 60 millones de dólares. Cuando De Angelis no devolvió el préstamo, sus acreedores quisieron quedarse con los tanques de aceite, pero para su sorpresa, la garantía sobre la que habían prestado el dinero no existía. Como American Express había comprobado casualmente la existencia del aceite (que ya no estaba), fue considerada última responsable de las pérdidas de los acreedores. American Express terminó pagando a los acreedores una suma cercana a los 60 millones de dólares.

Estas pérdidas absorbieron prácticamente la totalidad de la base de capital de American Express, y Wall Street respondió llevando el precio de las acciones a cotas mínimas. Al observarlo, Warren razonó que aun perdiendo casi toda su base de capital, los monopolios del consumidor inherentes a las operaciones con tarjeta de crédito o con cheques de viaje se mantendrían intactos. Esta pérdida de capital no provocaría ningún daño a largo plazo a la empresa. Fue por eso por lo que invirtió el 40% del capital de la sociedad de inversión Buffett en acciones de American Express, adquiriendo cerca del 5% de todas las acciones. Dos años después el mercado revalorizó las acciones y cuando Warren las vendió se embolsó unos preciosos beneficios de 20 millones de dólares.

Piénselo de esta forma. Imaginemos que usted llevase a Coca-Cola a los tribunales y en 1993 ganase una indemnización de 2.200 millones de dólares, o casi todo lo que la empresa había declarado como beneficios netos de ese año. El mercado bursátil, al enterarse de la noticia, destruiría el precio de las acciones de Coca-Cola. Pero en realidad estas pérdidas tendrían poco o ningún efecto sobre la cantidad de dinero que Coca-Cola ganaría en 1994. El monopolio del consumidor intrínseco que Coca-Cola posee seguiría intacto. En la práctica, sería lo mismo la indemnización de 2.200 millones de dólares que si la empresa pagara 2.200 millones de dólares en dividendos en ese año. Pero en lugar de pagar los dividendos a los accionistas, Coca-Cola se los habría pagado a usted. En el año siguiente, 1994, Coca-Cola seguiría mostrando unos beneficios netos de 2.200 millones de dólares, o mejores. Ya en 1995 nadie se acordaría del juicio de 1993 y el precio de las acciones de Coca-Cola habría vuelto al precio anterior al juicio. ¡Cuán pronto se olvidan!

La lección a tener en mente es que la volatilidad del precio de las acciones de una empresa provocada por una recesión económica, como en el caso de Capital Cities o Wells Fargo, o por un suceso eventual, como los casos de GEICO y American Express, puede crear una oportunidad para el inversor con perspectiva empresarial y con visión a largo plazo.

21

Cómo la mecánica del mercado hace fluctuar los precios de las acciones para crear oportunidades de compra

Warren está convencido de que la propia mecánica técnica del mercado bursátil puede crear situaciones en las que los precios de las acciones sufran grandes oscilaciones sean cuales sean las finanzas subyacentes de la empresa que representan. Está convencido de que este comportamiento económico irracional puede crear situaciones que presenten excelentes oportunidades de compra para los practicantes de la inversión con perspectiva empresarial.

El fenómeno de la mecánica del mercado bursátil es diferente a la perspectiva a corto plazo en busca de beneficios, la cual responde a aberraciones financieras individuales o a ciclos económicos globales, como ya hemos comentado. El fenómeno de la mecánica del mercado bursátil es una grieta en la infraestructura de la bolsa que ocurre debido a los métodos utilizados para comprar y vender acciones. También son determinantes algunas estrategias inversoras, como los seguros de la cartera de acciones o como el arbitraje de índices, dos estrategias de inversión que intentan explotar el movimiento de precios de todo el mercado bursátil.

En estas situaciones, las acciones de cada empresa se convierten en bienes cuya demanda está controlada por fuerzas que no responden al valor empresarial o económico, o incluso tampoco al precio actual de la acción, sino a la dirección y a la velocidad que influyen sobre la evolución del nivel de precios de todo el mercado.

Este problema infraestructural puede originar histeria colectiva. Cuando la gente experimenta grandes pérdidas sin motivo aparente, casi siempre cae presa del pánico y vende todas las acciones y posiciones hasta que el mercado se estabiliza. El pánico exagera la gravedad de la situación, lo cual nos ofrece una oportunidad para poner en práctica la inversión con perspectiva empresarial.

Para explicar el problema y la oportunidad de compra que conlleva, vamos a ver dos desastres financieros diferentes que sucedieron como resultado de estas grietas en la infraestructura del mercado bursátil.

La mecánica

Como ya hemos dicho, todas las distintas filosofías de inversión en bolsa pueden dividirse en dos estrategias bien diferenciadas. Una está orientada al corto plazo y la otra al largo plazo. La inversión con perspectiva empresarial, desde el punto de vista de Warren, pertenece como ya sabemos, a la categoría a largo plazo.

En un mundo ideal, toda la información acerca de una empresa se interpreta y define mediante estas dos estrategias. Éstas también determinan a su vez el precio de mercado de las acciones de la empresa. Ya sabemos que la estrategia a corto plazo es la fuerza dominante en el mercado y por tanto domina la fuerza que fija el precio de las acciones. Es de aquí de donde el comprador con perspectiva empresarial extrae sus oportunidades de compra.

No obstante, existen situaciones en las que la información sobre la empresa tiene poco que ver con las fuerzas que controlan el precio de sus acciones. Ése fue el caso en el pánico de 1901 y en el más reciente de 1987.

El pánico de 1901

El pánico de 1901 tiene interés para nosotros porque sólo duró una semana. Estuvo provocado por la batalla entre E. H. Harriman y James Hill (y sus respectivos banqueros, Kuhn, Loeb & Company y J. P. Morgan and Company) por el control de Northern Pacific Railroad (el Ferrocarril del Pacífico Norte).

En aquella época, cuando los titanes de la industria del ferrocarril sólo querían apoderarse de otra línea, se podía ir al mercado abierto y empezar a comprar sigilosamente las acciones deseadas de una empresa hasta adquirir todo el control. Hoy día, bajo las regulaciones de la Securities Exchange Comission (SEC), cualquiera que adquiera el 5% o más de una empresa debe hacerlo público. En 1901 no existía tal requisito y era posible a menudo que una empresa o una persona fuese adquiriendo poco a poco el control de los intereses de una empresa sin que el mercado se diese cuenta y por tanto subiese el precio de las acciones. Esto fue lo que sucedió con Northern Pacific.

A principios de 1901, James Hill y J. P. Morgan and Company poseían grandes intereses en Northern Pacific Railroad, pero no controlaban la mayoría de las acciones. En abril de 1901, E. H. Harriman empezó a comprar acciones en secreto, y durante el mes de abril el precio de las acciones subió un 25%. Esto no provocó ninguna alarma, puesto que el nivel global del mercado había estado subiendo. Como no era aparente que se preparase una adquisición de la empresa, algunos corredores pensaron que las acciones de Northern Pacific habían aumentado demasiado deprisa y empezaron a venderlas al descubierto (a crédito).

Cuando alguien vende acciones al descubierto, de hecho las *pide prestadas* a alguien y después las *vende*. Si el precio de las acciones desciende, quien las vendió al descubierto puede ir al mercado, recomprarlas y ofrecerlas de nuevo a quien se las prestó, devolviendo así el préstamo. Así se obtienen beneficios, ya que quien vende acciones al descubierto puede después recomprarlas a un precio inferior. Si tiene que recomprarlas a un precio superior, experimentará pérdidas.

El lunes 6 de mayo de 1901 las acciones de Northern Pacific experimentaron una espectacular subida y nadie parecía saber la causa. Los directores de Northern Pacific no sabían nada, y sus banqueros también la ignoraban. Muchos pensaron que tan sólo era una mera manipulación del mercado, y por tanto quienes habían vendido acciones al descubierto reforzaron sus posiciones y vendieron más acciones.

El martes 7 de mayo las acciones siguieron subiendo, de 117 dólares a 143 dólares la acción. Ya avanzada la tarde empezó a hacerse evidente qué estaba sucediendo. Se decía que Harrison estaba haciendo su última oferta para tomar el control de la empresa. Al enterarse Hill y Morgan de esta noticia intentaron detenerle haciendo ofertas para comprar tantas acciones como pudiesen y evitar que llegasen a las manos de Harriman.

El miércoles 8 de mayo era ya obvio que las partes en guerra, Harriman contra Hill y Morgan, habían acaparado el mercado de las acciones de Northern Pacific. Esto no habría tenido verdaderos efectos en el mercado bursátil global si no fuera por una cosa: quienes habían vendido las acciones al descubierto seguían en descubierto: no habían protegido sus posiciones.

Nadie vendía, y los grandes compradores estaban llevando los precios hasta las nubes. Esto hizo que quienes habían vendido acciones al descubierto quedasen atrapados y, a medida que el precio de las acciones subía, cayesen víctimas del pánico. Hay que tener en cuenta que en aquella época, quien vendía una acción al descubierto tenía que entregarla al día siguiente. Si no la poseía, tenía que pedirla prestada. Si no la podía entregar, quien se la había comprado podía dirigirse al mercado y pagar el precio de mercado de la acción a cuenta de la persona que la había vendido al descubierto y ahora no podía entregarla.

El día 8 de mayo quedaban muy pocos vendedores, y quienes habían vendido acciones al descubierto intentaban proteger sus posiciones haciendo ofertas salvajes por las acciones. Al cierre, las acciones se cotizaban a 180 dólares la acción.

Cuando el gong abrió la sesión el jueves día 9 por la mañana, quienes habían vendido al descubierto estaban en un terrible estado de temor y pánico. Al mediodía ya hacían ofertas de 1000 dólares por acción. Cuando se necesita algo a toda costa, ¡hay que conseguirlo como sea!

Al mismo tiempo algo muy interesante sucedía en el resto del mercado. Empezó a descender en picado. Quienes habían vendido al descubierto, atrapados en una situación muy peligrosa, empezaron a vender aterrados sus otras acciones para conseguir fondos con los que subrir sus posiciones. Decenas de grandes empresas se vieron atrapadas en esta situación y tuvieron que salvarse como pudieron.

Bernard Baruch asistió a la sesión en aquel día histórico del cual más tarde escribiría: «En la sala de la Bolsa el miedo había tomado control total de la situación frente a la razón. Los inversores se deshacían de las acciones de forma salvaje, y éstas perdían entre diez y veinte puntos. Había rumores de acaparamiento de otras acciones».

Antes de que Harriman llegase a un acuerdo al día siguiente con Hill y Morgan, las acciones de las principales empresas habían caído hasta sesenta puntos; y los bancos, que cobraban un 4% por el dinero prestado a los corredores, se asustaron e incrementaron el interés de sus préstamos hasta el 60%. Unas acciones se disparan y el resto del mercado se derrumba.

La lección es la siguiente: el descenso del precio de las otras acciones no estaba provocado por una recesión en el ciclo económico, ni porque una empresa informara de menores beneficios, ni por un cambio en el marco microeconómico. Ni siquiera fue provocado por un giro en la interpretación de la información disponible acerca de estas empresas.

Lo que sucedió es que los inversores que habían vendido acciones de Northern Pacific al descubierto se vieron atrapados y lo estaban perdiendo todo. Esta situación les llevó a una crisis de liquidez a la que respondieron vendiendo todas las demás posiciones. Lo hicieron para generar efectivo con el que cubrir las pérdidas experimentadas por la posición en la que se habían encontrado al vender acciones de Northern Pacific al descubierto.

El resto de corredores, con miedo de que situaciones similares se produjeran en otras empresas, empezaron a ponerse nerviosos y generaron una oleada de ventas.

Bernard Baruch se dio cuenta de lo que estaba pasando. Sabía que se estaban vendiendo grandes empresas a precios ridículos y vio la oportunidad de realizar algunas compras.

Es así como el mecanismo de mercado, que permitía a alguien vender algo que no poseía, combinado con un aumento inesperado del precio de las acciones de Northern Pacific, creó una situación explosiva que llevó a una venta masiva e irracional de todo el mercado bursátil. Esta extraña situación de la dinámica de mercado creó a su vez oportunidades de compra para Bernard Baruch. El mercado pronto se recuperó y Baruch hizo su fortuna inicial.

Los mecanismos de mercado pueden provocar mediante una interacción inesperada cambios de precio muy bruscos que no tengan nada que ver con la interpretación de la información económica.

El pánico de 1987

Puede que se esté preguntando qué tiene que ver todo esto con el mercado actual. La Security and Exchange Comission ¿no estableció reglas en los años treinta para prevenir crisis como la de 1901? La respuesta es sí; pero las cosas cambian y los órganos gubernamentales tienden a legislar siempre después de los hechos. A finales de los ochenta se desarrolló un nuevo conjunto de hechos.

Durante la crisis de 1987, dos nuevas estrategias de inversión, el arbitraje de índices y el seguro de la cartera de valores, entraron en juego y empezaron a dominar el mercado bursátil. Su interacción estableció una dinámica que del 13 al 17 de octubre barrió por completo al mercado.

La Presidencia de los Mecanismos de Mercado informó de lo siguiente en lo que popularmente se conoce como el «Brady Report»:

> Desde el cierre de la actividad del martes 13 de octubre de 1987 hasta el cierre del 19 de octubre de 1987, el Índice Dow Jones descendió 769 puntos, o un 31%. En esos cuatro días de transacciones el valor de todas las acciones en circulación en los EE.UU. disminuyó casi un billón de dólares (¡1 BILLÓN!). Sólo el 19 de octubre de 1987 el Dow Jones cayó 508 puntos, o un 22,6%. Desde principios de los años veinte, sólo la caída del 12,8% del índice Dow el 28 de octubre de 1929 junto con el descenso del 11,7% del día siguiente, que juntos constituyeron el crac de 1929, se ha acercado a la magnitud del descenso del Dow el 19 de octubre de 1987 («Brady Report», pág.1).

La caída en picado del mercado a mediados de octubre estuvo provocada por una serie de sucesos concretos: un déficit inesperadamente elevado del comercio de mercancías, que hizo subir los tipos de interés a niveles aún más altos, y una propuesta de legislación fiscal, que llevó al colapso de las acciones de un gran número de empresas candidatas a ser adquiridas.

El descenso inicial provocó una oleada de venta mecánica e insensible al valor por parte de un buen número de grupos de fondos de inversión en reacción al descenso de los precios. Las ventas de estos inversores y las previsiones de más ventas en el futuro motivaron a gran cantidad de instituciones orientadas al comercio agresivo a vender también en previsión de futuras bajadas. Entre estas instituciones había, aparte de fondos de cobertura, un grupo reducido de fondos de pensiones, empresas de gestión de fondos y bancos de inversión. Esta venta, a su vez, estimuló una mayor venta reactiva por parte de los aseguradores de valores en cartera y de los fondos de inversión.

Para entender la locura de ese octubre es necesario comprender la estrategia de compra y venta de los fondos de inversión y de pensiones que utilizaban los seguros de la cartera de valores. El seguro de las carteras de valores es una estrategia que utilizaba modelos informáticos para determinar la relación óptima entre acciones y efectivo a distintos niveles de precios de mercado. Este método casi siempre exige la venta cuando los precios descienden y la compra cuando éstos suben. De hecho, dos de los programas informáticos implicados en la crisis de 1987 que utilizaban los seguros de la cartera de valores exigían una venta equivalente al 50% de sus acciones cuando se produjese un descenso del 10% en el índice S&P 500.

Así que si el índice de precios del S&P descendía un 10%, entonces estos usuarios de los seguros de cartera tenían que vender el 50% de sus acciones. Parece que tiene sentido, ¿verdad? Pues no, no lo tiene en absoluto.

Y si el índice S&P subía un 10%, adivine lo que hacían. En efecto: aumentaban sus posiciones en un 50%.

¿No le parece estúpido? ¿No es como si Tonto y Atontado dirigiesen un fondo de pensiones? Pues fíjese: durante un par de días de la crisis, el mismo asegurador de valores era a la vez el mayor comprador y el mayor vendedor de las mismas acciones. ¡Mire, jefe, el índice S&P ha bajado un 10%! ¡Venda! ¡Venda! ¡Mire, jefe, el índice S&P ha subido un 10%! ¡Compre! ¡Compre!

¿No le parece suficiente locura? Pues fíjese: en lugar de vender las acciones directamente, los aseguradores de las carteras de valores se han dado cuenta de que les resulta más barato vender sólo un contrato de bienes del índice S&P 500. Esto les permite vender por valor de millones de dólares en acciones perdiendo sólo unos pocos dólares. Parece fantástico, ¿verdad? Déjeme explicarle mejor cómo funciona este contrato de bienes del S&P.

Bienes como el maíz, el azúcar, el algodón y el aceite se cotizaban en los mercados de futuros de todo el mundo. El más grande de ellos es el de Chicago. En estos mercados se cotizan contratos para la entrega futura de un bien particular. Si usted produce copos de maíz y quiere comprar 75 toneladas de maíz para que le sean entregadas dentro de nueve meses, puede ir a este mercado de futuros y por poco dinero adquirir un contrato que le permitirá comprar al cabo de nueve meses las toneladas de maíz a un precio fijado.

La persona que le venda el contrato estará apostando que el precio al que deberá cumplir el contrato dentro de nueve meses será menor que el precio de la venta. Si es así, obtendrá los beneficios de la diferencia entre el precio acordado y los costes de cumplimiento del contrato.

A finales de los ochenta se desarrolló un nuevo tipo de contrato de futuros, que permitía apostar sobre la dirección de los índices de precios de mercado S&P 100 y S&P 500. El contrato se valoraba a un precio equivalente a un conjunto de acciones que constituían un índice determinado. El precio del contrato iba cambiando minuto a minuto a lo largo del día, reflejando los cambios de precios en las acciones subyacentes que constituían el índice.

Así que, si creía que el mercado global iba a subir, por ejemplo, dentro de seis meses, podía comprar contratos de este tipo que representasen un conjunto de acciones que constituyeran el índice S&P 100 o el S&P 500.

Con los contratos de bienes como el oro, el algodón, el trigo o el maíz se podía recibir el bien material. Con un contrato de 100 toneladas de trigo se podía, si se quería, recibir la entrega de 100 toneladas de trigo. Pero con los contratos S&P, la entrega era la diferencia económica entre el precio del contrato y el precio del contrato S&P en el día de su ejecución. Así es como se desarrolló un auténtico casino en el que personas e instituciones podían apostar grandes sumas sobre la *dirección* del mercado bursátil.

En teoría, como el contrato del índice S&P exigía una entrega en efectivo, no había relación alguna entre el contrato S&P y las acciones subyacentes del índice S&P, sino tan sólo un auténtico juego de apuestas sobre la dirección del mercado.

El mismo tipo de instrumento de índice bursátil se desarrolló también en el mercado de opciones.

De esta manera, los hombres y mujeres de Wall Street, incansables en busca de oportunidades, se dieron cuenta de que existía una oportunidad de arbitraje entre las acciones reales y los distintos instrumentos de indexación.

Déjeme que le explique cómo funciona esto. Imaginemos por ejemplo, que se vende el contrato del índice S&P 500 más barato de lo que costarían esas 500 acciones en la Bolsa. La gente de Wall Street compraría el contrato del S&P 500 y vendería un conjunto de acciones parecido en la Bolsa. Lo gracioso de este juego de arbitraje es que los jugadores no sólo compran un contrato. Compran miles a la vez, lo que significa que tienen que vender decenas de millones de dólares en acciones en Bolsa de golpe. Y si el juego se calienta, la venta asciende hasta los centenares de millones de dólares.

El problema está en que los aseguradores de carteras de valores utilizan el contrato S&P 500 como sustituto de la realidad. Durante el lunes 19 de octubre de 1987 los aseguradores de carteras no sólo vendieron 2.000 millones de dólares en acciones en la bolsa de Nueva York; también vendieron 34.500 contratos S&P que representaban cerca de 4.000 millones de dólares en el mercado de bienes de Chicago. Esta venta masiva por parte de los aseguradores llevó los precios de los contratos de bienes del S&P 500 por debajo del precio del conjunto de acciones S&P 500 en la bolsa de Nueva York.

Los usuarios de los programas de arbitraje de índices (grandes bancos de inversiones) empezaron entonces a comprar contratos de bienes S&P 500 y a vender las correspondientes acciones S&P 500 en la Bolsa. Esto les permitió sacar provecho de la discrepancia de precios entre los dos mercados.

Los usuarios de los programas de arbitraje de índice transfirieron eficazmente los aseguradores de carteras de valores que vendían contratos de bienes S&P 500 a las acciones correspondientes que constituían el contrato S&P 500. Eso añadió presión de venta sobre las acciones que componían el contrato de bienes S&P 500 y sin darse uno cuenta, el índice S&P 500 ya había bajado otro 10% y los aseguradores comenzaban otra oleada de ventas. ¿Ya se ha perdido?

Este círculo vicioso siguió su curso incesante hasta que los precios de las acciones fueron tan ridículos que incluso un inversor como Warren empezó a examinar el mercado en busca de posibles oportunidades de compra. (Una de sus adquisiciones de 1987 resultó ser The Coca-Cola Company.)

¿Se acuerda de aquellos creadores de mercado que están en la sala de contratación de la bolsa de Nueva York y facilitan los procesos de compraventa? Tienen que comprar las acciones que todo el mundo vende. En una situación normal las cosas suben y bajan un poco. Estas oscilaciones permiten a los creadores de mercado obtener beneficios y mantener el mercado en orden. Pero cuando sólo se producen ventas, las acciones que compran por la mañana valen menos por la tarde. Además, si nadie compra, no poseen forma alguna de vender las acciones que han comprado por la mañana y generar así efectivo para comprar las acciones que la gente quiere vender por la tarde. Y después de cinco días consecutivos de grandes ventas, los creadores de mercado se estaban quedando sin dinero, lo cual aterrorizó a la gente. Normalmente, los grandes bancos de Wall Street les habrían prestado dinero adicional, pero en este caso incluso los bancos empezaron a asustarse.

Cuando todo el sistema financiero estaba ya colapsándose, las autoridades de la bolsa de Nueva York y del mercado de futuros de Chicago desconectaron el sistema informático de las transacciones ¡Tardaron cinco días en darse cuenta! El Banco de la Reserva Federal dijo que estaba preparado y dispuesto a respaldar a los bancos, y lo hizo introduciendo más dinero en el sistema a través de operaciones abiertas en el mercado.

Finalmente, todo acabó bien, y usted y yo estamos aquí ahora, junto con todos los brillantes Gomer Pyles de Wall Street. «¡Oye, Gomer, el S&P 500 ha bajado un 10%! Es hora de vender el 50% de nuestra cartera de inversiones.»

Tim Metz, del *Wall Street Journal,* escribió un libro excelente sobre el tema titulado Black Monday («Lunes negro»), William Morrow & Co., 1988. Le recomiendo que le eche un vistazo. También está el «Brady Report», la explicación oficial de lo que sucedió.

Se puede concluir que existen unas grandes fuerzas en juego que compran y venden enormes cantidades de acciones. Y no les preocupa lo más mínimo la economía de cada una de las empresas que compran y venden. A veces estas fuerzas se descontrolan por completo y crean maravillosas oportunidades para la inversión con perspectiva empresarial. Sucedió en 1901 para Bernard Baruch, y también en 1987 para Warren Buffett; y volverá a pasar una y otra vez. La locura y la avaricia suelen ir cogidas de la mano, lo que genera un campo de oportunidades para el hombre racional.

22

La inflación

Para entender la totalidad de la filosofía inversora de Warren es necesario tener claro qué es y cómo se provoca la inflación. Para hacerlo, hay que saber qué es y cómo funciona el dinero.

Hace mucho tiempo la gente intercambiaba bienes por otros productos y servicios: un cerdo por un arado, trigo por pescado, un trozo de madera para el cura local por una bendición. La gente se dio cuenta de que era difícil transportar todos estos materiales, y por tanto, los artículos de intercambio que conservaban sus características pero eran pequeños y portátiles se convirtieron en un tipo de moneda. Y aún en la actualidad, en ciertos lugares del mundo se calibra la riqueza de una persona por la sal o los camellos que posee.

Pero los bienes que más a menudo fueron escogidos para comerciar fueron el oro y la plata. El oro y la plata eran materiales semi-preciosos fáciles de fragmentar, transportar y almacenar. Así aparecieron las monedas de oro y de plata. Y al cabo de un tiempo el mundo empezó a fijar los precios no en aceite de oliva o en ovejas sino en monedas de oro y de plata.

Entonces los gobiernos que recaudaban impuestos en oro y plata empezaron a acuñar sus propias monedas cuando pagaban dinero de su tesorería a sus generales y ejércitos y para los bienes y servicios necesarios para gestionar el país. Los romanos fueron especialmente hábiles a la hora de desarrollar una moneda propia.

En los Estados Unidos se desarrolló el dólar, que estaba representado por monedas de oro de diferentes pesos. Una moneda de oro de 20 dólares equivalía a unos 30 gramos de oro. En Francia fue el franco y en Inglaterra la libra, y cada moneda representaba un peso determinado de oro o plata.

A principios de este siglo sucedió algo extraño: los gobiernos que por aquel entonces estaban bien establecidos en Europa empezaron a pelearse entre ellos y estalló la Primera Guerra Mundial. Las guerras no suceden gratuitamente. Alguien tiene que pagarlas, y los gobiernos, que controlan los ejércitos, son los encargados de hacerlo.

El gobierno suele pagar una guerra con su tesorería, utilizando los impuestos como medio de generar el dinero necesario para pagar las tropas. No obstante, a medida que se acercaba la era industrial, los costes de la guerra fueron incrementándose. Una cosa es comprar mil mosquetes y algunos cañones, y otra tener que financiar la construcción de flotas de barcos y aviones modernos. Hoy en día, un par de misiles cuestan más de lo que se gastaron en conjunto ambos bandos de la revolución americana.

Como es natural, los gobiernos implicados en la guerra tuvieron que agotar cualquier recurso para conseguir los fondos necesarios. Un método que todos adoptaron fue la entrega de dinero impreso en billetes a cambio de monedas de oro. Consideremos el caso de un país que hubiese estado comerciando con una cantidad de moneda de 100 unidades, sean francos, marcos, dólares o cualquier otra unidad. Si ahora el gobierno imprimiese 100 unidades de dinero en billetes y consiguiese que la gente aceptase esas unidades impresas a cambio de las 100 monedas de oro, habría conseguido cambiar eficazmente papel por oro.

Este proceso se lleva a cabo de forma gradual. En Norteamérica, el gobierno ordenó que se cambiasen las monedas de oro y plata por certificados impresos, que se podían devolver al Banco de la Reserva Federal más cercano a cambio del metal que representaban. A mí eso me parece razonable, ¿verdad? No hay que ir arrastrando todas esas monedas, sino unos billetes limpios y ligeros.

Pasado un tiempo la gente se olvidó de la posibilidad de recuperar el metal y el gobierno dejó de ofrecerla. Un día caluroso y soleado de 1933 el gobierno norteamericano ordenó que todas las monedas de oro y plata en posesión de los ciudadanos de los EE.UU. tenían que ser intercambiadas en la Tesorería del país por dólares en billetes. Desde 1933 hasta el día del ataque a Pearl Harbor, las reservas de oro de la Tesorería de los EE.UU. crecieron de 8.200 millones a 22.700 millones de dólares. Con una sola maniobra sencilla, el gobierno de los EE.UU. había nacionalizado con éxito todo el oro de los norteamericanos.

Con el oro en sus manos, el gobierno pudo gastarlo en otros países para sufragar los gastos de la guerra. Los demás gobiernos, conocedores de este truco limpio para convertir papel en oro, insistían en hacer tratos con los gobiernos extranjeros sólo a cambio de oro, no a cambio de esos graciosos papeles con los que habían convencido a los ciudadanos. Como consecuencia de ello, se desarrolló un patrón de medida entre los diferentes países, basado en el oro. La tesorería británica podía por ejemplo, coger el oro que obtenía de sus ciudadanos y cambiarlo por dólares impresos por los americanos para comprar materiales de combate. Tras la entrada de los EE.UU. en la Segunda Guerra Mundial, las reservas de oro de la tesorería de los EE.UU. dejaron de crecer y empezaron a disminuir, puesto que el gobierno americano tenía que comprar al otro lado del océano los materiales necesarios para construir y mantener un ejército en tres continentes.

No sólo los gobiernos participan en el comercio internacional: las empresas también lo hacen, y un comerciante británico que necesita bienes americanos tiene que comprarlos con dólares, y viceversa. Antes, el comerciante británico podía simplemente pagar en oro o convertir su oro en billetes. Pero desde que el oro ya no es el medio de intercambio, el Banco de Inglaterra o el Banco de la Reserva Federal de los EE.UU. tiene que facilitarle este intercambio a través de su oficina más cercana.

Así que, si usted fuese un comerciante británico que precisara bienes americanos y necesitara dólares para poner en marcha la transacción, iría a su oficina bancaria más cercana, la cual a su vez se dirigiría al Banco de Inglaterra. El Banco de Inglaterra convertiría sus billetes de libras en oro y entonces compraría billetes de dólares del Banco de la Reserva Federal de los EE.UU., en Nueva York. Y ahora usted ya podría coger sus dólares y enviarlos a los EE.UU. para comprar los bienes.

Todo este proceso de compra y venta se convirtió en un sistema muy eficiente. Cualquier transacción podía desarrollarse en cuestión de minutos. De hecho, el Banco de Inglaterra conservaba incluso cierta cantidad de dólares para facilitar transacciones, así como el Banco de la Reserva Federal tenía también libras. Las grandes empresas británicas poseían cuentas bancarias en dólares en los EE.UU. para agilizar transacciones, y las entidades americanas poseían cuentas en libras en Inglaterra.

Sin embargo, después de la Segunda Guerra Mundial, cuando los EE.UU. era el único país que mantenía intacta su enorme base industrial, la comunidad de los demás países tuvo que comprar casi todos los bienes fabricados en Norteamérica, lo que provocó que sus bancos centrales tuviesen que cambiar más oro por dólares de lo que era habitual; al cabo de un tiempo se les agotó el oro. Uno tras otro, los bancos centrales del mundo fueron anunciando que estaban fuera del patrón oro y que el valor de sus respectivas monedas vendría determinado por la oferta y la demanda.

Muchos de estos bancos centrales del extranjero simplemente siguieron haciendo funcionar las imprentas de billetes: si hace falta más dinero, simplemente se imprime. Fue entonces cuando el valor de intercambio de estas monedas (impresas en exceso) empezó a decaer en relación al dólar. Los economistas llaman a este proceso la *devaluación de una moneda*. Lo mismo sucedió en los EE.UU. a principios de los setenta, cuando Nixon se apartó del patrón oro y dejó que el valor internacional del dólar fluctuara entre las demás monedas del mundo. Si se acuerda, el país tenía una guerra con Vietnam, que costaba una fortuna, y que el gobierno de los EE.UU. pagaba inflando la economía, llevando la inflación hasta el 10% o más.

Hace mucho tiempo, antes de que existiera dinero impreso, si un gobierno quería incrementar su riqueza tenía que adquirir más oro. Lo podía hacer extrayéndolo de las minas, imponiendo impuestos a la clase comerciante o robándolo de otro país. Como ya hemos comentado, la famosa Dutch East Indies Company era una operación de piratas financiada públicamente con el mero objetivo de robar a los galeones españoles que regresaban del Nuevo Mundo cargados de oro.

Pero con el invento del dinero impreso un gobierno sólo tenía que poner en marcha las máquinas de imprenta para generar más riqueza. ¡Fantástico, la máquina de creación de dinero propio! Sin necesidad de tener que ir a buscar oro de las minas: riqueza instantánea.

Pero algo extraño sucede cuando un gobierno sólo deja que las máquinas de imprenta sigan funcionando: la oferta de dinero aumenta. Y cuando la oferta de dinero aumenta, algo todavía más extraño empieza a suceder: los precios suben. Eso es la inflación. Veamos cómo funciona.

Las raíces de la inflación

Para explicar la inflación creo que será mejor empezar con un caso hipotético. Suponga que vive en un país isleño y que circulan por la isla 100 millones de u.m. en monedas de oro. Pongamos por caso que con 1 u.m. (1 moneda de oro) se pudiese comprar una docena de huevos. Si el gobierno sustituyese los 100 millones de u.m. en monedas de oro por 100 millones de u.m. en billetes, con un billete se seguiría pudiendo comprar una docena de huevos. Y todo va bien por ahora.

Sin embargo, los astutos del gobierno se dan cuenta de que pueden imprimir más billetes para comprar artículos. El comerciante cree que se le ofrece una de los 100 millones de u.m. originales y da al gobierno una docena de huevos por 1 u.m. El gobierno sigue haciendo esto: obtener algo a cambio de nada. Tras un tiempo, en lugar de haber 100 millones de u.m. en circulación ya hay 200 millones de billetes.

Cuando el gobierno gasta más dinero, las empresas se benefician (hay muchos grandes contratos gubernamentales y mucha gente gana mucho dinero). El comerciante que vendía sus huevos a 1 u.m. la docena se da cuenta un día de que la gente tiene más dinero para gastar y que está dispuesta a pagar más por sus huevos. Descubre que ahora puede cobrar 2 u.m. por una docena de huevos y la gente sigue queriendo comprar tantos huevos como cuando costaban sólo 1 u.m.

Imagínese que usted y yo estuviésemos en una subasta y que, ambos con 50 u.m. en nuestros bolsillos, fuésemos los únicos postores de un artículo. Lo máximo que se pagaría por él serían 50 u.m. Pero si usted tuviese 100 u.m. y yo tuviese 100 u.m., podríamos ofertar hasta 100 u.m. por el lote.

El problema está en que todos los precios suben como reflejo del aumento de dinero en efectivo. La persona que vende huevos no se hace más rica en poder adquisitivo real que cuando los vendía a 1 u.m. la docena, porque tiene que pagar al granjero más dinero por los huevos. Y el granjero no se hace más rico porque tiene que pagar más por las gallinas y el pienso. Y la persona con 200 u.m. en su bolsillo no es más rica que cuando tenía 100 u.m. *Ambas sumas pueden comprar la misma cantidad de bienes.*

Y el juego del gobierno es conseguir que usted le venda sus productos y servicios por una moneda inflada a precios preinflados. De hecho, los gobiernos han encontrado una manera de estafarle el valor real de su dinero.

Los gobiernos de todo el mundo han estado inflando sus economías desde la Primera Guerra Mundial. Por eso aquel caramelo que usted compró en 1960 por 5 centavos cuesta hoy 50, o aquella hamburguesa de McDonald's pasó de 15 a 75 centavos, o una entrada a una estación de esquí subió de 5 a 45 dólares. Ya puede estar agradecido al tío Sam y a todos los maravillosos políticos que mantienen las imprentas de billetes en marcha y continúan inflando el precio de todas las cosas.

En los EE.UU. la tasa de inflación histórica está situada alrededor del 5% anual. En algunos otros países, como en Alemania durante la Segunda Guerra Mundial o en la Rusia posterior a la guerra fría, la tasa de inflación llegó a superar el 50% anual.

Como inversores, esto nos hiere. Si nos agarramos a los dólares, pierden su valor a un ritmo equivalente a la tasa de inflación. Así que si la inflación está situada en el 25%, su dinero estará perdiendo su poder adquisitivo a un ritmo anual del 25%. Por tanto, Warren cree que si la tasa de inflación es del 25%, como mínimo se tiene que tener una tasa de rentabilidad de la inversión del 25% para que el poder adquisitivo real de su riqueza *se mantenga igual a la inflación.*

Warren está convencido de que siempre habrá inflación. La razón es que su alternativa, la deflación, es un suicidio para nuestros políticos. Piénselo: la inflación crea ilusión de riqueza. La casa por la que usted pagó 100.000 u.m. hace treinta años vale ahora 500.000 u.m., y eso siempre satisface al propietario. Uno cree que se ha hecho más rico pese a que si quisiera venderla y comprar otra parecida tendría que pagar 500.000 u.m. Hace treinta años cobraba 20.000 u.m. y ahora cobra 100.000 u.m. Pensará que está ganando más dinero, pero el poder adquisitivo real de las 100.000 u.m. de hoy no será mayor al de las 20.000 u.m. de entonces. Uno cree que se hace más rico, pero en realidad las cosas se mantienen igual. Y si tiene un sueldo fijo o compró obligaciones a largo plazo o conservó su dinero en una caja fuerte, es probable que su riqueza real incluso haya disminuido.

Las empresas e instituciones financieras que tienen que pedir dinero prestado han aprendido a utilizar la inflación en su favor. Piden el dinero hoy y te prometen devolvértelo en el futuro en dólares inflados. Los bancos lo hacen, las compañías de seguros lo hacen, los agentes inmobiliarios lo hacen, y las grandes empresas fabricantes lo hacen. Piense en las obligaciones a cien años que de vez en cuando pone a la venta Wall Street. Si yo le pidiese 100.000 dólares a usted y le prometiese devolvérselos dentro de cien años, ¿cree que tendrían el mismo poder adquisitivo que tienen hoy? En un mundo con tan sólo un 6% de inflación, ¡los 100.000 dólares tendrían dentro de cien años el mismo valor de compra que tienen hoy 294 dólares!

Naturalmente, la alternativa a la inflación es la *deflación.* Ésta sucede cuando los precios bajan. Suena bien, ¿verdad? Los cosas simplemente son más baratas. El problema es que su sueldo también se recorta. Y también decrece el valor de su casa. Y si usted pidió 500.000 dólares para comprar una casa nueva y de pronto su salario disminuye hasta el punto de que no puede pagar la hipoteca, entonces tiene serios problemas. El banco acaba embargándole la casa. Pero como los precios de los inmuebles también decrecen, el banco acaba ganando menos dinero porque no puede recuperar lo que le prestó. Si esto sucede demasiadas veces, el banco queda insolvente y se colapsa, con lo cual la gente que había invertido en él pierde todo su dinero. Y si demasiados bancos se colapsan y demasiada gente pierde todo su dinero, el país entra en una profunda depresión. Una depresión significa desempleo masivo, pobreza y una población en edad de votar muy enfadada. Los políticos empiezan a perder sus puestos de trabajo, y eso es algo que odian. O sea que, si tiene que escoger entre inflación y deflación, el animal político siempre escoge la inflación.

Usted debe estar preguntándose si un gobierno puede en realidad escoger algo así. Ya sabemos que la inflación global está causada por un incremento de la oferta de dinero. Cuando la oferta de dinero venía determinada por la cantidad de oro que un país poseía, para inflar la economía había que incrementar la oferta de oro. (Cuando España empezó a extraer enormes cantidades de oro del Nuevo Mundo generó una ola de inflación en toda Europa.) Aumentar de golpe la oferta de dinero por medio de un aumento en la oferta de oro es hoy prácticamente imposible. Simplemente no se puede imprimir el oro. Pero si la oferta de dinero está constituida por billetes, se pueden poner las imprentas en marcha. Como la deflación significa la ruina política y financiera, a la hora de escoger los políticos siempre escogerán la ilusión agradable de riqueza que crea la inflación antes que los efectos desastrosos de la deflación.

Para Warren la inflación es una parte permanente del panorama económico. Y por eso tiene en cuenta sus efectos a la hora de planificar cualquier inversión posible.

Un detalle final: ahora los norteamericanos pueden de nuevo poseer oro. Dentro de veinte años el gobierno federal podrá decirnos que cambiemos nuestro oro por (ya lo habrá adivinado) dólares en billetes. Si me engañan una vez, la culpa es del otro. Si me engañan dos veces, la culpa es mía.

23

La inflación y el monopolio del consumidor

Durante muchos años Warren tuvo la sensación de que la inflación era su peor enemiga. Y lo es para el inversor medio. Las promesas de pago de cantidades de dinero en el futuro son una invitación a la locura en una economía afectada por una elevada inflación. No obstante, los propietarios de inmuebles que fijaron en los años sesenta sus hipotecas de treinta años al 5% se beneficiaron de que la inflación incrementase sus sueldos mientras los pagos de la hipoteca se mantenían fijos. Las empresas también se beneficiaron en los sesenta al convencer a los inversores que les prestaran dinero durante largos periodos a un interés fijo, lo que les permitió devolver los préstamos en el futuro con dólares inflados. Quienes salieron perjudicados fueron los inversores, los cuales experimentaron una auténtica pérdida de poder adquisitivo. Los 4.000 dólares que prestaron a GM (comprando obligaciones) les permitían pagar la totalidad de un coche nuevo en los años sesenta. Cuando GM se los devolvió en los años noventa, los 4.000 dólares sólo les permitían pagar una cuarta parte de un coche nuevo. Casi ninguna inversión se escapa de los efectos punitivos de la inflación.

Aun así, en 1983 Warren desarrolló una teoría según la cual, la inversión en empresas que gocen de un fuerte monopolio del consumidor y requieran incrementos nominales de capital para mantener las operaciones, puede de hecho beneficiarse de los efectos de la inflación. Invierta en estas empresas y *la inflación le ayudará como inversor. Le hará más rico.*

Warren utilizaba el ejemplo del caramelo See's Candy para explicar este fenómeno. En 1972 See's generaba unos beneficios de cerca de 2 millones de dólares sobre 8 millones de activo tangible neto (el activo tangible o activo inmovilizado material son elementos como fábricas y maquinaria, a diferencia del activo intangible, como patentes y derechos de autor). Esto quiere decir que la fábrica, la maquinaria y el inventario de See's producían, después de gastos e impuestos, 2 millones de dólares de beneficios netos. La empresa ganaba así un 25% sobre su base de activo tangible neto (2 millones / 8 millones = 25%).

Berkshire Hathaway pagó cerca de 25 millones de dólares en 1972 por See's, lo que equivale a una tasa de rentabilidad después de impuestos del 8% (2 millones / 25 millones = 8%). Comparándola con lo que pagaban las obligaciones del Estado por aquel entonces, una tasa antes de impuestos del 5,8%, la inversión no estaba mal.

Pongamos por ejemplo que un fabricante de acero con peores finanzas que See's produjera 2 millones de dólares de beneficios netos sobre 18 millones de dólares de activo tangible neto. (Los hornos para fundir acero cuestan bastante más que los hornos para hacer caramelos.)

Dos negocios distintos, ambos con beneficios netos de 2 millones de dólares. La única diferencia es que See's produce sus 2 millones de dólares sobre una base de activo tangible de 8 millones mientras que el fabricante de acero lo hace sobre una base de 18 millones de dólares.

Tengamos ahora en cuenta también la inflación. En los próximos diez años los precios se duplican, así como las ventas y los beneficios. De esta manera ambas empresas experimentan una duplicación de sus beneficios, alcanzando los 4 millones de dólares. Es fácil de imaginar puesto que lo único que hay que hacer es vender el mismo número de unidades al nuevo precio (inflado), el cual todo el mundo está dispuesto a pagar con su nuevo salario (inflado).

Pero sólo hay un problema: las cosas se gastan y hay que sustituirlas. Cuando estas dos empresas tienen que sustituir su base de inmovilizado material, la que tenía una base de 8 millones de dólares, See's, tendrá que enfrentarse a 16 millones de dólares. No sólo el precio de los caramelos se ha duplicado: también las fábricas y la maquinaria. Pero el fabricante de acero con una base de activo tangible de 18 millones de dólares tendrá que enfrentarse a 36 millones de dólares.

¿Qué empresa preferiría poseer? ¿See's, que tiene que enfrentarse a 16 millones de dólares, o el fabricante de acero que tiene que pagar 36 millones de dólares para mantener el negocio? ¿Lo ve? El fabricante de acero necesitará 20 millones de dólares más de inversión para producir la misma cantidad de beneficios que See's.

Piense en las ventajas que tiene una empresa si casi nunca tiene que reponer sus fábricas y su maquinaria y además posee la capacidad de producir tasas de rentabilidad elevadas sobre una pequeña base de activo tangible, como hace See's. El mercado bursátil se da cuenta de este truco económico de la inflación y responde otorgando a las empresas como See's *una mejor evaluación precio-beneficios que la del fabricante de acero, que requiere una base de activo tangible superior.*

La inflación, pese a ser muy perjudicial para muchas grandes empresas, *puede de hecho beneficiar a los accionistas de empresas que posean un monopolio del consumidor a su favor.*

24

Unas palabras sobre los impuestos

Ya sabe qué son los impuestos, pero de nuevo desconozco cuáles son sus conocimientos. Como este libro está destinado a cualquiera que esté interesado en invertir, tengo que dedicar una o dos páginas a comentar los efectos de los impuestos en el proceso inversor, algo sobre lo que Warren piensa mucho. Pero no se preocupe: seré breve.

Para la mayoría de los inversores, los impuestos son como una cuestión adicional. Para Warren juegan un papel muy importante en el transcurso de la selección de inversiones así como en el periodo de conservación de acciones.

Cuando una empresa tiene beneficios en el año, tiene que pagar impuestos por beneficios empresariales. La cifra de los beneficios netos de una empresa es una cifra después de impuestos. También lo es la cifra de los beneficios por acción. Así, cuando decimos que la Empresa X tiene unos beneficios de 10 u.m. por acción, estamos diciendo que ha obtenido 10 u.m. por acción después de *haber pagado los impuestos por beneficios empresariales.*

Una vez la empresa ha pagado sus impuestos sobre sociedades, puede hacer tres cosas con sus beneficios netos. Los puede pagar en forma de dividendos, los puede retener y añadirlos a las reservas, o ambas cosas.

Pongamos por caso que la empresa bajo observación genera 10 u.m. por acción. Por tanto, puede pagar los beneficios en forma de dividendos, o retenerlos todos o una combinación de ambos, pagando, por ejemplo, 7 u.m. por acción en dividendos y reteniendo 3 u.m. por acción.

(Las empresas no siempre tienen que ser rentables para pagar dividendos. Pueden recurrir a sus reservas para pagar los dividendos. Como es obvio, esto reduce el valor neto de la empresa.)

Si la empresa paga un dividendo a los accionistas, éstos tienen que declararlo como ingreso y pagar por tanto impuestos por ingresos personales. Si usted posee una acción de la Empresa X y ésta le paga unos dividendos de 10 u.m. por acción, tendrá que pagar impuestos sobre esas 10 u.m. Si usted se encuentra en el margen de impuestos del 31%, tendrá que pagar 3,1 u.m. en impuestos, reduciendo sus ganancias hasta sólo 6,9 u.m. por acción. De todas formas, hay que tener en cuenta que hay una deducción por los dividendos recibidos (para aminorar la doble imposición).

Pero si la empresa escoge retener las 10 u.m. por acción de beneficios, añadiéndolas a las reservas, entonces el accionista no tiene que pagar impuestos.

De esta manera, si la Empresa X retiene sus beneficios, se evita el efecto de los impuestos personales.

Cuando un inversor, sea un particular u otra empresa, vende las acciones, está sujeto a un impuesto sobre plusvalías de capital obtenido como beneficios. Al escribir este libro, un particular tiene que pagar como máximo un 20%. Una empresa tiene que pagar los impuestos habituales sobre sociedades, que se elevan hasta un 35%. Tanto el porcentaje de impuestos como el periodo de tenencia varían con frecuencia según los caprichos de los políticos y del gobierno.

Los pagos en concepto de intereses son deducibles del Impuesto de Sociedades (35%).

Se podrían escribir muchos tomos sobre los impuestos, pero cada muy pocos años habría que volver a escribirlos debido al continuo cambio que experimentan los tipos impositivos. Esté convencido de que los impuestos siempre estarán allí, preparados para quitarle a sus beneficios una parte para el gobierno. Es por ese motivo que tendremos en cuenta su impacto en el proceso inversor durante el transcurso de este libro.

25

Los efectos de la inflación y los impuestos en la tasa de rentabilidad, y la necesidad de obtener una rentabilidad del 15% de su inversión

Warren ha dicho muchas veces que la inflación y los impuestos de la vida real alteran en gran medida la rentabilidad de un inversor. Según él, si vivimos en un mundo con inflación del 5%, nuestro activo ve decrecer su poder adquisitivo en un 5% anual.

Por eso invertimos nuestro dinero. Si no lo hiciéramos, nuestra riqueza, guardada en una caja fuerte, pronto perdería su poder adquisitivo.

Si el valor de nuestro dinero disminuye a un ritmo del 5%, tenemos que conseguir una rentabilidad de como mínimo el 5% para igualar la inflación. Pero una rentabilidad del 5% en un mundo con una inflación del 5% nos produce un crecimiento real del poder adquisitivo del 0%; y esto no es muy bueno.

En un mundo con una inflación del 5% necesitamos una rentabilidad superior al 5% para obtener un auténtico crecimiento del poder adquisitivo. En un mundo con una inflación del 10% necesitaríamos una rentabilidad superior al 10%.

Los efectos de los impuestos

La fiscalidad añade otra perspectiva a nuestra situación. Si consiguiésemos obtener una rentabilidad de nuestro dinero del 5%, los impuestos por ingresos personales podrían llevarse el 31% (o el % que nos corresponda) de este

5%, lo que significaría una rentabilidad real del 3,45%. Esto quiere decir que en un mundo con una inflación del 5%, después de pagar impuestos estaríamos experimentando una pérdida real del poder adquisitivo del 1,55% anual, lo cual tampoco es nada bueno.

Así que en un mundo con una inflación del 5% y unos impuestos del 31%, necesitamos una rentabilidad anual de nuestra inversión de como mínimo el 7,2% para no perder poder adquisitivo y, por consiguiente, para evitar que nuestra riqueza disminuya.

Por tanto, si usted quiere aumentar su riqueza tendrá que conseguir una rentabilidad anual superior al 7,2%. Si usted invierte en obligaciones de una empresa que paguen un 8% de rentabilidad de su dinero, en realidad la rentabilidad de su inversión será –menos impuestos por ingresos personales– de cerca del 31% (en función del tramo de porcentaje de impuestos en el que usted se encuentre), lo que significa que acabará con una rentabilidad después de impuestos del 5,5%. Réstele la inflación del 5% y su verdadera tasa de rentabilidad queda fijada en el 0,5%.

Si aumentase la tasa de inflación hasta el 9% y la de impuestos hasta el 40% (una situación que se produjo a principios de los años setenta), tendría que obtener una rentabilidad de como mínimo un 15% para que el verdadero poder adquisitivo de su riqueza permaneciese intacto (15% - 40% de impuestos = 9%; 9% - 9% de inflación = 0%).

Durante los últimos veinte años hemos presenciado en la historia de los EE.UU. inflaciones de dos dígitos y tipos impositivos sobre ingresos personales del 50% o superiores. Warren ha llegado a la conclusión de que los políticos siempre intentarán inflar la economía y al mismo tiempo recaudar impuestos. Por eso fijó tasa mínima de rentabilidad compuesta anual antes de impuestos posible que quería obtener en sus inversiones: sobre un 15%.

Cabe destacar que Graham creía que «la tendencia a largo plazo es hacia la inflación, marcada por periodos igualmente problemáticos de deflación,» y que «las acciones ordinarias no son de ninguna manera una protección o cobertura ideal frente a la inflación, pero son mejores para el inversor en este sentido que las obligaciones o que el dinero en efectivo» (*Security Analysis*, 1951, p.8).

En resumen: si usted desea conseguir un verdadero incremento de su poder adquisitivo *es necesario que la rentabilidad de su riqueza sea como mínimo igual a los efectos de la inflación y los impuestos.*

26
El mito de la diversificación frente a la cartera de inversiones concentrada

Warren cree que la gente utiliza la diversificación para protegerse de su propia estupidez. A la gente le falta la inteligencia y la sabiduría necesaria para realizar grandes inversiones en pocas empresas, así que se proteje de la locura de la ignorancia repartiendo su capital entre muchas inversiones distintas.

Como ya sabemos, la estrategia inversora de Graham le obligaba a tener literalmente un centenar de acciones diferentes en su cartera. Así se protegía de la posibilidad de que algunas de sus inversiones nunca produjesen beneficios. La naturaleza de la empresa, según él, estaba encerrada en *los números*, y no se preocupaba tanto por conocer bien las empresas que poseía.

Warren siguió la estrategia de Graham durante un tiempo pero al final se dio cuenta de que más bien parecía que poseyera un zoológico y no una cartera de inversiones. Y a medida que fue cambiando su método de análisis acercándose al estilo de Munger/Fisher, descubrió que cada vez tendría que entender mejor que Graham las empresas en las que invertía.

Fisher, pese a estar de acuerdo con que un poco de diversificación es necesaria, opinaba que la diversificación como estrategia inversora estaba demasiado extendida. (Señaló que algunos cínicos pensaban que la causa de esto era que se trataba de una teoría tan sencilla que hasta los corredores la entendían.) Fisher decía que los inversores, en respuesta al temor a poner todos sus huevos en una sola cesta, acaban situándolos en docenas de cestas diferentes, donde muchos huevos se rompen. Además, es imposible vigilar todos los huevos de todas las cestas. Fisher creía que había inversores tan exageradamente convencidos de la diversificación que acababan comprando muchas acciones de empresas de las cuales sabían poco o nada.

Una de las grandes influencias de Warren fue un gran economista británico, el difunto John Maynard Keynes. Keynes, una persona de notable experiencia en el terreno de la inversión, dijo en sus escritos que había hecho la mayor parte de su fortuna con unas pocas inversiones, en las cuales entendía el funcionamiento de las empresas subyacentes.

Warren ha adoptado un enfoque de cartera concentrada, lo que significa que conserva un grupo reducido de inversiones que realmente entiende y que pretende conservar durante mucho tiempo. Esto hace que la cuestión de dedicar capital a una inversión o no se deba tratar con la máxima seriedad. *Warren está convencido de que es esta seriedad con la que trata las cuestiones de «en qué invertir» y «a qué precio» lo que reduce el riesgo.* Es su compromiso de invertir sólo en empresas excepcionales a precios que tengan sentido económico lo que reduce sus opciones de perder.

Warren ha dicho muchas veces que una persona haría menos malas inversiones si sólo pudiese hacer diez en toda su vida, sólo diez. Se concentraría mucho más a la hora de tomar esas diez decisiones, ¿no cree?

Es sorprendente que personas trabajadoras e inteligentes no le den importancia a invertir una parte de su capital en una empresa de la que conocen poco o nada. Si se les pide que inviertan en una empresa local, hacen miles de preguntas. Pero después les llama un corredor de bolsa y de un momento al otro pasan a ser propietarios parciales de alguna empresa exótica.

Baruch dijo: «Se requiere tiempo y energía para estar al tanto de las fuerzas que pueden cambiar el valor de una acción. Así como uno puede saber todo lo que se puede saber de unos pocos temas, no es posible saber todo lo que se necesita saber de muchos temas» (*My Own Story*, Holt, Rinehart & Winston, 1957).

Baruch, por cierto, vivió hasta muy mayor y fue un hombre muy, muy rico.

27

¿Cuándo debería vender sus inversiones?

Se suele decir que el mundo de la inversión es 50% ciencia y 50% arte, y 100% folklore. El folklore de Wall Street que rodea cada venta tiene algo que ver con el viejo refrán según el cual nadie se arruina si vende con algún beneficio. Warren respondería que tampoco nadie se hará realmente rico de esa manera. (La última frase debería haber provocado un gran signo de interrogación en su mente. ¿Siente curiosidad? Veamos por qué Warren cree que este viejo refrán no va a hacerle rico de verdad.) *(Nota:* Partes de este capítulo aparecen en otras secciones del libro. Hemos pensado que sería beneficioso agrupar todas las ideas sobre la venta bajo un mismo techo. Si algo le resulta familiar, probablemente lo sea.)

El enfoque de la venta de Graham

Al principio Warren siguió el enfoque de la venta de Graham. Éste, como ya sabemos, defendía la venta de una acción en cuanto alcanzaba su valor intrínseco. Según Graham, una acción tenía poco o ningún potencial de generar beneficios superado este punto y era mejor encontrar otra situación infravalorada.

Si Graham había adquirido unas acciones por 15 dólares la acción y les asignaba un valor intrínseco de entre 30 y 40 dólares la acción, en cuanto las acciones alcanzaban el precio de 30 dólares la acción, las vendía. Cogía los ingresos y los reinvertía en otra situación infravalorada por el mercado.

Como ya hemos citado con anterioridad, Graham se dio cuenta de que cuando se compra una acción que se vende por debajo de su valor intrínseco, cuanto más tiempo se conserve, menor será la tasa de rentabilidad compuesta anual prevista que se obtendrá. Si se compran unas acciones a 20 dólares la acción con un valor intrínseco de 30 dólares, y subiesen hasta los 30 dólares por acción en el primer año, la tasa de rentabilidad sería del 50%. No obstante, si necesitasen dos años para alcanzar su valor intrínseco, entonces la tasa de rentabilidad compuesta anual descendería hasta el 22,4%. Si tardasen tres años, la tasa caería hasta el 14,4%; si fuesen cuatro años, la tasa estaría en el 10,6%; cinco años, 8,4%; seis años, 6,9%; siete años, 5,9%; y ocho años, 5,1%. Cuanto más tiempo tardasen, menor sería la tasa de rentabilidad compuesta anual. La solución de Graham a este problema fue comprar las acciones de una empresa sólo cuando su precio de mercado estuviese suficientemente por debajo del valor intrínseco como para permitirle un *margen de seguridad*. El margen de seguridad estaba para protegerle cuando las acciones tardaban demasiado tiempo en alcanzar su pleno valor intrínseco. El tiempo que creía que tardarían las acciones en alcanzar su valor intrínseco determinaba el margen de seguridad necesario. Si preveía mucho tiempo, entonces necesitaba un margen muy amplio, pero si esperaba muy poco tiempo, el margen de seguridad más adecuado podía ser más estrecho.

Aún así, Graham tenía un problema adicional. ¿Qué pasa si las acciones nunca alcanzan su valor intrínseco? ¿Qué sucede si el mercado no refleja el verdadero valor intrínseco de las acciones? ¿Cuánto tiempo se debería esperar? ¿Dos años? ¿Cinco años?

Su respuesta era de dos a tres años. Según él, si en ese tiempo las acciones no habían alcanzado su valor intrínseco, probablemente nunca lo harían. En ese caso, era mejor vender las acciones y buscar una nueva situación.

El enfoque de Warren

Warren vio que estos remedios no solucionaban en realidad el problema de la consecución del valor. Observó que la mayoría de veces acababa poseyendo acciones que nunca subían hasta su valor intrínseco previsto. E incluso si lo hacían, cuando las vendía Hacienda le castigaba con severos impuestos por ingresos personales. Por tanto, llegó a la conclusión de que las soluciones de Graham eran deficientes.

Charlie Munger y Philip Fisher defendían otra solución del problema. Decían que si uno comprase acciones de una empresa excelente en crecimiento, y si la dirección de la misma operase teniendo como primera preocupación los beneficios financieros de los accionistas, el momento para vender las acciones sería nunca, a no ser que las circunstancias cambiasen o surgiese una situación mejor. Estaban convencidos de que se podían obtener mejores resultados siguiendo esta estrategia, que permitía al inversor beneficiarse plenamente de los efectos de la capitalización si la empresa empleaba de forma rentable sus beneficios no distribuidos.

Para aplicar esta estrategia, Warren tuvo que abandonar el enfoque de Graham y dejar de comprar cualquier situación sólo en base al precio. Empezó a basar sus decisiones de inversión en la naturaleza económica de la empresa. La empresa excelente con elevadas tasas de rentabilidad del capital, un claro monopolio del consumidor y una dirección orientada a los accionistas se convirtió en su primer objetivo.

El precio seguía determinando si comprar o no las acciones, además de cuál sería la tasa de rentabilidad anual para Warren. Pero una vez realizada la adquisición, se podía mantener durante muchos años siempre que las finanzas de la empresa no empeorasen espectacularmente.

Utilizando esta estrategia, Warren ha conservado algunas de sus mayores inversiones, como el *Washington Post* o GEICO, que han tenido una tasa de rentabilidad compuesta anual del 17% o más durante los últimos veinte años. Se trata de empresas que él considera con un valor en expansión que le beneficiará a largo plazo. Pese a que se venden continuamente a precios muy por encima de su valor intrínseco grahamiano, Warren sigue manteniendo sus inversiones en ellas. Uno saca las malas hierbas del jardín, pero no las flores que están brotando.

Mercados a la baja y al alza: cuándo vender

Muchos inversores son víctimas de la amenaza de una próxima caída del mercado. A lo mejor empieza en el *Wall Street Journal* o en *Wall Street Week*. El corredor de bolsa llama para que el inversor tome posiciones defensivas, lo que significa que tiene que vender algunas acciones. (A los corredores les encanta porque sacan una comisión por la venta de las acciones. También obtienen otra después cuando reinvierten el dinero.)

Fisher opinaba que ésta era una forma estúpida de llevar las operaciones. Primero, es muy improbable que una caída del mercado suceda cuando se prevé, y los futurólogos de Wall Street se equivocan tanto como aciertan. Y si alguien vende su gran inversión, esa próxima caída del mercado puede acabar convirtiéndose en una subida, y la deja escapar.

Espere un momento, usted dirá, puedo volver a comprarlas si la caída no se produce, y si se produce, puedo volverlas a comprar a un precio más bajo. Primero de todo, cuando venda las acciones le atacarán los impuestos por ingresos además de la comisión del corredor, lo que significa que tendrá menos dinero del que tenía al empezar. Si la caída del mercado no se materializa, tendrá que conseguir más dinero. Y, por otro lado, si la caída sí se produce y usted quiere recomprar sus acciones, éstas tienen que bajar mucho de precio para compensar los impuestos por plusvalías del capital y la comisión del corredor que usted ha pagado.

Fisher también dice que la gente que conoce rara vez vuelve a sus inversiones, incluso aunque la caída del mercado se produzca. La gente que reacciona ante el miedo se queda en un estado de parálisis cuando las predicciones de los futurólogos se cumplen.

Bernard Baruch resumió esta sensación con el siguiente consejo: «No intente comprar en las caídas y vender en las subidas. Sólo los mentirosos pueden hacerlo».

La solución de Warren a toda esta locura de las subidas o bajadas de mercado es ignorarla por completo. Y él puede ignorarlo porque invierte o no en una empresa en función del precio. Si el precio es demasiado alto, la inversión no generará una tasa de rentabilidad suficiente y Warren no la realiza. La situación del mercado en una día concreto no le importa lo más mínimo. Warren no piensa en ella; en cambio, sí piensa en la empresa en la que está considerando invertir y en si puede conseguirla al precio adecuado.

Warren es consciente de que pueden ofrecerse grandes compras incluso en un mercado totalmente al alza, pero también se ha dado cuenta de que es en un mercado a la baja, donde muchas empresas se venden barato, donde se le ofrecen las mayores oportunidades de encontrar algo espectacular.

En la gran crisis de 1987, cuando todo el mercado se volvió loco, cayendo por el precipicio, Warren estaba de pie al lado de ese profundo abismo esperando que alguna empresa de las que estaba enamorado bajara de precio. Y así fue como, según ya hemos comentado, el precio de las acciones de Coca-Cola bajó por los suelos y Warren se lanzó a por ellas con mil millones de dólares. No, no vendió sus acciones para tener posiciones seguras, y no, tampoco se quedó con las manos en sus bolsillos. Sus ojos vieron una oportunidad donde los demás sólo veían miedo. Y eso fue posible porque toma sus decisiones de inversión desde una perspectiva empresarial.

Resumen

Como ya hemos dicho, Warren sólo está interesado en la propiedad a largo plazo de empresas que posean algún tipo de monopolio del consumidor y que gocen de un crecimiento continuo de los beneficios por acción, sea a través de la expansión de operaciones o de la recompra de acciones propias. Como un continuo crecimiento de los beneficios por acciones equivale al final a un mayor precio de las acciones de la empresa, Warren descubrió que tiene más sentido conservar una inversión el mayor tiempo posible, incluso aunque el mercado fije un precio muy elevado a sus acciones.

Warren quiere que el efecto del interés compuesto sobre el dinero dure cuanto más tiempo mejor. Sin duda podría vender a corto plazo y obtener unos buenos beneficios, pero Warren va en busca de unos beneficios extraordinarios, de los que convierten al inversor en una de las personas más ricas del mundo. Para llegar a ser tan rico, hay que conseguir que el capital tenga una tasa de rentabilidad compuesta anual elevada durante mucho tiempo.

28

Los diferentes tipos de inversiones de Warren

Warren Buffett ha hecho su fortuna invirtiendo en las acciones de muchos tipos diferentes de empresas. Su preferencia es adquirir el 100% de una empresa que posea unas finanzas y una dirección excelentes. Cuando esto no es posible, su segunda elección es realizar una inversión a largo plazo en las acciones ordinarias de una empresa que también goce de unas finanzas y una dirección excelentes.

Warren invierte en:

- valores de renta fija a largo plazo
- valores de renta fija a medio plazo
- equivalentes de efectivo a corto plazo
- compromisos de arbitraje a corto plazo

Estas inversiones no son sus favoritas ni tampoco le producen los mayores beneficios, pero sí le ofrecen un uso rentable del activo mientras espera una oportunidad para comprar una empresa entera o una parte de la misma. Es este tipo de inversiones el que confunde a la prensa y al público en general. No se dan cuenta de que el tipo de empresa en la que Warren está dispuesto a tomar una *posición de arbitraje* puede no ser el mismo de empresa en la que realizaría una *inversión a largo plazo*. La mayor parte de este libro se refiere a la estrategia de inversión con perspectiva empresarial de Warren para inversiones a largo plazo en acciones ordinarias. En este capítulo nos gustaría examinar algunas de las demás inversiones de Warren y estudiar de qué manera la inversión con perspectiva empresarial juega un papel importante en su selección.

Valores de renta fija a largo plazo

Por norma, Warren casi nunca invertirá en valores de renta fija a largo plazo (obligaciones a largo plazo). La razón es que requieren un compromiso a largo plazo con una inversión que, por lo general, ofrece una tasa de rentabilidad baja. Además, Warren cree que el fantasma de la inflación es una parte permanente de nuestra economía política y que unas tasas elevadas de inflación podrían recortar fácilmente el valor de cualquier inversión en valores de renta fija a largo plazo.

La excepción aparece cuando el mercado ofrece una circunstancia única que conlleva una cantidad aceptable de riesgo y una tasa de rentabilidad adecuada. La inversión de Warren en las obligaciones de Washington Public Power Supply System (WPPSS) fue una de estas extrañas circunstancias.

Desde octubre de 1983 hasta junio de 1984 Warren adquirió 139 millones de dólares en obligaciones de WPPSS para los Proyectos 1, 2 y 3. En ese momento WPPSS había dejado de pagar 2.200 millones de dólares de unas obligaciones emitidas para financiar los Proyectos 4 y 5.

Warren extendió el criterio que utiliza cuando compra toda una empresa a la adquisición de las obligaciones de WPPSS. Sus 139 millones de dólares en obligaciones de WPPSS le darían unos intereses anuales libres de impuestos de 22,7 millones de dólares. Esto equivalía a una tasa de rentabilidad anual después de impuestos aproximadamente del 16%.

Siguiendo los razonamientos de la inversión con perspectiva empresarial, Warren calculó que una empresa normal necesitaría 45 millones de dólares en beneficios antes de impuestos para producirle 22,7 millones después de impuestos en 1984. Warren estimó que la adquisición de toda una empresa que produjera 22,7 millones de dólares de beneficios después de impuestos le costaría entre 250 y 300 millones de dólares, es decir, *casi el doble de lo que costaban las obligaciones de WPPSS.*

Así, la teoría de la inversión con perspectiva empresarial le llevó a Warren al concepto de *la obligación como negocio*. Warren se fijó en que esta obligación/negocio tenía un valor máximo de 205 millones de dólares (el valor nominal de las obligaciones), que tan sólo era un 48% superior al precio de 139 millones de dólares que pagó por las obligaciones. También se dio cuenta entonces de que la mayoría de las empresas tienen un potencial de crecimiento limitado a no ser que se invierta capital adicional en ellas. Así que el potencial de crecimiento limitado no le preocupaba. Por otro lado, las obligaciones de WPPSS pagaban sus intereses en efectivo, con lo cual Warren podía retirar los beneficios del negocio y reinvertir eficientemente en algún otro lugar.

Warren sólo invertirá en obligaciones que le supongan una mejor oportunidad de beneficios que la inversión en otras empresas.

Valores de renta fija a medio plazo

Warren siempre ha considerado los valores de renta fija a medio plazo libres de impuestos son una buena alternativa a los equivalentes de efectivo, como las letras del Tesoro. En 1986 adquirió cerca de 700 millones de dólares en obligaciones libres de impuestos, la mayoría con un vencimiento de entre ocho y doce años. Warren considera que estas obligaciones son inversiones mediocres, pero eran la mejor alternativa a mantener sus activos en equivalentes de efectivo.

Las compró con la intención de venderlas en cuanto necesitase el capital para otras inversiones. Con esta estrategia Warren puede justificar una pérdida si las vende cuando los tipos de interés hayan subido, pero está convencido de que cualquier posible pérdida estaría más que compensada por los beneficios que aportaría una inversión a largo plazo en una empresa excelente, como la de Coca-Cola.

Warren siempre consideró a sus inversiones en las acciones preferentes convertibles de Champion International, Salomon Brothers y USAir como pertenecientes a esta categoría de valores de renta fija a medio plazo. Los observadores de Warren han pasado mucho tiempo asombrados por estas inversiones en acciones preferentes convertibles. Han luchado por encontrar algún tipo de monopolio del consumidor o algunas finanzas excepcionales cuando no había nada de eso. Lo que llevó a Warren a realizar estas inversiones fue la ventaja tributaria que se da a los dividendos de unas acciones preferentes y el potencial marginal de crecimiento que las acciones preferentes pueden tener. Fíjese que he dicho «marginal». Champion International, Salomon Brothers y USAir son, como mucho, empresas medias que generan beneficios medios para sus inversores. *No son empresas excepcionales*, comparadas con otras de sus elecciones.

¿Y por qué invirtió Warren en ellas entonces? Bien, en el caso de Salomon Brothers, Warren pagó 700 millones de dólares por el 9% de las acciones preferentes a un precio por acción de 1.000 dólares. Los términos de las acciones preferentes eran que podían ser convertidas después de tres años, a deseo de Warren, en acciones ordinarias de Salomon. Además, bajo los términos del trato, si Warren elegía no convertir las preferentes, Salomon tenía que empezar a amortizarlas en 1995 a un ritmo de 140.000 acciones preferentes cada año durante los siguientes cinco años. Lo que esto significa es que si Warren quería, podía cambiar los 700 millones de dólares en acciones preferentes de Salomon por 700 millones de dólares en acciones ordinarias de Salomon, lo que equivale aproximadamente a 18,5 millones de acciones ordinarias de Salomon. O si escogía mantener las preferentes, tenía la opción de cobrarlas o bien de convertirlas en acciones ordinarias bajo los términos de rentabilidad anuales del contrato, que entraba en vigor en 1995.

Desde un punto de vista económico, las preferentes de Salomon pagan a Berkshire un dividendo anual del 9%. A los dividendos de un accionista individual, como usted, se les aplican impuestos de cerca del 31% de los ingresos. Esto hace que la devolución del 9% acabe sumando después de impuestos tan sólo un 6,21%, si se paga al accionista particular.

Pero en el caso de Warren, fue su empresa, Berkshire Hathaway, la que compró el 9% de las preferentes de Salomon. La ventaja está en que los impuestos que aplican a los beneficios que recibe una empresa de otra son mucho menores. De hecho, Berkshire sólo tiene que pagar una tasa efectiva del 14% sobre los dividendos que recibe de otra empresa.

Esto quiere decir que la rentabilidad después de impuestos de Berkshire con el 9% de las preferentes de Salomon es de cerca del 7,7%. Para que Berkshire obtuviese una rentabilidad después de impuestos del 7,7% mediante operaciones propias tendría que conseguir una tasa de rentabilidad antes de impuestos de cerca del 11,8%. Así pues, desde una perspectiva empresarial, Warren sólo compró una «empresa preferente convertible» que producía una tasa de rentabilidad anual antes de impuestos del 11,8% y después de impuestos del 7,7%.

Cuando realizó su inversión en el 9% de las acciones preferentes de Salomon, Warren era bien consciente de que no produciría los beneficios que Berkshire estaba logrando mediante la inversión en empresas excelentes que se cotizaban a precios interesantes. También era consciente de que la inversión en Salomon no produciría los beneficios que estaban produciendo otras subsidiarias propiedad de Berkshire.

Lo que Warren sabía era que la inversión en el 9% de las preferentes de Salomon produciría unos beneficios superiores a los de la cartera habitual de renta fija de Berkshire, que se cifraban en 1.200 millones de dólares en 1986, el año anterior al de la adquisición. Las inversiones preferentes convertibles ofrecen a Warren un lugar rentable en el que *aparcar* grandes cantidades de dinero hasta que aparezca alguna otra cosa.

Equivalentes de efectivo a corto plazo

Con frecuencia Warren mantiene grandes cantidades de dinero en activos financieros a corto plazo (pagarés) del gobierno norteamericano, de otras empresas selectas y de ciertos municipios. Ninguna de estas obligaciones tiene una duración superior a un año. Mírelo como un aparcamiento a corto plazo. No muy rentable, pero mejor que esconder el dinero bajo el colchón.

Compromisos de arbitraje a corto plazo

Ésta es una de las herramientas más importantes del arsenal inversor de Warren, y por eso hemos decidido dedicar un capítulo propio a los compromisos de arbitraje a corto plazo. Queremos entrar con gran detalle a ver el uso que Warren hace del arbitraje. Como este capítulo está repleto de ecuaciones, lo hemos situado en la sección de Buffettología avanzada, la segunda parte de este libro. Si ahora tiene curiosidad, puede ir directamente al capítulo 43.

Ahora que ya sabe en qué empresa invertir es hora de aprender cómo descubrir qué precio hay que pagar. Es hora de entrar en la Buffettología avanzada. Pase la página.

PARTE II
Buffettología Avanzada

Acaba de finalizar la parte cualitativa del libro. Lo que sigue ahora es la parte cuantitativa: la parte de matemáticas. Contiene las ecuaciones que necesitará dominar para determinar si el precio de mercado de unas acciones tiene sentido empresarial. Esta parte del libro es esencial para llegar a entender plenamente la Buffettología. Hay que tener estas habilidades para implementar de forma rentable el programa de inversión desde una perspectiva empresarial. Hemos trabajado duro para conseguir que las ecuaciones sean muy accesibles. Si tiene una calculadora financiera, las matemáticas van a ser coser y cantar.

La clave de esta parte del libro es la sección de herramientas matemáticas, que incluye, por un lado, un grupo de pequeños capítulos que le enseñarán cómo utilizar las pruebas matemáticas que ayudan a determinar a qué precio tiene sentido empresarial una inversión potencial. Esta parte viene introducida por un capítulo acerca del papel del analista a la hora de determinar el poder de generar beneficios. El siguiente es un capítulo con casos de estudio, los cuales le mostrarán cómo aplicar lo que ya ha aprendido, y después un capítulo titulado «Cómo empezó Warren: el vehículo de la inversión», que trata de cómo empezar una sociedad de inversión propia, como hizo Warren. Y finalmente, pero no por eso menos importante, cerramos con un capítulo que contiene 54 empresas en las que fijarse, que constituyen una lista de empresas en las que Warren ha invertido en el pasado y que nosotros creemos que todavía forman parte de su universo de inversión, además de un capítulo titulado «Esperando el terreno perfecto».

¿Está preparado/a? Pues empecemos.

29

El papel del analista en la determinación del poder de generar beneficios

Warren utiliza una serie de técnicas de evaluación matemática para determinar el poder de generar beneficios de una empresa en la que está interesado. Al determinar el potencial de beneficios de la empresa puede estimar la tasa de rentabilidad compuesta anual que espera que le produzca la inversión. Warren, tal y como Graham hacía, se ha dado cuenta de que es posible predecir los beneficios y dividendos de algunas empresas con varios años de antelación.

Wall Street, pese a ser fuente de muchos analistas financieros, nunca ha preferido hacer predicciones a largo plazo para las empresas. Según ellos, ya es suficientemente difícil estimar los beneficios de este año o del próximo con alguna precisión. Por norma, los analistas de Wall Street prefieren calcular los beneficios futuros de una empresa sólo durante un periodo corto, de doce meses o menos. Aquí acaba su investigación cuantitativa.

Graham dijo en *Security Analysis* que el estudio del resto de analistas de Wall Street es de naturaleza cualitativa y «lleva a una opinión general, expresada en términos descriptivos, de la posición y las previsiones de la empresa». Graham también escribió:

«El estudio habitual de este tipo culmina con una recomendación de compra, que raras veces se desarrolla de forma precisa y detallada... En algunos casos se dice que las acciones son «baratas» o «atractivas» porque se venden a un precio inferior a los beneficios presentes o a los previstos. Aunque una medida de este tipo es importante, es poco adecuada en una decisión de inversión, puesto que difícilmente puede fijarse el valor basándose en los beneficios de un periodo corto.»

Graham también dijo: «El analista realizaría un trabajo más profesional y de confianza al estudiar acciones ordinarias si fuese capaz de determinar algún valor objetivo, independiente de la cotización del mercado, con el cual pudiese comparar el precio actual».

En el mundo de Graham, los beneficios de los siguientes años sólo tenían importancia si se podían ver como un indicador de la rentabilidad económica a largo plazo de la empresa. El inversor tenía más opciones de éxito si podía formular una opinión a largo plazo sobre la previsión de beneficios de la empresa en cuestión.

Es en esta cuestión en la que Warren ha realizado los mayores avances en la teoría del análisis de valores. Warren ha desarrollado el criterio selectivo para identificar a las empresas cuya rentabilidad económica a largo plazo puede identificarse y preverse. Con este avance, ha sido capaz de ver el valor inversor a largo plazo de estas empresas mejor que el clásico analista corto de vista.

Su papel, por tanto, como analista/inversor es identificar aquellas empresas que tengan rentabilidad económica a largo plazo. Entonces, en función de la rentabilidad que ofrezcan, usted tomará su decisión de inversión.

Para tener una visión de la rentabilidad prevista que puede ofrecer una empresa y de si se pueden o no descifrar las previsiones a largo plazo, es necesario que aprendamos a utilizar algunas ecuaciones matemáticas. Estas ecuaciones nos ayudarán a entender mejor las realidades financieras de la empresa en cuestión.

30

Las herramientas matemáticas

Las herramientas matemáticas que necesitará para evaluar si la inversión potencial tiene sentido empresarial o no a un precio dado son casi todas bastante sencillas.

Antes de empezar a teclear en su calculadora tiene que haber establecido la naturaleza de la empresa y haber respondido a las preguntas claves necesarias para determinar si se pueden predecir los beneficios futuros de la empresa. Debe decidir si la empresa es una empresa excelente que se beneficia de un monopolio del consumidor o una empresa «commodity» que está sentenciada a unos resultados medios. También tiene que determinar si la dirección de la empresa es honesta y competente y si tiene en mente los intereses de sus accionistas.

Aunque Warren cree, como ya sabemos, que es difícil dañar un gran monopolio del consumidor con una pobre gestión, ésta puede hacer difícil que el inversor se beneficie de los aspectos económicos de un gran monopolio del consumidor. Como ya hemos comentado, Coca-Cola en los años setenta era un magnífico ejemplo de este fenómeno. Coca-Cola tiene un fantástico monopolio del consumidor pero estaba dirigida en los años setenta por un equipo que parecía ignorar cómo incrementar el valor por acción de la empresa. Como consecuencia de ello, la empresa permaneció hibernada, esperando una dirección más creativa. Y ésta llegó con el nombramiento de Roberto Goizueta como presidente de Coca-Cola en 1980. Goizueta tomó inmediatamente el balón y corrió para marcar gol tras gol, produciendo un incremento de los beneficios por acción de Coca-Cola, lo cual llevó a una drástica subida del precio de las acciones de la empresa.

Usted, como inversor, tiene que descubrir si la dirección de la empresa posee la capacidad de asignar capital de forma rentable. Esto puede determinarse con la ayuda de un número de cálculos. Una vez determinada la naturaleza económica de la empresa, puede utilizar otros cálculos diferentes –explicados con detalle en las siguientes páginas– para determinar si las acciones se cotizan a un precio atractivo.

31

Test n° 1, para determinar a simple vista si se pueden predecir los beneficios

Este es el test más sencillo que puede realizar y a la vez probablemente el más básico. Aunque todo analista de acciones lo realiza en cuanto tiene en sus manos una *Moody's* o una *Value Line*, pocos admiten que se trate de un cálculo. Pero lo es, porque es donde tiene que empezar el proceso de estudio estadístico. En pocas palabras: simplemente tiene que mirar y comparar los beneficios por acción declarados en los últimos años. ¿Son coherentes o incoherentes? ¿Tienen una tendencia al alza, o suben y bajan como en una montaña rusa?

Los servicios de investigación de inversiones, como *Moody's* o *Value Line*, hacen muy fácil la comparación de cifras anuales proporcionando una lista de los beneficios desde unos años atrás.

¿El gráfico de beneficios por acción de la empresa en cuestión se parece a la de la Empresa I o al de la Empresa II?

Empresa I		Empresa II	
Año	Beneficios por acción (dólares)	Año	Beneficios por acción (dólares)
1983	1,07	1983	1,57
1984	1,16	1984	0,16
1985	1,28	1985	0,28
1986	1,42	1986	0,42
1987	1,64	1987	0,23 (pérdidas)
1988	1,60	1988	0,60
1989	1,90	1989	1,90
1990	2,39	1990	2,39
1991	2,43	1991	0,43 (pérdidas)
1992	2,69	1992	0,69

La empresa I tiene unos beneficios más predecibles que la Empresa II.

No hace falta ser un genio para verlo. Viendo los beneficios de la Empresa I se puede ver que los beneficios por acción se han incrementado cada año excepto en 1988, en que hubo un descenso de 1,64 a 1,60 dólares la acción. Un vistazo a los beneficios de la Empresa II indican que están muy dispersos, que no se observa tendencia alguna.

Pregunta rápida: ¿de qué empresa estaría dispuesto a prever los beneficios futuros en este momento?

Debería haber escogido la Empresa I. Aunque todo lo que sabe de ella son diez años de sus beneficios, ya sabe que (1) éstos son fuertes y (2) tienen una tendencia al alza. Su siguiente pregunta debería ser: ¿cuál es la dinámica económica que ha creado esta situación?

La Empresa II, desde un punto de vista grahamiano, puede tener valor inversor. Desde un punto de vista Buffett, la falta de beneficios fuertes indica que sería imposible predecir los beneficios futuros de la Empresa II con un cierto grado de seguridad. Por tanto, Graham consideraría a ambas empresas como posibles inversiones, mientras que Warren a simple vista sólo tendría en cuenta a la Empresa I.

Hemos mencionado que Graham solía decir que no hace falta saber cuánto pesa una persona para saber que es gorda. Lo mismo se puede decir del historial de beneficios de una empresa. Lo primero que tendría que hacer al investigar el historial es agrupar las cifras de beneficios por acción durante los últimos siete a diez años y ver si presentan una tendencia estable o inestable. Habrá muchos ejemplos blanco y negro, pero también otros que caerán en un gris término medio. Si algo parece dudoso, no se asuste de dejarlo pasar. Pero sabiendo lo que ya sabe, si algo huele interesante, no tenga miedo de seguir e investigar más a fondo.

Aplicación de la predicción de posibles beneficios a simple vista

Apliquemos ahora el test de Warren a su adquisición más reciente de acciones ordinarias de Coca-Cola. (Todos los ejemplos de Coca-Cola han sido ajustados para reflejar todas las divisiones o desdoblamientos (splits) de acciones a lo largo de 1996.)

En día 8 de agosto de 1994 Warren adquirió 257.640 acciones ordinarias de Coca-Cola a 21,95 dólares la acción.

Cuando Warren echó un primer vistazo a los beneficios anuales por acción de Coca-Cola, esto es lo que vio:

Año	Beneficios (dólares)
1983	0,17
1984	0,20
1985	0,22
1986	0,26
1987	0,30
1988	0,46
1989	0,42
1990	0,51
1991	0,61
1992	0,72
1993	0,84
1994	0,98

Es fácil de ver que los beneficios por acción de Coca-Cola durante el periodo entre 1983 y 1994 son constantes, fuertes y crecen continuadamente.

Coca-Cola supera en 1994 el primer test de Warren.

32

Test nº 2, para determinar su tasa de rentabilidad inicial

Este cálculo nos dice la tasa de rentabilidad *inicial* que se puede esperar a un precio dado.

Supongamos que, por ejemplo, en 1979 se cotizaban las acciones de Capital Cities a 3,8 dólares la unidad (como así era) con unos beneficios estimados para el año de 0,46 dólares la acción. Esto quiere decir que si en 1979 usted pagaba 3,8 dólares por una acción de Capital Cities podía calcular que su tasa de rentabilidad inicial era del 12,1% (0,46 / 3,8 = 12,1%).

En la adquisición que Warren llevó a cabo de acciones de Coca-Cola en 1988 a 5,22 dólares la acción con unos beneficios previstos para 1988 de 0,36 dólares por acción, pudo calcular que su tasa de rentabilidad inicial sería del 6,89% (0,36 / 5,22 = 6,89%). En la adquisición de acciones de Coca-Cola en 1994 a 21,95 dólares la acción con unos beneficios estimados de 0,98 dólares por acción, su tasa de rentabilidad inicial equivalía al 4,5% (0,98 / 21,95 = 4,5%).

Warren asocia esta tasa de rentabilidad inicial con la cifra de crecimiento estimado de los beneficios para llegar a la conclusión de que está adquiriendo en 1994 unas acciones de Coca-Cola que pagan una tasa de rentabilidad del 4,5% y que ésta se expandirá a medida que los beneficios por acción de Coca-Cola crezcan a una tasa estimada de entre el 17% y el 19% anual.

Es de este punto del que Warren y Graham extraen la teoría de que el precio que se paga determina la tasa de rentabilidad. Cuanto mayor sea el precio, menor será la tasa. Cuanto menor sea el precio, mayor será la tasa de rentabilidad.

33

Test nº 3, para determinar la tasa de crecimiento de los beneficios por acción

La capacidad de la dirección para hacer crecer los beneficios por acción de una empresa es clave para el crecimiento del valor de los accionistas en la empresa. Para hacer crecer los beneficios por acción, la empresa tiene que emplear sus beneficios no distribuidos de forma que generen más beneficios por acción. Este incremento, con el paso del tiempo, aumentará el valor de mercado de las acciones de la empresa.

Un método matemático realmente sencillo y rápido para comprobar la capacidad de una empresa de incrementar la cifra de beneficios por acción es encontrar las tasas compuestas anuales de crecimiento de los beneficios de la empresa durante los últimos cinco y diez años. Éstas le mostrarán la tasa compuesta anual de crecimiento de los beneficios a largo y a corto plazo. Utilizamos ambas cifras para poder estudiar la verdadera naturaleza a largo plazo de la empresa y determinar si la actuación de la dirección a corto plazo va acorde con el largo plazo.

Veamos algunos ejemplos y entonces podremos hacer un análisis más detallado. Volvamos de nuevo a los beneficios anuales por acción de General Foods:

Beneficios de General Foods, 1970-80	
Año	Beneficios por acción (dólares)
1970	2,38
1971	2,36
1972	2,21
1973	2,40
1974	2,00
1975	3,02
1976	3,56
1977	3,40
1978	4,65
1979	5,12
1980	5,14

Para calcular la tasa compuesta anual de crecimiento de los beneficios por acción de la empresa, considere el primer año como el valor actual, en este caso los beneficios de 2,38 dólares de 1970. Utilice entonces los beneficios de 5,14 dólares de 1980 como el valor futuro. El número de años es diez. Introduzca estos valores en su calculadora en modo financiero y obtendrá la tasa compuesta anual de crecimiento durante los diez años, que es del 8%.

Ahora haga lo mismo para el periodo comprendido entre 1975 y 1980, utilizando como valor actual los beneficios de 3,02 dólares del año 1975. El valor futuro será los beneficios de 1980, 5,14 dólares. El número de años es cinco. La calculadora le dirá que la tasa compuesta anual de crecimiento para el periodo entre 1975 y 1980 es del 11,2%.

Estas dos cifras nos muestran varias cosas. La primera es que la empresa ha gozado de una mayor tasa de crecimiento de los beneficios en los últimos cinco años, entre 1975 y 1980, que en los diez años entre 1970 y 1980. La pregunta que debe hacer es: ¿Por qué este cambio? ¿Qué efecto tendrán las condiciones económicas pasadas sobre nuestra capacidad de predecir los beneficios futuros de la empresa? ¿Cuáles fueron los aspectos económicos de la empresa que provocaron este cambio? ¿Estaba General Foods recomprando sus propias acciones o encontró nuevas empresas en las que invertir de forma rentable?

Aplicación del test del crecimiento de los beneficios por acción

Apliquemos ahora el test del crecimiento de los beneficios por acción a la adquisición de Warren de 257.640 acciones de Coca-Cola en 1994.

Un vistazo a los beneficios por acción de Coca-Cola nos revela lo siguiente:

Los beneficios por acción de Coca-Cola crecieron a una tasa anual del 17,2% en el periodo comprendido entre 1984 y 1994 y a una tasa anual del 18,4% en el periodo entre 1989 y 1994.

Año	Beneficios (dólares)
1983	0,17
1984	0,20
1985	0,22
1986	0,26
1987	0,30
1988	0,46
1989	0,42
1990	0,51
1991	0,61
1992	0,72
1993	0,84
1994	0,98

Test nº3, para determinar la tasa de crecimiento de los beneficios por acción

Para realizar estos cálculos, considere los beneficios por acción de 1984 como el valor actual y los de 1994 como el valor futuro; el número de años es diez. Introduzca los 0,2 dólares en el PV (valor actual); los 0,98 en el FV (valor futuro) y un 10 en N (número de años). Obtendrá el 17,2% de tasa anual de crecimiento de los beneficios de Coca-Cola entre 1984 y 1994.

Para obtener la cifra para el periodo de cinco años comprendido entre 1989 y 1994, pulse 0,42 en el PV, 0,98 en el FV y 5 en N. Obtendrá 18,4%.

Warren podía pensar en 1994 que si pagaba 21,95 dólares por cada acción de Coca-Cola (que tenía unos beneficios de 0,98 dólares por acción), de hecho obtendría una tasa de rentabilidad después de impuestos inicial de su inversión del 4,5% (0,98 / 21,95 = 4,5%). Y esta tasa se expandiría porque los beneficios por acción de Coca-Cola estaban creciendo a una tasa compuesta anual de entre el 17,2% y el 18,4%.

34

Determinar el valor de una empresa en relación a las obligaciones del Estado

Una forma de establecer el valor de una empresa relativo a las obligaciones del Estado es dividiendo los beneficios por acción actuales por la tasa de rentabilidad actual de las obligaciones del Estado. Esto permite compararlas rápidamente.

En el caso de la inversión de Warren en Capital Cities de 1979, los beneficios por acción eran de 0,47 dólares. Dividiendo los 0,47 dólares por acción por la tasa de rentabilidad de las obligaciones del Estado, que aproximadamente era del 10% en 1979, se obtiene un valor relativo de 4,70 dólares por acción (0,47 / 0,1 = 4,7 dólares). Esto quiere decir que si pagase 4,7 dólares por una acción de Capital Cities, obtendría una rentabilidad igual a la de las obligaciones del Estado, es decir, un 10%. Esto significa que Capital Cities tenía un valor relativo a las obligaciones del Estado de 4,7 dólares por acción.

En 1979 se podían comprar acciones de Capital Cities por menos de 4,7 dólares la acción. (De hecho, las acciones se cotizaban a un precio entre 3,6 y 4,7 dólares por acción. Esto quiere decir que se podían comprar las acciones a un precio inferior a su valor con respecto a la rentabilidad obtenida con obligaciones del Estado de 1979. Y esto también significa que la tasa de rentabilidad habría sido mayor que un 10%.) Es aquí donde se utiliza la tasa anual de crecimiento de los beneficios por acción. La tasa anual de crecimiento de los beneficios por acción de Capital Cities entre 1970 y 1979 equivalía aproximadamente al 21%.

Y ahora puede hacerse la siguiente pregunta: ¿qué prefiero poseer: 4,7 dólares en obligaciones del Estado con una tasa de rentabilidad estática del 10% o las acciones de Capital Cities con una tasa del 10% o superior, cuyos beneficios por acción están creciendo a una tasa anual de cerca del 21%? Puede que no quiera poseer ninguno, pero si tiene que escoger uno de los dos, las acciones de Capital Cities son mucho más atractivas.

Muchos analistas creen que si se dividen los beneficios por acción entre la tasa de rentabilidad obtenida con obligaciones del Estado se obtiene el valor intrínseco de la empresa. Pero en realidad lo único que se obtiene es un valor de la empresa relativo a la rentabilidad obtenida con obligaciones del Estado.

Lo mismo puede decirse de la teoría de que el valor intrínseco de una empresa equivale a sus beneficios futuros actualizados. Si utiliza la tasa de rentabilidad de las obligaciones del Estado para determinar la tasa de descuento, lo único que obtendrá será un valor actual con respecto a la tasa de rentabilidad obtenida con obligaciones del Estado.

Por otro lado, recuerde que la rentabilidad de las obligaciones del Estado es una cifra antes de impuestos y que los beneficios netos de una empresa son una cifra después de impuestos. Por tanto, compararlas sin tener en cuenta este factor es una auténtica locura. Aún así, es un método que debemos añadir a nuestra caja de herramientas.

35

Entender la preferencia de Warren por las empresas con tasas elevadas de rentabilidad sobre los capitales propios

Para entender la preferencia de Warren por las empresas que poseen tasas de rentabilidad sobre los capitales propios elevadas, debemos recordar que Warren ve algunas acciones ordinarias como un tipo de obligaciones. Llama a las acciones *obligaciones* cuando tienen una tasa de interés igual a la rentabilidad anual del capital de la empresa. Los beneficios por acción son entonces la rentabilidad de estas obligaciones. Si el valor del capital propio de la empresa es de 10 dólares por acción y los beneficios netos de 2,5 dólares por acción, Warren diría que la empresa está generando una rentabilidad del capital del 25% (2,5 / 10 = 25%).

Pero como los beneficios de una empresa fluctúan, la rentabilidad del capital no es una cifra constante como sucede con las obligaciones. Warren cree que con una acción uno compra una tasa de rentabilidad variable, que puede ser positiva para el inversor si los beneficios aumentan y negativa si éstos disminuyen. La rentabilidad del capital fluctúa a medida que cambia la relación entre capital y beneficios netos.

Como ya sabemos, se define el capital propio como el activo total de la empresa menos las deudas. Pongamos por caso que usted fuese propietario de una empresa: llamémosle Empresa A. Si ésta tuviese un activo de 10 millones de dólares y unas deudas de 4 millones de dólares, la empresa poseería un capital propio de 6 millones de dólares. Si la empresa generase, después de impuestos, 1.980.000 dólares, podríamos calcular que la rentabilidad del capital de la empresa es del 33% (1.980.000 / 6.000.000 = 33%).

Esto querría decir que el capital propio de 6 millones de dólares estaría obteniendo una tasa de rentabilidad del 33%.

Ahora supongamos que poseyera otra empresa, la Empresa B. Imagine que también tuviese un activo de 10 millones de dólares y unas deudas de 4 millones de dólares, como la Empresa A. Pero imagínese que en lugar de generar 1.980.000 dólares a partir de la base de capital de 6 millones de dólares, tan sólo genera 480.000 dólares. Esto significaría que la Empresa B estaría produciendo una tasa de rentabilidad sobre el capital propio del 8% (480.000 / 6.000.000 = 8%).

	Empresa A (dólares)	Empresa B (dólares)
Activo	10 millones	10 millones
Deudas	4 millones	4 millones
Capital	6 millones	6 millones
Beneficios después de impuestos	1.980.000	480.000
Rentabilidad del capital	33%	8%

Ambas empresas tienen exactamente la misma estructura de capital y sin embargo la Empresa A es cuatro veces más rentable que la Empresa B. Ésta es la parte fácil del truco. Sin duda la Empresa A es mejor.

Ahora supongamos que el equipo directivo de ambas empresas es muy competente. La dirección de la Empresa A es buena a la hora de obtener una rentabilidad del capital del 33% y la de la Empresa B es buena a la hora de obtener una rentabilidad del capital del 8%.

¿En qué empresa preferiría invertir más dinero: en la Empresa A, cuyo equipo directivo le generará una rentabilidad del capital del 33%, o en la Empresa B, cuyo equipo directivo sólo le producirá una rentabilidad del 8%? Obviamente escogerá la Empresa A, cuyo equipo directivo le producirá una rentabilidad de su inversión del 33%.

Ahora, como propietario de la Empresa A usted puede escoger entre obtener un dividendo de 1.980.000 dólares al final del año o dejar que la Empresa A retenga sus beneficios y que el equipo directivo genere una tasa de rentabilidad del 33%. ¿Qué escoge? ¿Retira los dividendos, o deja que la dirección de la Empresa A siga produciendo una rentabilidad del 33%? ¿Es un 33% una tasa suficiente para usted? Claro que sí. La Empresa A le está haciendo muy rico; o sea que mantenga ahí su dinero.

También, como propietario de la Empresa B usted puede escoger entre obtener un dividendo de 480.000 dólares al final del año o dejar que la Empresa B retenga sus beneficios y que el equipo directivo genere una tasa de rentabilidad del 8%. ¿Se queda con la rentabilidad del 8%? ¿Es un 8% una tasa suficiente para usted? La cuestión no está tan clara como con la Empresa A. Déjeme preguntarle lo siguiente: si le dijera que puede coger el dividendo de la Empresa B y reinvertirlo en la Empresa A, ¿le ayudaría a tomar la decisión? Claro que le ayudaría: tomaría su dinero de la Empresa B, donde está produciendo una tasa de rentabilidad de tan sólo un 8%, y lo reinvertiría en la Empresa A, donde generaría una rentabilidad del 33%.

Ahora ya puede ver por qué las empresas con tasas de rentabilidad sobre los capitales propios elevadas son primordiales en la lista de Warren. Pero todavía hay más aspectos sobre la creación de riqueza que produce una tasa de rentabilidad del capital elevada. Examinémoslos más a fondo.

Supongamos que no posee ni la Empresa A ni la Empresa B, pero que está en el mercado para comprar una empresa. Así que se acerca a los propietarios de las Empresas A y B y les dice que está interesado en adquirir sus empresas y les pregunta si están interesados en vender.

Warren está convencido de que en el fondo todas las tasas de rentabilidad compiten con la rentabilidad que pagan las obligaciones del Estado. Warren cree que la solvencia del gobierno proporciona seguridad a las obligaciones, y los inversores son muy conscientes de ello. Según él, esta competición de tasas es una de las razones por las que *el mercado bursátil baja cuando suben los tipos de interés y sube cuando éstos bajan*. Una inversión en acciones que ofrezca una tasa de rentabilidad del 10% será mucho más atractiva que una obligación del Estado con una rentabilidad del 5%. Pero cambie los tipos de interés hasta el punto que las obligaciones del Estado ofrezcan una rentabilidad del 12% y la inversión en acciones perderá todo su atractivo repentinamente.

Teniendo esto en cuenta, los propietarios de las Empresas A y B compararan cuánto podrían obtener vendiendo sus empresas e invirtiendo su capital en obligaciones del Estado. Así se podrían olvidar de las preocupaciones de la propiedad de una empresa y seguir ganando el mismo dinero.

Supongamos que en el momento en que usted les realiza su oferta de compra las obligaciones del Estado producen una tasa de rentabilidad del 8%.

En el caso de la Empresa A, que está generando 1,98 millones de dólares al año, se necesitarían 24,75 millones de dólares en obligaciones del Estado para generar 1,98 millones de dólares en intereses. Así que el propietario de la Empresa A le dirá que le vende la empresa por 24,75 millones de dólares. Esto quiere decir que si usted pagase 24,75 millones de dólares por la Empresa A, estaría pagando alrededor de cuatro veces el capital propio (6 millones de dólares), o 12,5 veces los beneficios actuales de la Empresa A (1,98 millones de dólares).

En el caso de la Empresa B, que está generando 480.000 dólares al año, se necesitarían 6 millones de dólares en obligaciones del Estado para generar 480.000 dólares en intereses. Así que el propietario de la Empresa B le dirá que le vende la empresa por 6 millones de dólares. Esto quiere decir que si usted pagase 6 millones de dólares por la Empresa B, estaría pagando lo mismo que el capital propio (6 millones de dólares), o 12,5 veces los beneficios actuales de la Empresa B (480.000 dólares).

Dos empresas, A y B, ambas con la misma estructura de capital, pero la Empresa A vale, con respecto a la rentabilidad de las obligaciones del Estado, 24,75 millones de dólares, y la Empresa B vale 6 millones de dólares. Pero si usted pagase 24,75 millones de dólares por la Empresa A, esperaría una rentabilidad del 8% en su primer año de propietario. Y si pagase 6 millones de dólares por la Empresa B, también esperaría una rentabilidad del 8% en su primer año de propiedad.

Una de las claves para entender a Warren es que no se interesa demasiado en lo que la empresa ganará al año siguiente. *Warren está interesado en lo que la empresa ganará en los próximos diez años.* Mientras Wall Street se centra en el año siguiente, Warren se da cuenta de que si quiere poner en marcha las maravillas producidas por el interés compuesto tiene que predecir el futuro. Por eso las empresas con monopolios del consumidor y con tasas de rentabilidad sobre el capital propio elevadas son tan importantes para él.

Para Warren la Empresa A sería mucho más atractiva que la Empresa B. Las condiciones económicas de la Empresa A son tales que le permiten generar una rentabilidad del capital propio del 33%. Esto quiere decir que si el equipo directivo consigue mantener esta tónica, los beneficios no distribuidos también ganarán un 33%. Y de esta forma las ganancias del capital de los accionistas irán creciendo cada año. *Es en estas ganancias crecientes* y en los beneficios que las acompañan en lo que Warren está interesado. Se lo demostraré.

(Primero examine un momento la siguiente tabla de las proyecciones de capital y beneficios de la Empresa A).

	Empresa A		
AÑO	BASE DE CAPITAL (al empezar el año, en dólares)	R.F.*	BENEFICIOS (agregados al capital del año siguiente, en dólares)
1	6.000.000	33%	1.980.000
2	7.980.000	33	2.633.400
3	10.613.400	33	3.502.422
4	14.115.822	33	4.658.221
5	18.774.043	33	6.195.434
6	24.960.478	33	8.239.927
7	33.209.405	33	10.959.104
8	44.168.509	33	14.575.608
9	58.744.117	33	19.385.559
10	78.129.675	33	25.782.793
11	103.912.470	33	34.291.115

* Rentabilidad financiera

Lo que ve es la base de capital propio con una tasa de rentabilidad compuesta del 33%. (Recuerde que Warren va en busca de la mayor tasa de rentabilidad compuesta posible.)

A principios del Año 11, la Empresa A tendrá una base de capital de 103.912.470 dólares y los beneficios esperados para ese año son de 34.291.115 dólares. Si las obligaciones del Estado siguen entonces al 8%, se necesitarían cerca de 428 millones de dólares en obligaciones del Estado para producir anualmente 34.291.115 dólares.

Si pagase 24,75 millones de dólares por la Empresa A al principio del Año 1 y la vendiese por su base de capital de 103.912.470 dólares al principio del Año 11, manteniendo la inversión durante los diez años previos su tasa de rentabilidad compuesta anual sería del 15,4%. Si la vendiese por 428 millones de dólares, la cantidad que se necesitaría en obligaciones del

Estado para obtener los beneficios de 34.291.115 dólares que la Empresa A prevé generar en el Año 11, su tasa de rentabilidad compuesta anual sería de cerca del 33%.

Ahora comparemos esta situación con la de la Empresa B. La situación económica de la Empresa B sólo le permite producir una rentabilidad del capital de sus accionistas del 8%. Esto quiere decir que si el equipo directivo consigue mantener esta tónica, los beneficios no distribuidos también ganarán un 8%, y de esta forma las ganancias del capital propio irán creciendo cada año un 8%. (Ahora examine un momento la siguiente tabla de las proyecciones de capital y beneficios de la Empresa B.)

	Empresa A		
Año	Base de Capital (al empezar el año, en dólares)	R.F.*	Beneficios (agregados al capital del año siguiente, en dólares)
1	6.000.000	8%	480.000
2	6.480.000	8	520.000
3	7.000.000	8	560.000
4	7.560.000	8	600.000
5	8.160.000	8	650.000
6	8.820.000	8	710.000
7	9.520.000	8	760.000
8	10.280.000	8	820.000
9	11.110.000	8	890.000
10	11.990.000	8	960.000
11	12.950.000	8	1.036.000

* Rentabilidad financiera

A comienzos del Año 11, la Empresa B tendrá una base de capital de 12.950.000 dólares y los beneficios esperados para ese año son de 1.036.000 dólares. Si las obligaciones del Estado siguen entonces al 8%, se necesitarían cerca de 12,95 millones de dólares en obligaciones del Estado para producir anualmente 1.036.000 dólares.

Si usted pagase 6 millones de dólares por la Empresa B al principio del Año 1 y la vendiese por su base de capital de 12.950.000 dólares al principio del Año 11, manteniendo la inversión durante los diez años previos, su tasa de rentabilidad compuesta anual sería aproximadamente del 8%. Si la vendiese por 12,95 millones de dólares (la cantidad que se necesitaría en obligaciones del Estado para obtener los beneficios de 1.036.000 dólares que la Empresa B prevé generar en el Año 11), su tasa de rentabilidad compuesta anual seguiría siendo de cerca del 8%.

Suponga que dispone tan sólo de 6.187.500 dólares y se pregunta si sería mejor gastarlos comprando toda la Empresa B o el 25% de la Empresa A. Warren ha descubierto que es incluso mejor inversión el 25% de la Empresa A que el 100% de la Empresa B. Si usted pagase 6.187.500 dólares para comprar el 25% de la Empresa A y lo vendiese al 25% del valor de su base de capital (25.978.000 dólares) a comienzos del Año 11, su tasa de rentabilidad compuesta anual seguiría siendo del 15,4%. Si lo vendiese por un 25% del valor en obligaciones del Estado (107 millones de dólares), su tasa de rentabilidad compuesta anual se mantendría en cerca del 33%.

A estas alturas ya debe haberse dado cuenta de que pagar 24,75 millones de dólares, o 12,5 veces los beneficios, por la Empresa A es un magnífico negocio si se espera obtener una tasa de rentabilidad anual del 33% durante diez años. De hecho, la Empresa A puede valer muchísimo más. La pregunta que Warren se hace es: «¿Cuánto más?» Veámoslo.

Supongamos que en lugar de pagar 24,75 millones o 12,5 veces los beneficios por la Empresa A usted pagase 59,4 millones de dólares, o treinta veces los beneficios de 1,98 millones del Año 1. Y supongamos que la vendiese a comienzos del Año 11, lo que quiere decir que mantuvo la inversión durante diez años, por 12,5 veces los beneficios esperados del Año 11, que son de 34.291.115 dólares (34.291.115 x 12,5 = 428.638.937 dólares). Si usted pagase pues 59,4 millones de dólares por la Empresa A en el primer año y la vendiese diez años después por 428.638.937 dólares su tasa de rentabilidad compuesta anual sería del 21,8%.

Si pagase cuarenta veces los beneficios del primer año por la Empresa A (79,2 millones de dólares) y la vendiese diez años después por 428.638.937 dólares, su tasa de rentabilidad compuesta anual sería del 18,3%. Una tasa de rentabilidad compuesta anual del 18,3% durante diez años es algo que los inversores sueñan conseguir.

El secreto que Warren ha descubierto es que las empresas excelentes que se benefician de un monopolio del consumidor y que obtienen continuamente tasas de rentabilidad sobre los capitales propios elevadas a menudo son auténticas gangas, incluso cuando parecen presentar ratios precio-beneficios muy elevados.

Ya sé que algunos de ustedes estarán pensando que el ejemplo anterior no es más que un caso hipotético y que este tipo de cosas nunca suceden en la vida real, y que el mercado es eficiente y nunca ofrece este tipo de rentabilidad.

Pero fíjense en esto.

En 1988 Coca-Cola había mostrado una capacidad continuada de generar tasas elevadas de rentabilidad del capital propio (cerca del 33% al año). Si se invertían 100.000 dólares en acciones de Coca-Cola en 1988 y se conservaban ocho años, hasta 1996, la inversión de 100.000 dólares crecía hasta cerca de 912.280 dólares en valor de mercado. Esto equivale a una tasa de rentabilidad compuesta anual antes de impuestos del 31%, o a invertir 100.000 dólares en acciones de Coca-Cola y que ocho años después valgan 912.280 dólares; a esto añada los dividendos que habrá recibido (cerca de 40.524 dólares) y su tasa de rentabilidad compuesta anual antes de impuestos asciende hasta el 32,5%.

En 1988 vio el monopolio del consumidor de Coca-Cola y las tasas de rentabilidad elevadas del capital propio que la empresa estaba generando y compró 592,9 millones de dólares en acciones; el resto de la historia constituye una de las leyendas del mundo inversor.

Aplicación del test de rentabilidad sobre capitales propios

Al aplicar el test de rentabilidad sobre capitales propios a la adquisición de Warren de 257.640 acciones de Coca-Cola en 1994, un vistazo a la rentabilidad anual del capital durante los seis años anteriores a 1994 indica que ésta se mantenía por encima del 30%. Por tanto estaba muy por encima del promedio del 12% de la mayoría de empresas. En 1994 Coca-Cola superó el requisito de Warren según el cual la empresa debe mostrar tasas de rentabilidad sobre los capitales propios elevadas de forma continua.

36

Determinar la tasa de rentabilidad compuesta anual prevista, parte I

Antes de empezar a predecir la tasa de rentabilidad compuesta anual que esperamos que una inversión potencial nos produzca, primero hay que entender que todas estas ecuaciones matemáticas sólo sirven para ofrecer una mejor imagen de la naturaleza financiera de la empresa. Cada cálculo presenta un nuevo dato diferente, y aún describiendo la misma empresa, cada uno ofrece una nueva perspectiva del poder de generar beneficios de la empresa. Ésta es la clave para predecir resultados futuros, trabajo que pertenece al analista de valores.

Warren ha definido el valor intrínseco de una empresa como la suma de todos los beneficios futuros de la empresa descontados al valor presente, utilizando las obligaciones del Estado como tasa de descuento. Warren cita la obra *The Theory of Investment Value* de John Burr Williams (Harvard University Press, 1938) como fuente de esta definición. Por su parte, John Burr Williams cita a Robert F. Wiese, «Investing for Future Values» (*Barron's*, 8 de septiembre de 1930, pág.5), como fuente de la definición. Wiese postuló que «el precio correcto de cualquier valor, sea acción u obligación, es la suma de todos sus pagos de ingresos futuros descontados a los tipos de interés actual para llegar al valor presente». (Es interesante destacar que tanto Williams como Wiese se refirieron a los dividendos futuros pagados y no a los beneficios futuros de la empresa. Warren sí considera los beneficios futuros tanto si son pagados vía dividendo como si no.)

Todos sabemos que predecir los beneficios de una empresa para los próximos cien años es imposible. Claro que se podría intentar, pero la realidad de este mundo nos dicta que sucederá algún cambio que destruirá o cambiará las condiciones económicas de la empresa en cuestión. Mire por ejemplo el sector de la televisión. Apenas era un pequeño monte en el paisaje económico de los años cuarenta. En los años sesenta y setenta ya se trataba de un negocio fantástico para quienes estaban involucrados en él. Después de todo, sólo había tres canales. Tan fantástica era la posición de monopolio de las empresas existentes que Warren dijo a principios de los ochenta que si tuviese que invertir en tan sólo una empresa y emigrar a una isla desierta durante diez años, invertiría en Capital Cities. Todo un voto de confianza.

Pero ya en 1992 Warren era de la opinión que el sector de las televisiones ya no era lo que había sido. Habían florecido docenas de canales nuevos, y todos competían por los ingresos en publicidad. Las empresas absolutamente invencibles son difíciles de encontrar. (Coca-Cola puede ser una de las pocas.)

Las historia nos dice que incluso con un nombre como Medici, Krupp, Rothschild, Winchester o Rockefeller, algún día las ruedas del comercio se giran en contra de la empresa. El monopolio del que un día se gozó, como el de las tres cadenas de televisión, puede desvanecerse casi de golpe, debido a un cambio tecnológico o a la acción de los gobernantes. La familia italiana Medici se pasó los últimos quinientos años intentando asimilar el hecho de que los holandeses navegarán alrededor del cuerno de África y destruyeran el monopolio veneciano del comercio con Oriente. Las cosas cambian, y aunque el comercio tiene elementos de repetición, la fortuna favorece a los valientes, y los valientes siempre prueban las fértiles aguas del comercio, buscando nuevas maneras de llenar sus bolsillos.

Teniendo esto en cuenta, sería una invitación a la locura pensar que existe al menos una probabilidad entre un millón de predecir los beneficios futuros de una empresa de aquí a cincuenta o cien años y entonces descontarlos al valor presente. Existen demasiadas variables. Puede ser verdad en teoría, pero en la realidad, sumar todos los beneficios futuros de una empresa y descontarlos al valor presente crea combinaciones numéricas imposibles, en especial si se considera una tasa de crecimiento constante.

Cabe destacar que Graham ya señaló las imprecisas valoraciones que crea el hecho de descontar los beneficios futuros de una empresa al valor presente, sobretodo cuando los beneficios están creciendo continuamente.

Algunos analistas intentan solucionar este problema dividiendo los beneficios futuros en dos periodos distintos. Al primer periodo se le asigna la mayor tasa de crecimiento y al segundo la menor. El problema está, como comentó Williams, en que cada vez que se tenga una tasa de crecimiento de los beneficios inferior a la utilizada en la ecuación de descuento, las acciones acabarán teniendo un valor nulo, aunque el crecimiento se mantenga indefinidamente. (Véase *The Theory of Investment Value*, pág.89.)

Otro problema adicional es la tasa de descuento elegida. Si se escoge la tasa de rentabilidad que pagan las obligaciones del Estado, en realidad se estarán descontando los beneficios futuros de la empresa a una tasa de rentabilidad relativa a la de las obligaciones del estado. Además, si el tipo de interés cambia, también cambia la valoración. Cuanto mayor sea el tipo de interés, menor será la valoración. Cuanto menor sea el tipo de interés, mayor será la valoración.

Otro problema con tomar las obligaciones del Estado como tasa de descuento es que ésta está expresada en términos antes de impuestos. Así, una obligación del Estado que pague un 8% de rentabilidad estará de hecho retornando una tasa después de impuestos del 5,52%. Los beneficios futuros de la empresa que están siendo descontados se expresan en términos después de impuestos, lo cual quiere decir que una rentabilidad del 8% sigue siendo del 8% a no ser que se pague vía dividendo.

Lo que Warren hace es predecir el valor de las acciones de la empresa en cuestión durante un periodo de, por ejemplo, de cinco a diez años. Lo hace utilizando la tendencia histórica de la rentabilidad del capital menos la tasa que se paga como dividendos.

Warren calcula más o menos cuál será el valor de las acciones de la empresa en una fecha futura, por ejemplo, diez años más tarde, y entonces multiplica el valor de las acciones por la tasa de rentabilidad del capital futura prevista para diez años después, lo que le da los beneficios por acción futuros previstos de la empresa. Utilizando los beneficios por acción futuros previstos de la empresa es capaz de predecir entonces un valor de cotización futura de las acciones de la empresa. Utilizando como valor presente el precio que pagó por las acciones, puede calcular entonces su estimación de la tasa de rentabilidad compuesta anual. Es entonces cuando Warren compara dicha tasa con otras tasas de rentabilidad que se ofrezcan en el mercado y con sus necesidades para evitar los efectos de la inflación.

Déjeme que le muestre un ejemplo: Berkshire Hathaway. En 1986, Berkshire Hathaway tenía un capital propio de 2.073 dólares por acción. Durante el periodo comprendido entre 1964 y 1983, la tasa de rentabilidad compuesta anual del capital propio había sido del 23,3%. Si se quiere predecir la cifra del capital de la empresa por acción en 1996, todo lo que hay que hacer es recurrir a nuestra querida calculadora financiera, conectarse al modo financiero y realizar un cálculo del valor futuro. Hagámoslo:

Primero, se introduce el valor del capital por acción en 1986 (2.073 dólares) como valor actual (tecla PV), después la tasa de crecimiento del 23,3% como tipo de interés (tecla %i) y el número de años (10, tecla N). Se pulsa la tecla de cálculo y la tecla del valor futuro (FV), y la calculadora responde que en el año 1996 Berkshire debería tener un capital por acción de 16.835 dólares.

La pregunta que debería estar haciéndose es cuánto dinero está dispuesto a pagar en 1986 por el derecho a poseer 16.835 dólares en capital propio en 1996. Antes de nada, debe preguntarse qué rentabilidad está persiguiendo. Si usted es como Warren, entonces un 15% será la rentabilidad mínima que buscará. Lo único que tiene que hacer entonces es descontar los 16.835 dólares al valor presente, utilizando el 15% como tasa de descuento.

Primero, borre de la calculadora las operaciones anteriores. Teclee entonces los 16.835 dólares como valor futuro (FV), el tipo de interés del 15% (%i) y el número de años (10, N). Pulse la tecla de cálculo y la del valor actual (PV). La calculadora le dirá que en 1986 lo máximo que puede pagar por una acción si espera obtener una tasa de rentabilidad del 15% es 4.161 dólares por acción.

Un vistazo a los periódicos locales en 1986 le informará de que las acciones de Berkshire se cotizaban alrededor de los 2.700 dólares la acción durante aquel año. Entonces usted piensa: «¡Caramba, incluso podría conseguir una rentabilidad mejor que el 15% que estoy buscando!» Para comprobarlo, introduce los 2.700 dólares como valor actual (PV), los 16.835 como valor futuro (FV) y los diez años (N). Entonces pulsa la tecla de cálculo y la del tipo de interés (%i) y la calculadora le informará de que puede esperar una tasa de rentabilidad compuesta anual del 20%.

En 1996 Berkshire acabó incrementando el valor de su capital a una tasa de rentabilidad compuesta anual de cerca del 24,8%. Con una tasa de rentabilidad compuesta anual de cerca del 24,8%, Berkshire incrementó su base de capital hasta los 19.011 dólares por acción en 1996.

Pero fíjese en esto: mientras uno esperaba pacientemente a que el valor de Berkshire creciera, el mercado decidió que le gustaba la empresa y subió el precio de las acciones hasta los 38.000 dólares la acción en 1996. Si se compraba una acción de Berkshire en 1986 por 2.700 dólares y se vendía en 1996 por 38.000 dólares la tasa de rentabilidad compuesta anual equivalía al 30,2% durante el periodo de diez años.

Para obtener esta tasa de rentabilidad, habría que asignar los 2.700 dólares al valor actual (PV), los 38.000 dólares al valor futuro (FV) y el 10 al número de años (N). Entonces se tendría que pulsar la tecla de cálculo y la del tipo de interés (%i), que daría como resultado una tasa de rentabilidad compuesta anual del 30,2%.

Supongamos que usted pagara 38.000 dólares por una acción de Berkshire Hathaway en 1996. ¿Cuál sería su tasa de rentabilidad anual si conservase la inversión durante diez años?

Sabemos que Berkshire tiene un valor de capital en 1996 de 19.011 dólares por acción y que éste ha crecido a una tasa de rentabilidad aproximada del 23% anual durante los últimos treinta y dos años. Asumiendo esto, podemos predecir que en diez años (en el año 2006) el valor del capital por cada acción de Berkshire será de 150.680 dólares.

Si pagase 38.000 dólares en 1996 por una acción de Berkshire que tuviese un valor de 150.680 dólares en el año 2006, ¿cuál es la tasa de rentabilidad compuesta anual que obtendría? Introduzca los 150.680 dólares en el valor futuro (FV), los 38.000 en el valor actual (PV) y el diez en el número de años (N). Pulse la tecla de cálculo seguida de la del tipo de interés (%i) y obtendrá de inmediato que su tasa de rentabilidad compuesta anual es del 14,76%.

Puede hacer ajustes de precio a este cálculo pensando que durante los últimos treinta y dos años las acciones de Berkshire han pasado de cotizarse del valor de su capital propio al doble de éste. Si esta tendencia se mantiene se puede predecir que en el año 2006 Berkshire se cotizará entre 150.680 dólares la acción, que sería su valor del capital previsto, y 301.360 dólares la acción, el doble de éste.

Si usted pagase 38.000 dólares en 1996 por una acción de Berkshire y la vendiese en el 2006 por su valor previsto de 150.680 dólares, su tasa de rentabilidad compuesta anual sería del 14,72%. Si la vendiese en el 2006 por el doble de su valor del capital previsto, es decir, por 301.360 dólares, su tasa de rentabilidad compuesta anual sería del 23%.

Por tanto, dependiendo del valor de mercado de Berkshire, puede predecir que su tasa de rentabilidad compuesta anual se encontrará entre el 14,72% y el 23%.

Y las esperanzas de conseguir más que esto no son más que meras ilusiones.

37

Determinar la tasa de rentabilidad compuesta anual prevista, parte II

En el capítulo anterior hemos aprendido a calcular el valor futuro de Berkshire Hathaway prediciendo el valor futuro de su capital por acción. También hemos visto que una vez determinado un valor futuro es posible predecir la tasa de rentabilidad compuesta anual que la inversión producirá.

En este capítulo estimaremos los beneficios futuros por acción de una empresa y a continuación determinaremos su precio de mercado futuro. Utilizaremos entonces los resultados de estos cálculos para predecir la tasa de rentabilidad compuesta anual que la inversión en cuestión va a producir.

Creo que en este momento sería muy instructivo estudiar un ejemplo de toma de decisiones de la vida real de Warren. Por eso estudiaremos a continuación en profundidad los razonamientos financieros que llevaron a Warren a tomar su posición inicial en la Coca-Cola Company. (Nota: Éste es un capítulo muy importante porque saca a la luz varios conceptos clave que han escapado a muchos estudiosos y observadores de los métodos de Warren. Todas las cifras históricas de Coca-Cola que se presentan han sido ajustadas para reflejar los desdoblamientos de acciones de 1996.)

The Coca-Cola Company, 1988

En 1988 Warren, utilizando sus razonamientos de «acciones como obligaciones», hizo que su empresa, Berkshire Hathaway, comprara 113.380.000 acciones de Coca-Cola a 5,22 dólares la acción, con una inversión total de 592.540.000 dólares. Coca-Cola tenía en 1988 un capital propio de 1,07 dólares por acción y unos beneficios netos de 0,36 dólares por acción. Desde el punto de vista de Warren, cada acción de Coca-Cola que acababa de comprar tenía adjunto un cupón que pagaba 0,36 dólares. Esto quiere decir que cada acción de Warren estaba produciendo una rentabilidad del capital del 33,6% (0,36 / 1,07 = 33,6%), aproximadamente el 58% de la cual era retenida por la empresa, pagándose el 42% restante a los accionistas vía dividendos.

Así, en teoría, cuando Warren compró sus acciones de Coca-Cola con un valor de capital propio de 1,07 dólares la acción, calculaba que sus acciones de 1,07 dólares le estaban produciendo en efecto una rentabilidad del 33,6%. También calculó que esta rentabilidad del 33,6% se dividía en dos tipos distintos de rentabilidad.

Una representaba el 58% de la rentabilidad del 33,6% del capital de la empresa, y sería retenida por la empresa. Esta cantidad equivalía a 0,21 dólares de los 0,36 dólares de beneficios por acción. Esta parte del rendimiento es después de impuestos.

El otro rendimiento era el 42% restante de la rentabilidad del 33,6% del capital, y se pagaba como dividendo. Esta cantidad equivalía a 0,15 dólares de los 0,36 dólares de beneficios por acción. Esta parte sí está sujeta a impuestos sobre la renta o de sociedades.

Por tanto, nuestra rentabilidad del 33,6% está compuesta por dos rendimientos diferentes. Uno es una rentabilidad del 19,4% del capital equivalente a 0,21 dólares, que es retenida por la empresa y se añade a la base de capital de la Coca-Cola Company.

El otro es una rentabilidad del 14,2% del capital equivalente a 0,15 dólares, que se paga a los accionistas de Coca-Cola en forma de dividendos.

1988

El valor del capital por acción de Coca-Cola, 1,07 dólares, x 0,336 de rentabilidad del capital = 0,36 dólares de beneficios por acción.

Los 0,36 dólares se dividen en dos partes. Una es retenida por la empresa y equivale al 58% de los beneficios por acción, osea 0,21 dólares. La otra parte se entrega a los accionistas vía dividendos y equivale al 42% de los beneficios por acción, osea 0,15 dólares.

0,21 dólares retenidos para el capital de la empresa
y
0,15 dólares entregados como dividendos

Ahora bien, si suponemos que Coca-Cola puede mantener esta rentabilidad del capital del 33,6% durante los próximos 12 años, y que seguirá reteniendo el 58% de esta rentabilidad y pagando como dividendos el 42% restante, entonces es posible predecir el valor futuro del capital por acción de la empresa y los beneficios futuros por acción.

Para hacerlo hay que tomar el 58% de la rentabilidad del capital del 33,6%, es decir, el 19,4%, y añadirlo a la base de capital por acción de la empresa cada año.

De esta manera, si en 1988 Coca-Cola tenía un valor del capital por acción de 1,07 dólares, éste se incrementaría un 19,4% dando como resultado un valor del capital por acción previsto para 1989 de 1,28 dólares. (1,07 x 1,194 = 1,28 dólares).

Puede realizar fácilmente el mismo cálculo con su calculadora pulsando 1,07 dólares como el valor actual (PV), 19,4 como la tasa de intereses (%i) y 1 como el número de años (N). Al pulsar la tecla de cálculo seguida de la de valor futuro (FV), el valor futuro presentado para 1989 será de 1,28 dólares.

Si quiere saber *cuál será el valor del capital por acción en 1998*, todo lo que tiene que hacer es introducir los 1,07 dólares como valor presente (PV), el 19,4 como la tasa de crecimiento compuesto (%i) y el diez en el número de años (N). Pulse seguidamente la tecla de cálculo y la de valor futuro (FV) y esto le dará el valor del capital por acción previsto para 1998: 6,3 dólares.

Si quiere predecir los beneficios por acción, lo único que tiene que hacer es multiplicar el valor del capital por acción por 33,6%. En el caso de 1989 multiplicaríamos el valor de 1,28 dólares por 33,6% y obtendríamos unos beneficios por acción previstos de 0,43 dólares. Para el año 1998, multiplicaríamos el valor del capital por acción previsto de 6,3 dólares por 33,6% y obtendríamos unos beneficios por acción previstos de 2,12 dólares.

Hagamos los cálculos y obtengamos el valor del capital por acción y los beneficios por acción de Coca-Cola durante doce años, desde 1988 hasta el año 2000.

Las proyecciones no suelen merecer ni el papel sobre el que se escriben. Muchos analistas sólo están dispuestos a proyectar los beneficios para un año o dos, y entonces dan una opinión general de una empresa y recomiendan o desestiman su compra. Pero Graham era de la opinión que el verdadero papel del analista es determinar la rentabilidad económica de la empresa y realizar proyecciones a largo plazo de lo que la empresa sería capaz de conseguir (*Security Analysis*, 1951, pág. 412).

En la siguiente tabla hemos calculado los beneficios por acción previstos durante doce años. En muchos casos, éste no sería más que un acto de fe. No obstante, Warren ha descubierto que si la empresa tiene una rentabilidad económica suficiente y produce altas tasas de rentabilidad del capital propio, creadas por algún tipo de monopolio del consumidor, entonces hay muchas probabilidades de que se puedan realizar proyecciones precisas a largo plazo.

Proyecciones entre 1988 y 2000				
Año	Valor del capital (dólares)	Beneficios por acción (dólares)	Dividendos pagados (dólares)	Beneficios no distribuidos (dólares)
1988	1,07	0,36	0,15	0,21
1989	1,28	0,43	0,18	0,25
1990	1,53	0,51	0,21	0,30
1991	1,83	0,61	0,26	0,35
1992	2,18	0,72	0,30	0,42
1993	2,60	0,87	0,37	0,50
1994	3,10	1,04	0,44	0,60
1995	3,70	1,24	0,52	0,72
1996	4,42	1,48	0,62	0,86
1997	5,28	1,77	0,75	1,02
1998	6,30	2,12	0,90	1,22
1999	7,52	2,53	1,07	1,46
2000	8,98	3,02	1,27	1,75
			Total: 7,04	9,66

Puesto que hemos proyectado los beneficios por acción de Coca-Cola desde el año 1988, podemos ver hasta qué punto nuestro análisis posee alguna validez comparándolo con los resultados reales que Coca-Cola declaró desde 1988 hasta 1996.

Comparación de las proyecciones de los beneficios por acción de Coca-Cola con los resultados reales

Año	Beneficios proyectados (dólares)	Beneficios reales (dólares)	Margen de error
1989	0,43	0,42	2,3%
1990	0,51	0,51	0%
1991	0,61	0,61	0%
1992	0,72	0,72	0%
1993	0,87	0,84	3,5%
1994	1,04	0,99	5%
1995	1,24	1,19	4%
1996	1,48	1,40	5,4%

Podemos ver que nuestro margen de error discurre entre el 0% y el 5,4% para nuestras preyecciones de ocho años. No está mal. Si Coca-Cola puede mantener una rentabilidad del capital propio del 33,6% durante doce años a partir de 1988, podemos prever que la empresa estará generando cerca de 3,02 dólares por acción en el año 2000. (*Nota:* Cuanto más lejos se llegue, más probable es que haya variación entre los resultados reales y los proyectados.)

Para el año 2000 Warren habrá acumulado unos ingresos por pagos de dividendos después de impuestos equivalentes a 686 millones de dólares (dividendos totales de 7,04 dólares por acción x 113,38 millones de acciones – impuestos por ingresos en dividendos de aproximadamente el 14% = 686 millones de dólares).

Así, Warren también puede predecir que para el año 2000 su inversión en Coca-Cola le habrá devuelto su inversión original de 592.401.000 dólares y todavía conservará las 113,38 millones de acciones como beneficio. Si la empresa se cotiza a una tasa históricamente conservadora de quince veces nuestros beneficios proyectados de 3,02 dólares la acción, las 113,38 millones de acciones de Coca-Cola deberían valer unos 45,30 la acción (15 x 3,02 = 45,30 dólares), o 5.136 millones de dólares (45,30 x 113,38 millones de acciones = 5.136 millones de dólares). No está mal para un día de trabajo.

Nota: Cuando elija una relación precio-beneficios (P/B), es decir un PER, para multiplicarla por los beneficios futuros proyectados por acción, conseguirá la mejor perspectiva si realiza sus cálculos con la relación P/B promedio de los últimos diez años. También debería realizarlos con la mayor y la menor de las relaciones P/B de los últimos diez años para tener una mejor visión de por dónde va a moverse. Pero tenga cuidado: las acciones no siempre se cotizan a la mayor de sus relaciones P/B históricas. Ser extremadamente optimista al utilizar una relación P/B puede crear proyecciones que lleven al desastre. Manténgase con la relación P/B anual media de los últimos diez años, en especial si existe mucha diferencia entre la mayor y la menor. En caso de duda, elija un término medio.

Si proyectamos que los beneficios por acción de Coca-Cola en el año 2000 serán 3,02 dólares, podemos estimar que el precio de mercado de las acciones oscilará entre quince y veinticinco veces los beneficios por acción. (Esto equivale a una relación P/B de entre 15 y 25.) Esto quiere decir que en el año 2000 se prevé que las acciones se cotizarán a un precio entre 45,30 dólares (15 x 3,02 dólares = 45,30 dólares) y 75,50 dólares la acción (25 x 3,02 dólares = 75,50 dólares). Sabemos que la inversión inicial de Warren fue de 5,22 dólares por acción.

Para determinar la tasa de rentabilidad compuesta anual para el periodo entre 1988 y el año 2000, todo lo que tenemos que hacer es sacar la calculadora e introducir un 12 en el número de años (N), un 5,22 en el valor actual (PV) y un 45,30 o un 75,50 para el valor futuro (FV). Entonces pulsamos la tecla de cálculo seguida de la de la tasa de interés (%i) y la calculadora nos dará la tasa de rentabilidad compuesta anual, que en este caso será del 19,7% para un precio de mercado de 45,30 dólares la acción o bien del 24,9% para un precio de mercado de 75,50 dólares la acción. Por tanto, Warren pudo prever una tasa de rentabilidad compuesta anual de entre el 19,7% y el 24,9% para el periodo de 12 años comprendido entre 1988 y el año 2000.

Puede realizar ajustes a estos cálculos para reflejar los dividendos que Coca-Cola pagó y cualquier impuesto que Warren tendría que pagar si vendiese las acciones en el 2000. Para hacerlos, tome los 45,30 dólares y réstele la cantidad que Warren pagó por cada acción (los 5,22 dólares no están sujetos a impuestos). Esto da 40,08 dólares, el beneficio real de Warren.

Ahora hay que restarle los impuestos sobre sociedades del 35% de esta ganancia, lo que nos deja con 26,05 dólares, y añadirle los dividendos de Coca-Cola que Warren habrá acumulado durante los doce años, que son de 6,05 dólares (7,04 − 14% = 6,05 dólares). Esto da unos beneficios después de impuestos de 32,10 dólares (6,05 + 26,05 = 32,10 dólares). Ahora se añaden de nuevo los 5,22 dólares, lo que da unos ingresos totales después de impuestos de la venta de 37,32 dólares por acción (32,10 + 5,22 = 37,32 dólares).

Con una base de costes de 5,22 dólares la acción y unos ingresos totales después de impuestos de 37,32 dólares, el beneficio total después de impuestos será de 32,10 dólares. Esto equivale a una tasa de rentabilidad compuesta anual después de impuestos del 17,8%. Por tanto, en el año 2000, si Coca-Cola se cotiza a quince veces los beneficios y Warren decide vender las acciones, su tasa de rentabilidad compuesta anual después de impuestos será del 17,8% para los doce años entre 1988 y el año 2000.

Se pueden realizar los mismos cálculos para una relación P/B de 25 veces lo que equivale a un precio de mercado de 75,50 dólares la acción en el año 2000. Después de restar los impuestos y añadir los dividendos después de impuestos, se llega a unos ingresos totales de 51,73 dólares, lo que equivale a una tasa de rentabilidad compuesta anual del 22% para el periodo de doce años. (*Nota*: Incluso aunque las acciones de Coca-Cola se cotizasen a tan sólo nueve veces los beneficios en el año 2000, la tasa de rentabilidad compuesta anual después de impuestos que Warren podría prever aún sería del 14,4%.)

Ahora imagínese que yo le dijera que le quiero vender a la par unas obligaciones no redimibles antes de doce años de Coca-Cola que producen una tasa de rentabilidad anual libre de impuestos del 14,4% o, incluso mejor, del 17,8%. ¿Qué tal del 22%? ¿Ya se le hace la boca agua? ¿Qué haría? Yo hipotecaría la granja, la casa, el coche y hasta los hijos para comprar todas las que pudiera. Pero puedo decirle que las probabilidades de que eso suceda son nulas.

Sin embargo, en 1988 usted podría haber comprado las acciones de Coca-Cola y esencialmente habría obtenido una tasa de rentabilidad compuesta anual libre de impuestos de entre el 14,4% y el 22%, siempre que hubiese conservado la inversión durante un periodo de doce años. (*Nota*: Como son las cosas, la Bolsa empezó a valorar las acciones de Coca-Cola en 1996 y 1997 a ratios precio-beneficios máximos históricos de 40 o incluso más. Esto le ha permitido a Warren mostrar una mejor tasa de rentabilidad compuesta anual de la que se obtiene en estas proyecciones para el periodo entre 1988 y 1997. Tenga presente que utilizar un ratio P/B máximo histórico de 40 para realizar los cálculos sería demasiado optimista. *Utilice el ratio P/B promedio de los últimos diez años.*)

Lo que crea toda esta riqueza es la capacidad de Coca-Cola de tomar sus beneficios no distribuidos y producir una tasa de rentabilidad del capital de sus accionistas del 33,6%. Así puede retener el 58% del 33,6%, que se añade, libre de impuestos sobre la renta, a la base del capital propio de la empresa. Y esto aplica un interés compuesto a los beneficios no distribuidos añadiéndolos a la base de capital de la que fueron creados.

Así, señoras y señores, es como funciona la cosa.

Aplicación a la adquisición de Warren de acciones de Coca-Cola en 1994

El 8 de agosto de 1994 Warren compró 257.640 acciones más de Coca-Cola por 21,95 dólares la acción. Lo que Warren vio fueron unos beneficios por acción de 0,99 dólares que habían estado creciendo a una tasa anual de entre el 17 y el 18% durante los últimos diez años además de una rentabilidad del capital que durante los últimos cuatro años había superado el 40%. Warren también vio un precio de mercado de las acciones que durante los últimos siete años se había cotizado a un ratio P/B promedio de 21.

Supongamos que incluso con el aumento de la rentabilidad del capital de Coca-Cola por encima del 40% Warren siguiera manteniendo su tabla original de beneficios previstos creada para el periodo entre 1988 y el año 2000 de la página 228. Supongamos también que quisiera conservar su adquisición de 1994 tan sólo hasta 1999. ¿Cuál sería la tasa de rentabilidad que podría esperar si vendiese su inversión en Coca-Cola de 1994 en 1999?

La tabla indica que se prevé que los beneficios por acción en 1999 serán de 2,53 dólares. Si multiplicamos 2,53 por el ratio P/B promedio de 21, obtendremos un precio de mercado previsto para 1999 de 53,13 dólares. Pulse 21,95 en la tecla del PV, 53,13 en la del FV, 5 en la del número de años y obtendrá la tasa de rentabilidad compuesta anual prevista para Warren, que es del 19,33%.

Para ajustarla a los impuestos y a los dividendos, debería añadir unos dividendos después de impuestos de 3,86 dólares a unos ingresos totales después de impuestos por la venta de las acciones de 42,21 dólares, lo que equivale a unos ingresos totales de 46,07 dólares. Unos ingresos totales de 46,07 dólares equivalen a una tasa de rentabilidad compuesta anual después de impuestos del 15,98%. Pulse 21,95 en PV, 46,07 en FV, 5 en el número de años y obtendrá la tasa de rentabilidad compuesta anual después de impuestos de Warren, que es del 15,98%. Por tanto Warren podía prever en 1994 que si conservaba su inversión hasta 1999, ésta le produciría una tasa de rentabilidad compuesta anual después de impuestos del 15,98%.

¿No le interesa una tasa de rentabilidad compuesta anual libre de impuestos del 15,98%? *Recuerde que una obligación del Estado tiene que presentar una tasa de rentabilidad antes de impuestos del 24,58% para producir una tasa de rentabilidad compuesta anual después de impuestos del 15,98%.* ¿Ha visto alguna obligación del Estado que pague el 24,58%? ¿Y obligaciones societarias? Yo no he visto ninguna. ¿Ve entonces por qué Warren, cuando compra un refresco, sigue pidiendo Coca-Cola? Las cosas sí que van mejor con Coke, incluso su dinero.

38

La acción/obligación con un cupón en expansión

Warren tiene varias maneras de ver una inversión, y una de ellas es entenderla como una acción/obligación con un cupón en expansión. Veamos cómo funciona en el caso de Coca-Cola. (Puede que se esté preguntando de dónde proviene el concepto de *cupón*. Las obligaciones solían entregarse con multitud de cupones adheridos. Se quitaba un cupón y se enviaba a la empresa que había entregado la obligación, y ésta enviaba la tasa de intereses fija que había generado durante un cierto tiempo. De esa forma la empresa no tenía que hacer un seguimiento de quién poseía sus obligaciones. Hoy día, las obligaciones están registradas en la empresa que las entrega y su propietario recibe directamente sus pagos de intereses sin hacer nada. En el mundo de Warren, las acciones/obligaciones de ciertas empresas poseen un cupón en expansión. Cada año la acción/obligación te paga un poco más. De ahí proviene el término acción/obligación con un cupón en expansión.)

Recuerde lo que ya hemos comentado: lo que pague por una acción determina la tasa de rentabilidad que obtendrá. Cuando Warren adquirió sus posiciones iniciales de Coca-Cola en 1988, la empresa tenía un valor contable de 1,07 dólares por acción y unos beneficios de 0,36 dólares por acción. Si se pagaban 1,07 dólares por una acción de Coca-Cola, se compraban a su valor neto y esto producía una tasa de rentabilidad inicial del 33,6% (0,36 / 1,07 = 33,6%). No obstante, Warren no pagó 1,07 dólares por acción, sino cerca de 5,22 dólares, lo que significa que su tasa de rentabilidad inicial sería de aproximadamente un 6,89% (0,36 / 5,22 = 6,89%), muy por debajo del 33,6% al que Coca-Cola estaba incrementando su base de capital en 1988.

De hecho, una tasa de rentabilidad inicial del 6,89% no es tan maravillosa. Pero Warren preveía que los beneficios por acción de Coca-Cola seguirían creciendo y que eso provocaría un aumento anual de su tasa de rentabilidad. Resulta atractivo, ¿verdad?; pues veámoslo más de cerca.

Podemos explicar las finanzas de Coca-Cola desde muchos puntos de vista, pero la clave está en la rentabilidad del capital y en los beneficios no distribuidos. En 1988 Warren ingresará 0,36 dólares por su inversión original de 5,22 dólares, es decir, cerca de un 6,89% de su rentabilidad. Si Coca-Cola *retiene* aproximadamente el 58% de esos 0,36 dólares, es decir, 0,21 dólares (0,36 x 0,58 = 0,21), Coca-Cola habrá reinvertido eficazmente en la empresa 0,21 dólares del capital de Warren. (*Nota*: el 42% restante, equivalente a 0,15 dólares, se paga como dividendo.)

Por tanto, a comienzos de 1989, Warren habrá invertido en acciones de Coca-Cola su inversión original de 1988 de 5,22 dólares la acción más los beneficios no distribuidos de 1988 (0,21 dólares), es decir, un total de 5,43 dólares la acción (5,22 + 0,21 = 5,43 dólares).

A principios de 1989 la inversión total de Warren en Coca-Cola se prevé que será:

Inversión original de 1988	5,22 dólares
Beneficios no distribuidos de 1988	+ 0,21 dólares
Inversión total por acción en 1989	5,43 dólares

Podemos estimar que en 1989 la parte original de 5,22 dólares de los 5,43 que Warren ha invertido en Coca-Cola seguirá generando 0,36 dólares, o un 6,89%. Pero, si Coca-Cola puede mantener una rentabilidad del capital del 33,6%, podemos proyectar que en 1989 los 0,21 dólares de beneficios no distribuidos de 1988 producirán una tasa de rentabilidad del 33,6%. Por tanto los 0,21 dólares por acción generarán 0,07 dólares por acción de nuevos beneficios en 1989 (0,21 x 0,336 = 0,07 dólares). Esto quiere decir que los beneficios proyectados para 1989 serán de 0,43 dólares por acción (0,36 + 0,07 = 0,43 dólares).

Warren estará obteniendo una rentabilidad del 6,89%, o 0,36 dólares, sobre su inversión inicial de 5,22 dólares por acción y una del 33,6%, o 0,07 dólares, sobre sus 0,21 dólares de beneficios no distribuidos de 1988. Lo que significa que en 1989 sus acciones de Coca-Cola producirán 0,43 dólares por acción, es decir, una tasa de rentabilidad del 7,9% sobre su inversión inicial más los beneficios no distribuidos de 5,43 dólares (0,43 / 5,43 = 7,9%).

Rentabilidad por acción del capital invertido y retenido proyectada para 1989 (en dólares)

Inversión inicial de 1988	5,22	x 6,89%	= 0,36
Beneficios no distribuidos de 1988	+ 0,21	x 33,6%	= 0,07
Inversión total por acción en 1989	5,43	Beneficios por acción	0,43

Tasa de rentabilidad del capital total invertido en 1989: beneficios por acción de 0,43 dólares / capital invertido y retenido de 5,43 dólares = rentabilidad del 7,9%.

El mismo análisis puede aplicarse para 1990. Coca-Cola retendrá el 58% de sus beneficios de 0,43 dólares por acción de 1989, es decir, aproximadamente 0,25 dólares. Esto añadirá 0,25 dólares a los 5,43 que Warren ya habrá invertido en Coca-Cola. Por tanto, su inversión en acciones de Coca-Cola a principios de 1990 consistirá en la inversión inicial de 1988 de 5,22 dólares, más los beneficios no distribuidos de 1988 de 0,21 dólares y los beneficios no distribuidos de 1989 de 0,25 dólares, dando un total de 5,68 dólares (5,22 + 0,21 + 0,25 = 5,68 dólares).

Inversión total por acción de Coca-Cola a principios de 1990

Inversión original de 1988	5,22 dólares
Beneficios no distribuidos de 1988 y de 1989	+ 0,46 dólares
Inversión total por acción en 1990	5,68 dólares

Podemos estimar que en 1990 la inversión original de 5,22 dólares de Warren producirá un 6,89%, o 0,36 dólares por acción. Pero los beneficios no distribuidos de 1988, 0,21 dólares, y de 1989, 0,25 dólares, *producirán ambos una tasa de rentabilidad del capital proyectado del 33,6%*. Estos 0,46 dólares por acción (0,21 + 0,25 = 0,46 dólares) de beneficios no distribuidos de 1988 y 1989 producirán unos beneficios de 0,15 dólares por acción en 1990 (0,46 x 0,336 = 0,15 dólares). Por tanto, se prevé que los beneficios totales de 1990 serán de 0,51 dólares por acción (0,36 + 0,15 = 0,51 dólares). Lo que significa que la rentabilidad proyectada del capital invertido y retenido de 5,68 dólares por acción será de 0,51 dólares por acción. Esto equivale a una tasa de rentabilidad de su inversión inicial más los beneficios no distribuidos de 1988 y de 1989 del 8,9% (0,51 / 5,68 = 8,9%).

Rentabilidad por acción del capital invertido y retenido proyectada para 1990 (en dólares)

Inversión inicial de 1988	5,22	x	6,89%	= 0,36
Beneficios no distribuidos de 1988 y 1989	+ 0,46	x	33,6%	= 0,15
Inversión total por acción en 1990	5,68		Beneficios por acción	0,51

Tasa de rentabilidad del capital total invertido en 1990: beneficios por acción de 0,51 dólares / capital invertido y retenido de 5,68 dólares = rentabilidad del 8,9%.

Estoy segura de que se habrá fijado en la tasa de rentabilidad creciente, pero lo que realmente quiero que vea aquí es que la inversión inicial en Coca-Cola de Warren está fija en una tasa de rentabilidad del 6,89%, pero los beneficios no distribuidos pueden generar libremente un 33,6%. Mírelo como si comprase una acción/obligación de Coca-Cola que produjese una rentabilidad del 6,89% y que cada vez que recibiese un cheque como pago de intereses pudiese reinvertirlo en acciones/obligaciones de Coca-Cola que produjesen una rentabilidad compuesta anual del 33,6%. La única condición para poder conseguir esta rentabilidad del 33,6% es comprar primero las acciones/obligaciones de Coca-Cola que producen sólo un 6,89%.

Se paga un precio elevado para entrar, pero una vez dentro todo es recibir dinero; y cuánto más tiempo uno se queda, más recibe.

39

Utilizar la tasa de crecimiento anual de los beneficios por acción para predecir el valor futuro de una acción

Es posible predecir el valor futuro de una acción utilizando la tasa de crecimiento anual de los beneficios por acción. Mediante la tasa de crecimiento anual de los beneficios por acción podemos prever los beneficios por acción futuros y posteriormente el precio de las acciones. Si conocemos el precio futuro de las acciones podemos calcular la tasa de rentabilidad compuesta anual que la inversión nos proporcionará.

Para explicarlo quiero hacer uso del ejemplo de Capital Cities. Capital Cities tuvo un crecimiento muy firme de los beneficios por acción durante el periodo de diez años entre 1970 y 1980. Vamos a proyectar los beneficios por acción desde 1980 hasta diez años más tarde, en 1990. Después estimaremos un margen de precios a los que las acciones de Capital Cities se cotizarán en 1990. A continuación calcularemos la tasa de rentabilidad compuesta anual que se habría obtenido comprando una acción de Capital Cities en 1980 y vendiéndola en 1990. (Nota: Todos los precios de acciones y de los beneficios por acción de Capital Cities reflejan un fraccionamiento de una acción en diez producido en 1994).

Proyectar los beneficios por acción futuros de Capital Cities para 1990

Desde 1970 hasta 1980 los ingresos netos por acción de Capital Cities crecieron de 0,08 a 0,53 dólares, o a una tasa de rentabilidad compuesta anual aproximada del 20%. Si proyectásemos los beneficios por acción de Capital Cities diez años más tarde a partir de 1980 (para 1990) utilizando la tasa de crecimiento del 20%, obtendríamos unos beneficios previstos por acción de 3,28 dólares en 1990. PV = 0,53, N = 10, %i = 20. Pulse la tecla de cálculo y la tecla del valor futuro (FV) y obtendrá 3,28. Esto quiere decir que podemos proyectar que en 1990 Capital Cities tendrá unos beneficios por acción de 3,28 dólares.

Proyectar el precio de mercado de las acciones de Capital Cities en 1990

Una consulta de los ratios precio/beneficios de Capital Cities durante el periodo entre 1970 y 1980 indica que las acciones se cotizaron a un precio entre nueve y veinticinco veces los beneficios. Supongamos el peor caso y, siendo tan conservadores como el viejo Ronald Reagan, tomemos el peor ratio P/B (nueve veces los beneficios) para evaluar los beneficios por acción de Capital Cities en 1990. De esta forma, nuestros beneficios proyectados para 1990 de 3,28 dólares la acción equivalen a un precio de mercado proyectado para 1990 de 26,52 dólares la acción (3,28 x 9 = 29,52 dólares).

Proyectar la tasa de rentabilidad compuesta anual que se habría obtenido comprando una acción de Capital Cities en 1980 y vendiéndola en 1990

Hojeando el *Wall Street Journal* se puede ver que las acciones de Capital Cities se podían comprar en 1980 por 5 dólares la acción. Saque la calculadora y teclee PV = 5, FV = 29,52, N = 10. Pulse la tecla de cálculo y la del tipo de interés (%i) y obtendrá la tasa de rentabilidad compuesta anual, que es del 19,4%. Esto significa que si usted hubiese gastado 5 dólares por una acción de Capital Cities en 1980 podría haber esperado una tasa de rentabilidad compuesta anual del 19,4% para los diez años siguientes.

Como estamos utilizando datos del pasado para este ejemplo de Capital Cities, veamos lo que le sucedió realmente a la inversión de 5 dólares que realizamos en 1980. En 1990 la empresa obtuvo unos beneficios de 2,77 dólares por acción, comparados con los 3,28 estimados (de acuerdo, no se

Utilizar la tasa de crecimiento anual de los beneficios por acción 241

trata de una ciencia exacta). Las acciones se cotizaron en 1990 en un margen de precios entre 38 y 63 dólares, comparado con nuestra estimación de 29,52 dólares por acción. Supongamos que usted vendiese sus acciones en 1990 por 38 dólares la acción. Para calcular la tasa de rentabilidad compuesta anual de la inversión de 5 dólares que realizó en 1980, teclee PV = 5, FV = 38, N = 10. Pulse la tecla de cálculo y la tecla %i y obtendrá un 22,4%; por tanto la tasa de rentabilidad compuesta anual antes de impuestos para el periodo de diez años entre 1980 y 1990 será del 22,4%. Si vendiese sus acciones a 63 dólares la acción, su tasa de rentabilidad compuesta anual antes de impuestos sería del 28,8% para el mismo periodo de diez años.

Así pues, en el caso de Capital Cities, el mercado bursátil valoró las acciones a un precio muy superior al previsto y, como consecuencia, incrementó su fortuna por encima de las expectativas.

En caso de que se lo esté preguntando, si usted hubiese invertido 100.000 dólares en Capital Cities a 5 dólares la acción en 1980, se habrían compuesto anualmente al 22,4% y habrían crecido hasta valer aproximadamente 754.769,21 dólares en 1990.

Hay que entender que Warren no calcula un valor concreto de las acciones, como creen muchos de sus observadores. Warren no dice que Capital Cities vale X por acción y que se puede comprar por la mitad de X, como solía decir Graham. Warren, en cambio, dice: «Si yo pago X por acción de Capital Cities, dada la realidad económica de la empresa, ¿cuál es la tasa de rentabilidad compuesta anual que puedo esperar que me produzca durante diez años?» Una vez determinada esta tasa, Warren la compara con la de otras posibles inversiones y con la mínima que él exige a cualquier inversión para compensar y superar los efectos de la inflación.

De esta manera Warren puede comprar acciones y no preocuparse lo más mínimo por cuánto las valora Wall Street. Warren sabe aproximadamente cuál será su tasa de rentabilidad compuesta anual a largo plazo. También sabe que a la larga el mercado valorará la empresa y reflejará este aumento del valor neto de la misma.

Si Warren comprase desde el punto de vista grahamiano, y si las acciones de una empresa tuviesen un valor de 10 dólares la acción y se las pudiese comprar por 5 dólares, las tendría que vender en cuanto el mercado valorase la empresa a 10 dólares por acción. Si éste fuera el caso, Warren tendría que pegarse cada día al *Wall Street Journal* y mirar a qué precio valora las acciones el mercado .

40

Cómo puede una empresa aumentar la fortuna de sus accionistas recomprando sus propias acciones

Comparando ahora nuestras proyecciones del valor del capital por acción de Coca-Cola desde 1988 hasta 1993, según la tabla del capítulo 37, con los valores reales que Coca-Cola declaró, podemos ver lo siguiente:

Año	Valor del capital por acción proyectado (dólares)	Valor del capital por acción real (dólares)
1989	1,28	1,18
1990	1,53	1,41
1991	1,83	1,67
1992	2,18	1,49
1993	2,60	1,77

Se puede observar claramente una discrepancia considerable entre nuestras proyecciones para los valores del capital por acción y los valores reales que se produjeron. ¿Fueron imprecisas nuestras proyecciones? Un examen indica que fueron extremadamente precisas.

Año	Beneficios proyectados (en dólares)	Beneficios reales (en dólares)	Margen de error
1989	0,43	0,43	2,3%
1990	0,51	0,51	0%
1991	0,61	0,61	0%
1992	0,72	0,72	0%
1993	0,87	0,84	3,5%

Lo que sucede aquí es que la Coca-Cola Company ha estado gastando su base de capital para rescatar acciones del mercado. De hecho, desde 1984 hasta el fin de 1993, Coca-Cola dedicó cerca de 5.800 millones de dólares de su capital a la recompra de sus acciones. Desde 1984 hasta finales de 1993 Coca-Cola logró reducir el número de acciones ordinarias en circulación de cerca de 3.174 millones en 1984 a cerca de 2.604 millones a finales de 1993. Esto representa una reducción de aproximadamente 570 millones de acciones, o un 21% de todas las acciones que la empresa tenía en circulación en 1984.

Si uno tiene en cuenta que Coca-Cola poseía 3.174 millones de acciones en 1984 y que invirtió 5.800 millones de dólares del capital de sus accionistas durante los nueve años siguientes en la recompra de sus acciones, se puede decir que Coca-Cola gastó cerca de 1,82 dólares por acción del capital de sus accionistas para recomprar acciones (5.800 millones / 3.174 millones de acciones en circulación en 1984 = 1,82 dólares por acción).

En 1993, Coca-Cola declaró unos beneficios netos totales de cerca de 2.176 millones de dólares. Si se dividen estos beneficios de 1993 por el número total de acciones en circulación en 1993, que era de 2.604 millones de acciones, se obtiene un total de beneficios por acción de 0,84 dólares. Esto quiere decir que en 1993, con 2.604 millones de acciones en circulación y con unos beneficios netos de 2.176 millones de dólares, la empresa obtuvo unos beneficios por acción de 0,84 dólares (beneficios netos totales de 2.176 millones de dólares / 2.604 millones de acciones en circulación = 0,84 dólares por acción).

Ahora fíjese en esto: si a finales de 1993 hubiesen habido tantas acciones en circulación como en 1984, es decir, cerca de 3.174 millones de acciones, con unos beneficios netos en 1993 de 2.176 millones de dólares, la empresa habría declarado en 1993 unos beneficios por acción de 0,68 dólares (beneficios netos totales de 2.176 millones de dólares / 3.174 millones de acciones en circulación = 0,68 dólares por acción).

Esto quiere decir que los 1,82 dólares por acción de capital de los accionistas que Coca-Cola dedicó a la recompra de sus acciones entre 1984 y 1993 provocaron un aumento de los beneficios por acción de 0,16 dólares (beneficios por acción en 1993 con la recompra de acciones de 0,84 dólares − beneficios por acción en 1993 sin la recompra de acciones de 0,68 dólares = 0,16 dólares).

Coca-Cola, basándose en 3.174 millones de acciones en circulación en 1983, gastó cerca de 1,82 dólares por acción para provocar un incremento de los beneficios por acción de 0,16 dólares. Esto equivale a una tasa aproximada de rentabilidad del 8,7% (0,16 / 1,82 = 8,7%). No parece muy maravillosa, ¿verdad? En realidad, lo que parece ser un uso marginal del capital de Coca-Cola es un movimiento brillante desde el punto de vista económico si se tiene en cuenta cómo interpreta el mercado bursátil este aumento de 0,16 dólares de los beneficios por acción.

En 1993, el mercado valoraba las acciones de Coca-Cola a veinticinco veces los beneficios por acción. Esto quiere decir que un aumento de 0,16 dólares en los beneficios por acción provocó un incremento de 4 dólares del valor de mercado de las acciones. Veamos cómo funciona.

En 1993 *sin la recompra de acciones*: beneficios netos totales en 1993 de 2.176 millones de dólares / 3.174 millones de acciones en circulación = beneficios por acción de 0,68 dólares en 1993. Si multiplicamos los 0,68 dólares por un ratio P/B de 25 obtenemos un precio de mercado de 17 dólares por acción (0,68 x 25 = 17 dólares).

En 1993 *con la recompra de acciones*: beneficios netos totales en 1993 de 2.176 millones de dólares / 2.604 millones de acciones en circulación = beneficios por acción de 0,84 dólares en 1993. Si multiplicamos los 0,84 dólares por un ratio P/B de 25 obtenemos un precio de mercado de 21 dólares por acción (0,84 x 25 = 21 dólares).

La diferencia entre ambos es de 4 dólares (21 − 17 = 4 dólares).

Recuerde que Coca-Cola gastó sólo 1,87 dólares por acción del capital de sus accionistas para recomprar acciones. Por tanto, los 1,87 dólares por acción produjeron un aumento de 4 dólares en el precio de mercado de las acciones de Coca-Cola. Dedicando capital de la empresa a la recompra de acciones, Coca-Cola consiguió reducir eficazmente tanto su base de capital como el número total de acciones en circulación. Aunque esto no afecta a los beneficios totales, sí incrementa los beneficios por acción, puesto que el número de acciones decrece. La tarta sigue igual de grande. Las porciones se han hecho más grandes porque hay menos cortes.

Por otra parte, como la base de capital ha disminuido, la rentabilidad del capital también se ve incrementada. (Recuerde que la rentabilidad del capital se calcula dividiendo los beneficios netos por el valor del capital. Se puede aumentar la tasa de rentabilidad del capital incrementando los beneficios netos o bien disminuyendo la cantidad de capital de la empresa).

La idea básica en este caso es que Coca-Cola dedicó 1,87 dólares por acción del capital de sus accionistas a la recompra de sus acciones, lo que provocó un incremento de los beneficios por acción de 0,16 dólares, que a su vez hizo aumentar el precio de mercado de las acciones de la empresa en 4 dólares. Se duplica el dinero y además se obtiene una parte mayor de la tarta.

Como los beneficios netos totales van incrementándose con el tiempo, la reducción del número de acciones en circulación provocará un incremento todavía mayor del valor de mercado de las acciones. Supongamos, por ejemplo, que en diez años, en el año 2003, los beneficios netos totales de Coca-Cola se han incrementado a una tasa anual del 15%, pasando de 2.176 millones de dólares en 1993 a 8.403 millones en el 2003. Hagamos ahora los cálculos por acción de Coca-Cola en el 2003 como si la empresa todavía tuviese el número de acciones en circulación que poseía en 1984, es decir, 3.174 millones de acciones. Hagamos también los cálculos con tan sólo 2.604 millones de acciones para reflejar las recompras producidas entre 1984 y 1993.

En el 2003 *sin la recompra de acciones*: beneficios netos totales de 8.403 millones de dólares / 3.174 millones de acciones en circulación = beneficios por acción de 2,65 dólares en el 2003. Si multiplicamos los 2,65 dólares por un ratio P/B de 25 obtenemos un precio de mercado de 66,25 dólares por acción (2,65 x 25 = 66,25 dólares).

En el 2003 *con la recompra de acciones*: beneficios netos totales de 8.403 millones de dólares / 2.604 millones de acciones en circulación = beneficios por acción de 3,23 dólares en el 2003. Si multiplicamos los 3,23 dólares por un ratio P/B de 25 obtenemos un precio de mercado de 80,75 dólares por acción (3,23 x 25 = 80,75 dólares).

La diferencia entre ambos precios es de 14,50 dólares (80,75 − 66,25 = 14,50 dólares).

En el año 2003, sin la recompra de acciones, los beneficios por acción serán de 2,65 dólares aproximadamente, lo que equivale a un precio de mercado de 66,25 dólares por acción. Pero con la recompra de acciones los beneficios por acción en el 2003 serán de 3,23 dólares, lo que equivale a un precio de mercado de 80,75 dólares por acción. Esto significa que los 1,87 dólares por acción de capital propio que Coca-Cola gastó entre 1984 y 1993 para recomprar acciones producirán, en este caso hipotético, un incremento de 14,50 dólares en el precio de mercado de las acciones en el año 2003. En este caso los accionistas obtendrían una tasa de rentabilidad compuesta anual de su capital de cerca del 15%.

Si Coca-Cola hubiese pagado vía dividendos los 5.800 millones de dólares que dedicó a la recompra de sus acciones, las accionistas tendrían que haber pagado impuestos sobre dicha renta. Estos impuestos habrían reducido sus ingresos hasta los 4.000 millones de dólares, aproximadamente, o 1,26 dólares por acción.

Así pues, la elección que usted, como inversor, tiene que hacer es: ¿quiere tener los 1,26 dólares en su bolsillo o prefiere que Coca-Cola invierta ese dinero en la ampliación de su porción de la tarta de Coca-Cola? Si deja que Coca-Cola retenga esos 1,26 dólares, la empresa los puede dedicar a la recompra de sus acciones, lo que incrementará los beneficios por acción y a su vez el valor de sus acciones.

Desde que Warren entró a formar parte de Coca-Cola y de su consejo de administración, la empresa se ha convertido en compradora agresiva de sus propias acciones. En este mismo periodo el mercado bursátil ha incrementado su valoración de la empresa pasando de un ratio de precio/beneficios de 18 en 1988 a uno de 40 en 1997. Al mercado bursátil le encantan los grandes aumentos en beneficios por acción y las tasas de rentabilidad sobre capitales propios. Para Warren, el programa de recompra de acciones de Coca-Cola ha hecho de algo bueno, algo todavía mejor.

41

Cómo determinar si los beneficios por acción están incrementándose debido a una recompra de acciones

Ya hemos explicado cómo determinar la tasa de crecimiento compuesto anual de los beneficios por acción durante un cierto número de años. También hemos comentado cómo puede una empresa aumentar la tasa de crecimiento compuesto anual de los beneficios por acción reduciendo el número de acciones existentes. Pero cuando se analiza un valor hay que saber qué es lo que está provocando cualquier aumento de los beneficios por acción. ¿Es el motor económico de la empresa el que está creando este aumento? ¿O es la manipulación de la mecánica financiera? ¿Es una combinación de ambas cosas?

La forma de descubrirlo es comparar la tasa de crecimiento compuesto anual de los beneficios netos de la empresa con la tasa de crecimiento compuesto anual de los beneficios por acción. Recuerde que la cifra de beneficios por acción se obtiene de dividir los beneficios netos de la empresa por el número de acciones de la empresa en circulación.

Así, en 1986 la Washington Post Company tenía unos beneficios netos totales de 100,2 millones de dólares. Dividiéndolos por el total de acciones en circulación, que era de 12,83 millones, se obtienen unos beneficios por acción de 7,80 dólares. Si redujésemos el número de acciones en circulación a 10 millones, los beneficios por acción que se obtendrían ascenderían hasta 10,02 dólares. Disminuya el número de acciones y los beneficios por acción subirán. Incremente el número de acciones y los beneficios por acción descenderán.

Es un truco sencillo y es una de las maneras que tiene la dirección de una empresa para utilizar eficazmente el capital con el fin de incrementar la riqueza de sus accionistas. Pero también puede ocultar unos resultados mediocres.

Supongamos que en 1980 la Empresa X tuviese unos beneficios netos de 100 millones de dólares y 10 millones de acciones en circulación, lo que equivale a unos beneficios por acción de 10 dólares (100 millones de dólares / 10 millones = 10 dólares). Supongamos ahora que en 1990 la empresa declarase unos beneficios netos de 75 millones de dólares y que tuviese 5 millones de acciones en circulación, lo que equivale a unos beneficios por acción de 15 dólares.

Por tanto, aunque la Empresa X hubiese tenido un descenso real de los beneficios netos durante el periodo de diez años comprendido entre 1980 y 1990 (de 100 millones a 75 millones de dólares), la empresa habría declarado un aumento de los beneficios por acción de 10 dólares en 1980 a 15 dólares por acción en 1990.

Esto significaría que la Empresa X habría tenido un aumento del 4,13% en los beneficios por acción. Sin embargo, los beneficios netos de la empresa habrían presentado unas pérdidas del 2,83%. Los directivos, que son demonios creativos, utilizan esta técnica para mantener a sus accionistas satisfechos. ¡Oiga, los beneficios por acción aumentaron un 4,13% el año pasado! ¡No está nada mal! Ahora váyase de nuevo a ver la tele y déjenos en paz.

Debe pensar que estoy bromeando, ¿verdad? Nadie sería tan tonto como para no comprobar los beneficios netos frente a los beneficios por acción. Sé que usted probablemente habrá estado en Disneyland pero, ¿ha estado alguna vez en Wall Street?

Raytheon, los fabricantes de los misiles Patriot, como científicos inteligentes que son, lograron hacer crecer sus beneficios por acción desde 1985 hasta 1995 a una tasa compuesta anual del 11,2%, lo cual está muy bien. La dirección puede presentar gráficos a sus accionistas y señalarles con orgullo un incremento en los beneficios por acción de 2,30 dólares la acción en 1985 hasta 6,65 dólares la acción en 1995. ¡Hurra por ellos! Pero en realidad los beneficios netos de Raytheon crecieron a una tasa anual de tan sólo el 7,8%. En caso de que se lo esté preguntando, una tasa del 7,8% no permite ningún entusiasmo; sólo está ligeramente por encima de la inflación. La razón por la que los beneficios por acción crecieron de forma tan espectacular es que Raytheon redujo el número de acciones existentes en un 25%, pasando de 155 millones en 1985 a 117 millones en 1995.

La recompra de acciones propias no sólo puede ocultar resultados mediocres en cuanto a beneficios totales; también puede acentuar actuaciones espectaculares. Desde 1985 hasta 1995, la Coca-Cola Company declaró un crecimiento compuesto anual de los beneficios por acción del 19,5%, que es fantástico. Los beneficios netos totales de la empresa durante ese mismo periodo crecieron a una tasa compuesta anual del 15,2%, que también es espectacular. Coca-Cola ha logrado una tasa crecimiento de los beneficios totales impresionante, pero el crecimiento de los beneficios por acción ha experimentado un empuje adicional gracias a la disminución del número de acciones existentes, que pasó de 3.087 millones en 1985 a 2.475 millones en 1995.

Philip Morris Company declaró de que sus beneficios netos totales crecieron a una tasa compuesta anual del 16% en el periodo entre 1985 y 1995. Sus *beneficios por acción*, no obstante, lo hicieron a una tasa del 18,35%, que es fantástico. Esto fue debido en gran parte a que Philip Morris redujo el número de acciones que tenía en el mercado en un 13%, de 954 millones en 1985 a 823 millones en 1995.

A veces las necesidades de capital de una empresa son tan extremas que en lugar de recomprar sus propias acciones, tiene que emitir más. Esto crea más acciones en circulación y hace disminuir la tasa de crecimiento de los beneficios por acción. Así como un descenso del número de acciones existentes no afecta al crecimiento de los beneficios totales de la empresa, tampoco lo hace un aumento. General Motors es un magnífico ejemplo de esta situación.

Desde 1985 hasta 1995, GM declaró una tasa de crecimiento anual de sus beneficios netos del 4,82%. Pero sus beneficios por acción crecieron tan sólo al 2,68% anual. La causa fue que GM incrementó el número de acciones en circulación de 682 millones en 1985 a 755 millones en 1995. Éste es un buen indicador de que el aumento de los beneficios de GM fue debido más a un aumento de su base de capital que al motor económico de la empresa.

Los bancos son especialistas en estas situaciones. Crecen no porque tengan un negocio espectacular que genere toneladas de dinero, sino porque poseen grandes inversores que invierten más y más dinero en ellos. Norwest, el décimotercer banco más grande de los Estados Unidos, declaró en el periodo entre 1985 y 1995 una tasa de crecimiento compuesto anual de los beneficios por acción del 21% y una tasa de crecimiento compuesto anual de los beneficios netos totales del 28%. Sus acciones en circulación durante este periodo aumentaron de 178 millones en 1985 a 325 millones en 1995. Lo que Norwest hace es imprimir nuevos certificados de acciones e intercambiarlos por otros bancos. Si Norwest obtiene un buen valor por sus acciones, los nuevos bancos añadirán valor a Norwest, lo que hará incrementar sus beneficios por acción.

42

Cómo medir la capacidad de la dirección de utilizar los beneficios restringidos

Cuando una empresa obtiene unos beneficios, tiene que decidir qué hacer con ellos. Por norma general, una parte de los beneficios tiene que destinarse a reponer el inmovilizado que produjo estos beneficios. Para Warren, éstos son beneficios restringidos.

Un ejemplo de beneficios restringidos sería que la Empresa A tuviese en 1992 unos beneficios de 1 millón de dólares pero que previera que en 1993 tendría que sustituir un generador de su fábrica principal con un coste de 400.000 dólares. Por tanto, en 1993 tendría que conseguir 400.000 dólares o se quedaría sin negocio. Si en 1993 la empresa no tuviese 400.000 dólares ahorrados en una cuenta bancaria, tendría que recaudarlos de alguna forma. Pero si en 1992 la Empresa A obtuvo unos beneficios de 1 millón de dólares, cuando el equipo directivo decidiese qué hacer con este millón, tomaría la decisión de dedicar 400.000 dólares de este millón a la adquisición del nuevo generador en 1993.

Esto quiere decir que 400.000 dólares del millón de dólares de beneficios de la Empresa A serían restringidos. Por tanto, del millón de dólares que la Empresa A habría generado en 1992, 400.000 dólares serían restringidos y destinados a la compra de un nuevo generador en 1993 mientras que los 600.000 restantes podrían ser pagados como dividendos a los accionistas o bien destinados a otros propósitos de la empresa.

Son estos 600.000 dólares de beneficios no restringidos los que interesan a Warren. Lo que la dirección de la Empresa A haga con ellos determinará si el valor para los accionistas crece o decrece.

Warren opina que los directivos deberían utilizar los beneficios no restringidos para ofrecer a los accionistas el máximo valor posible.

La dirección de la Empresa A puede escoger entre pagar los beneficios no restringidos a sus accionistas en forma de dividendos o retenerlos y destinarlos a la recompra de acciones o a la adquisición de otras empresas.

Warren está convencido de que la dirección sólo debería retener los beneficios no restringidos en caso de que pudiese obtener una mayor tasa de rentabilidad de ese dinero que la que podrían obtener los accionistas por su cuenta.

Supongamos que la dirección de la Empresa A es capaz de utilizar los 600.000 dólares de beneficios no restringidos de forma que le produzcan a la empresa una rentabilidad anual del 15%. Puede que, sin embargo, los accionistas no sean capaces de hacerlo tan bien si se les entregan los 600.000 dólares. En ese caso tendría más sentido que la Empresa A retuviese los beneficios no restringidos en lugar de entregarlos vía dividendos. (Este ejemplo ignora los efectos de la tributación por simplicidad.) Warren cree que una empresa debería retener los beneficios no restringidos sólo si es razonable prever que la dirección será capaz de lograr una mejor rentabilidad invirtiendo ese capital que la que conseguirían los accionistas.

Si sucede lo contrario, es decir, si los accionistas pueden conseguir una rentabilidad del 15% y la dirección de la Empresa A sólo puede reinvertir los beneficios a una tasa del 5%, tendría más sentido pagar los beneficios no restringidos a los accionistas en forma de dividendos.

Nuestro problema como inversores es que resulta complicado determinar si el equipo directivo de una empresa está realizando un buen trabajo asignando los beneficios no restringidos. Esto sucede porque una empresa con una economía excepcional que genere toneladas de dinero puede ocultar en su camino errores cometidos por la dirección a la hora de asignar capital. Como ya hemos comentado, una empresa magnífica puede ser tan fuerte que hasta oculte una dirección incapaz.

La inflación también colabora a esconder la actuación de la dirección, incrementando el nivel de beneficios de la empresa básica aunque las unidades vendidas se mantengan iguales. Un incremento del 10% en el nivel de precios puede significar un incremento del 10% en los precios de los productos de la empresa y un incremento del 10% en los beneficios. Si la empresa básica requiere muy pocas inversiones de reposición, puede que este aumento de los beneficios provocado por la inflación sea malinterpretado y atribuido erróneamente a la capacidad de la dirección para asignar los beneficios no restringidos.

Aquí está el problema. ¿Cómo podemos, como inversores, medir la capacidad de una empresa y de su equipo directivo de asignar de forma rentable los beneficios no restringidos?

Existe una forma matemática sencilla de medir la actuación de la dirección. Es simple en tanto que la empresa básica y la inflación pueden hacer que el resultado final sólo consista en una mera aproximación de lo que realmente está sucediendo. Aún así, la necesidad es el origen de toda invención, y nuestra necesidad de alguna medida de la actuación es considerable. Así que, mientras los modelos de contabilidad y los informes no cambien y permitan un análisis más detallado, seguiremos estancados con una pobre estimación de la actuación de la dirección.

Lo que haremos es tomar *los beneficios no distribuidos por acción de una empresa durante un cierto periodo de tiempo y los compararemos con cualquier aumento de los beneficios por acción registrado durante ese periodo.*

Veamos algunos ejemplos para tener una idea más clara de cómo funciona.

En 1983 Coca-Cola generó 0,17 dólares por acción. Esto quiere decir que todo el capital invertido en Coca-Cola hasta finales de 1983 produjo a sus propietarios 0,17 dólares por acción en 1983. Ahora bien, entre finales de 1983 y finales de 1993, Coca-Cola tuvo unos beneficios totales para este periodo de diez años de 4,44 dólares por acción. De esos 4,44 dólares, Coca-Cola pagó en forma de dividendos entre 1983 y 1993 un total de 1,89 dólares por acción. Esto quiere decir que para el periodo de diez años comprendido entre 1983 y 1993, Coca-Cola tuvo unos beneficios no distribuidos de 2,55 dólares por acción (4,44 – 1,89 = 2,55 dólares).

Por tanto, entre finales de 1983 y finales de 1993, Coca-Cola obtuvo un total de 4,44 dólares por acción en beneficios, pagó como dividendos un total de 1,89 dólares por acción y retuvo para su base de capital un total de 2,55 dólares por acción.

Entre 1983 y 1993 los beneficios por acción de Coca-Cola crecieron de 0,17 a 0,84 dólares por acción. Podemos atribuir los 0,17 dólares de beneficios de Coca-Cola en 1983 a todo el capital invertido en la empresa hasta entonces. Y podemos decir también que el aumento de 0,17 dólares por acción a 0,84 dólares por acción fue debido al buen trabajo de la dirección de Coca-Cola a la hora de utilizar los 2,55 dólares de beneficios no distribuidos por la empresa entre 1983 y 1993.

Si restamos los 0,17 dólares de beneficios por acción en 1983 de los 0,84 dólares de beneficios por acción en 1993 vemos que la diferencia es de 0,67 dólares. Por tanto podemos defender que los 2,55 dólares por acción que fueron retenidos entre 1983 y 1993 produjeron unos ingresos adicionales de 0,67 dólares en 1993. Esto significa que los 2,55 dólares de beneficios no distribuidos produjeron 0,67 dólares por acción en 1993, o una rentabilidad total del 26,2% (0,67 / 2,55 = 26,2%).

Por tanto, podemos decir que la dirección de Coca-Cola consiguió en 1993 una rentabilidad del 26,2% de los 2,55 dólares por acción de capital propio retenido entre 1983 y 1993.

Comparemos ahora esta situación con la de una empresa como General Motors, que tuvo unos beneficios por acción totales entre 1983 y 1993 de 37,67 dólares, de los cuales 22,18 dólares fueron entregados en forma de dividendos y 15,49 dólares fueron retenidos por la empresa. Los beneficios por acción de General Motors, sin embargo, disminuyeron de 5,92 dólares en 1983 a 2,13 dólares en 1993. La dirección de General Motors retuvo 15,49 dólares por acción de los beneficios de los accionistas y los utilizó de tal forma que los beneficios por acción se redujeron. Esto hace plantearse dudas acerca de la economía subyacente de la empresa de automoción.

Si realizásemos los cálculos para General Motors hasta 1995, cuando obtuvo 7,28 dólares por acción, veríamos que desde 1983 hasta 1995 la empresa retuvo cerca de 26,27 dólares de los beneficios de los accionistas e incrementó los beneficios por acción de 5,92 dólares en 1983 a 7,28 dólares en 1995. Esto significa que General Motors retuvo 26,27 dólares por acción de los beneficios de sus accionistas y con eso logró un incremento de los beneficios por acción de 1,36 dólares (7,28 – 5,92 = 1,36 dólares). Por tanto, podemos decir que los 26,27 dólares por acción que fueron retenidos entre 1983 y 1995 produjeron unos ingresos adicionales de 1,36 dólares en 1995. Podemos decir que los 26,27 dólares de beneficios no distribuidos generaron 1,36 dólares en 1995, dando como resultado una tasa de rentabilidad del 5,1% (1,36 / 26,27 = 5,1%).

Cray Research, que fabrica grandes ordenadores, tuvo desde 1983 hasta 1993 unos beneficios por acción totales de 31,67 dólares y los retuvo todos. Desde 1983 hasta 1993 logró incrementar los beneficios en 1,44 dólares por acción, de 0,89 en 1983 a 2,33 dólares en 1994. Por tanto, los 31,67 dólares que Cray Research retuvo de los beneficios de sus accionistas produjeron en 1993 1,44 dólares por acción, dando como resultado una tasa de rentabilidad del 4% durante el periodo comprendido entre 1983 y 1993 (1,44 / 31,67 = 4,5%).

Comparemos Cray Research con Gannett Corporation, que como sabemos publica cerca de 190 periódicos distintos. Gannett produjo desde finales de 1983 hasta finales de 1993 unos beneficios por acción totales de 20,88 dólares, 10,37 de los cuales fueron pagados como dividendos. Por tanto, entre 1983 y 1993 Gannett Corporation retuvo 10,51 dólares por acción de los beneficios de sus accionistas. Desde 1983 hasta 1993 los beneficios por acción de la empresa se incrementaron en 1,59 dólares, pasando de 1,13 en 1983 a 2,72 dólares en 1993.

Podemos decir que Gannett Corporation retuvo 10,51 dólares por acción y estos beneficios no distribuidos produjeron en 1993 1,59 dólares por acción, dando una tasa de rentabilidad del 15,1%. Pero Cray Research retuvo 31,67 dólares por acción, el triple que Gannett, y produjo un incremento de los beneficios por acción de tan sólo 1,44 dólares, dando una tasa de rentabilidad del 4%.

Incluso aunque no tuviésemos ni idea de a qué se dedican estas cuatro empresas, podríamos decir que Coca-Cola Company y Gannett Corporation parecen destinar de forma mucho más rentable sus beneficios no distribuidos que General Motors y Cray Research.

Una comprobación de los precios de mercado de estas cuatro empresas indica que tanto General Motors como Cray Research se cotizaron en 1993 a un precio prácticamente igual al de 1983. Esto quiere decir que pese a que General Motors retuvo 15,49 dólares de los beneficios de sus accionistas y que Cray Research retuvo 31,67 dólares, ninguna de las dos empresas pudo producir ningún incremento significativo del valor a largo plazo para sus accionistas.

En cambio, tanto Coca-Cola como Gannett experimentaron espectaculares aumentos del precio de mercado de sus acciones entre 1983 y 1993 y por tanto sí añadieron valor real a los intereses de sus accionistas.

Este test no es perfecto. Uno tiene que ser precavido y controlar que las cifras de beneficios por acción utilizadas no sean simples aberraciones. Hay que asegurarse de que sean indicativas de un incremento o una disminución real del poder de beneficios. La ventaja de este test es que le proporciona a usted, como inversor, un método realmente rápido de determinar si una empresa y su equipo directivo tienen o no la capacidad de invertir los beneficios no distribuidos de forma que la riqueza de los accionistas se vea incrementada.

43

Compromisos de arbitraje a corto plazo

Una de las artes escondidas de Warren es su éxito en el campo del *arbitraje* o, como él mismo lo llama, de los *workouts*. Estas oportunidades de arbitraje, o de workout, surgen de liquidaciones, reorganizaciones, fusiones, divisiones y adquisiciones agresivas de empresas. Warren prefiere comprometer su capital en inversiones a largo plazo, pero cuando no aparecen oportunidades de este tipo, se ha dado cuenta de que las oportunidades de arbitraje le ofrecen una rentabilidad mucho mayor de su capital que otras inversiones a corto plazo. De hecho, durante los más de treinta años en que Warren ha estado invirtiendo en este tipo de situaciones, él estima que su tasa de rentabilidad compuesta anual antes de impuestos se ha situado alrededor del 25%. Y eso es mucho dinero para cualquiera.

En los primeros días de Buffett Partnership, cerca del 40% de los fondos de la sociedad de cada año se destinaban a inversiones de arbitraje. Y durante los años negros como 1962, cuando todo el mercado caía en picado, eran los beneficios de los arbitrajes los que salvaban el día. Permitieron a la empresa ganar hasta al 13,9% en comparación con la pobre actuación del Dow, que era del 7,6%. (No obstante, las inversiones de Buffett Partnership en operaciones normales presentaron pérdidas en 1962. Fueron los beneficios del arbitraje los que convirtieron un posible desastre en una leyenda financiera).

Aunque existen muchos tipos de arbitrajes, o «situaciones especiales», como Graham solía llamarlas, Warren ha llegado a dominar lo que Graham llamaba *pagos en efectivo por venta o liquidación*. En este tipo de arbitraje una empresa vende sus operaciones empresariales a otra entidad y decide liquidar sus operaciones y distribuir los ingresos entre sus accionistas.

La adquisición por parte de Warren de 3.342.000 acciones de RJR Nabisco en 1988 por 281,8 millones de dólares, después que la dirección anunciase la oferta que hacía por la empresa, es un buen ejemplo de la venta de una empresa a otra entidad.

La compra por parte de Warren de acciones de General Dynamics fue motivada por el anuncio de la empresa de que iba a liquidar algunas propiedades empresariales y a entregar los beneficios a sus accionistas.

La oportunidad surge para el arbitrajista de la diferencia de precio que aparece entre el precio anunciado de la liquidación o venta y el precio de mercado de las acciones de la empresa antes de la venta o liquidación.

Por ejemplo, suponga que la Empresa X anuncia que venderá todas sus acciones a la Empresa Y a 120 dólares por acción en una fecha futura. Pero el arbitrajista puede comprar acciones a 100 dólares la acción antes de que se cierre la transacción, y obtener así unos beneficios de 20 dólares por acción, la diferencia entre el precio de mercado pagado, 100 dólares, y el precio de venta, 120 dólares (120 – 100 = 20 dólares). La pregunta es: ¿cuándo se cerrará la transacción y el inversor podrá cobrar los 120 dólares, embolsándose los beneficios de 20 dólares por acción?

Por tanto, la gran pregunta se refiere al tiempo. Cuánto más tiempo pase desde la fecha de la adquisición de las acciones hasta la del cierre de la transacción, menor será la tasa de rentabilidad producida. Déjeme demostrárselo.

Si usted pagase 100 dólares por acción y la empresa se vendiese a 120 dólares por acción al cabo de doce meses, sus beneficios serían de 20 dólares y su tasa de rentabilidad anual antes de impuestos sería del 20%. ¿Pero qué sucedería si por alguna complicación la transacción no se cerrara hasta, por ejemplo, pasados dos años? Su tasa de rentabilidad anual preimpositiva descendería hasta el 10%.

Análogamente, si tuviese suerte y la transacción se cerrase en seis meses en lugar de doce, su tasa de rentabilidad compuesta anual preimpositiva ascendería al 40%.

La situación de arbitraje/workout es, en esencia, una inversión con un calendario. La cantidad que se va a ganar es fija (en nuestro ejemplo, 20 dólares por acción). El periodo durante el que se conserven las acciones determinará la tasa de rentabilidad anual antes de impuestos. Cuanto menos tiempo, mayor tasa de rentabilidad anual antes de impuestos. Cuanto más tiempo, menor tasa de rentabilidad anual antes de impuestos.

Compromisos de arbitraje a corto plazo

Existen algunos riesgos en la inversión en este tipo de situaciones. Uno de ellos, como ya hemos comentado, es que la transacción puede tardar más de lo esperado. Otro es que no llegue a realizarse nunca, lo que significaría, tal vez un auténtico desastre.

Existen centenares de razones por las que estas transacciones pueden tardar más de lo esperado o no llegar a producirse nunca. A veces, los accionistas rechazan la oferta; otras, las reglamentaciones antimonopolio no las permiten. Y a veces el Gobierno tarda una eternidad en autorizar la operación. Cualquier cosa puede salir mal.

Una manera que tiene Warren de protegerse del riesgo es invertir sólo en situaciones que ya han sido anunciadas. Parece una medida bastante lógica e inteligente. ¿Quién se atrevería a invertir en una transacción que no ha sido anunciada? ¿Se atrevería a apostar por alguien? Lo acertó: ¡Wall Street! Sí, han hecho funcionar sus cerebros durante mucho tiempo y se han dado cuenta de que realmente pueden ganar mucho dinero invirtiendo en empresas que se *rumorea* que serán adquiridas por otras. Hacer negocios en base a rumores puede suponer enormes beneficios, pero también supone un riesgo mayor.

Warren ha descubierto, después de participar en centenares de situaciones de arbitraje/workout, que una tasa de rentabilidad anual casi segura del 25% es mucho más rentable que una del 100% pero que es un gran interrogante. Los gnomos de Wall Street podrán comprometer su dinero basándose en rumores, pero Warren sólo invertirá si la venta o la fusión ha sido ya anunciada.

Durante los años de Buffett Partnership, entre 1957 y 1969, Warren era de la opinión que este tipo de inversiones de arbitraje/workout produciría los beneficios más estables y absolutos para la sociedad año tras año, y que en los años de recesión le otorgaría una ventaja competitiva importante.

Hay que entender que cuando el mercado bursátil retrocede, los accionistas y los directivos empiezan a preocuparse por el descenso del precio de las acciones de la empresa y están por tanto más dispuestos a posibles ventas, liquidaciones o reorganizaciones de la empresa. Por tanto, cuando el mercado retrocede, las oportunidades en el campo del arbitraje tienden a aparecer.

La ecuación grahamiana

Warren aprendió el juego del arbitraje/workout de Graham. Graham, quien fue influido por el tratado clásico sobre el tema de Meyer H. Weinstein de 1931, *Arbitrage in Securities* (Harper Brothers), hizo una exposición brillante de la cuestión en su edición de 1951 de *Security Analysis*.

Graham señaló que, en el caso de la venta de una empresa, se podían obtener enormes beneficios si se compraban las acciones *antes* del anuncio de la venta. Graham también destacó que después del anuncio, pero antes de la consumación de la venta, aparecía una diferencia interesante entre el precio de mercado de las acciones y el precio de venta anunciado. Éste es el tipo de arbitraje que Warren encontró más rentable.

Debido a la complejidad de la inversión y de las distintas variables en juego, Graham desarrolló una fórmula general para determinar el potencial de beneficios de una transacción particular, y es esta fórmula la que enseñó a Warren. Es la siguiente:

G = Beneficios esperados en caso de éxito (*Gain*)
L = Pérdidas esperadas en caso de fracaso (*Loss*)
C = Probabilidades de éxito, expresadas en tanto por ciento (*Chances*)
Y = Periodo esperado de tenencia de las acciones, expresado en años (*Years*)
P = Precio actual de las acciones (*Price*)

$$\text{Rentabilidad anual} = \frac{CG - L(100\% - C)}{YP}$$

La fórmula tiene en cuenta la posibilidad de pérdidas, que siempre se debería considerar en transacciones de este tipo. Veamos cómo funciona.

Ejemplo de utilización de la fórmula de arbitraje de Graham

El 13 de febrero de 1982 Bayuk Cigars, Inc. anunció que tenía la aprobación del Departamento de Justicia para vender sus operaciones a American Maize Products Co. por 14,5 millones de dólares, o cerca de 7,87 dólares por acción. También anunció que adoptaría un plan de liquidación y distribuiría los ingresos de la venta entre sus accionistas.

Poco después del anuncio Warren compró el 5,71% de las acciones en circulación de Bayuk Cigars por 572.907 dólares, o 5,44 dólares por acción. Warren estaba arbitrando así la diferencia entre el precio de mercado de 5,44 dólares por acción y la distribución futura de los ingresos de la venta del activo de Bayuk entre sus accionistas, que estaba estimado, en 7,87 dólares por acción.

Para aplicar la ecuación grahamiana de arbitraje, lo primero que Warren tiene que hacer es calcular sus beneficios por acción previstos. Lo puede hacer restando al precio de venta, 7,87 dólares por acción, el precio que ha pagado por las acciones, que es de 5,44 dólares por acción. El resultado presenta unos beneficios potenciales de 2,43 dólares por acción (7,87 − 5,44 = 2,43 dólares).

A continuación multiplica esos beneficios potenciales, 2,43 dólares, por las probabilidades de éxito, expresadas en porcentaje. En este caso el trato ha sido anunciado y aprobado por el Departamento de Justicia. Poco puede suceder que impida el cierre del acuerdo. Por tanto Warren puede asignar un 90% de probabilidades de que la venta se lleve a cabo, o incluso más. Así que si Warren multiplica su potencial de beneficios, 2,43 dólares, por un 90%, obtiene 2,18 dólares de beneficio una vez realizados los ajustes a la probabilidad de éxito.

Warren tiene que calcular también la cantidad que perdería si la transacción no se produjese. Si la venta se cancelase, el precio de las acciones probablemente descendería hasta el que tenían antes de anunciarse la venta. Si la venta no se produjese, las acciones de Bayuk Cigars regresarían a los 4,50 dólares por acción que costaban antes de que la venta y la liquidación fuesen anunciadas. Esto significa que si Warren pagó 5,44 dólares y el precio de las acciones descendiese hasta 4,50 dólares, Warren perdería 0,94 dólares por acción.

Pero recuerde que también hay que calcular las probabilidades de que ocurran estas pérdidas. Para ello hay que restar el porcentaje de probabilidades de éxito (90%) del 100% total, lo que proporciona a Warren una probabilidad del 10% de que la transacción no se lleve a cabo. Ahora se multiplican las pérdidas previstas, que son de 0,94 dólares, por este 10%, y se obtienen unas pérdidas previstas de 0,09 dólares.

Ahora Warren tendría que calcular el periodo de tiempo que la transacción tardaría en producirse. La empresa, al liquidar su activo, tendría que distribuir los ingresos en el año fiscal, o tendría que pagar impuestos por ganancias de capital. Por tanto Warren podría esperar que una vez ocurriese la venta, los ingresos se pagarían dentro del año. Warren asignaría un periodo de tenencia de las acciones de un año.

Ésta es la Fórmula de Arbitraje de Graham aplicada a la situación de Bayuk Cigars:

G = 2,43 dólares, beneficios esperados en caso de éxito (*Gain*)
L = 0,94 dólares, pérdidas esperadas en caso de fracaso (*Loss*)
C = 90% de probabilidades de éxito, expresadas en tanto por ciento (*Chances*)
Y = 1 año, periodo esperado de tenencia de las acciones (*Years*)
P = 5,44 dólares, precio actual de las acciones (*Price*)

$$\text{Rentabilidad anual} = \frac{CG - L(100\%-C)}{YP}$$

o

$$\text{Rentabilidad anual} = \frac{\overset{C}{90\%} \times \overset{G}{2,43} - \overset{L}{0,94} (100\% - \overset{C}{90\%})}{\underset{Y}{1} \times \underset{P}{5,44}}$$

o

$$\text{Rentabilidad anual} = \frac{\overset{CG}{2,18} - \overset{LC}{0,09}}{\underset{Y}{1} \times \underset{P}{5,44}}$$

o

$$\text{Rentabilidad anual} = \frac{2,09}{5,44} = 38\%$$

Warren puede esperar que su tasa de rentabilidad será del 38% si la transacción y la liquidación de Bayuk Cigars se lleva a cabo en el tiempo previsto. No está nada mal para un compromiso de capital a corto plazo.

Warren ha participado en muchas oportunidades de arbitraje. Aparte de las situaciones de Bayuk Cigars y de RJR Nabisco, también ha sido propietario, por cuestiones de arbitraje, de acciones de Texas National Petroleum, Allegis, Lear-Siegler, Chesebrough-Pond's, Kraft, Interco, Federated, Southland y Marine Midland, por citar unas pocas empresas. En un año puede que posea hasta veinte posiciones distintas de arbitraje, o puede que no posea ninguna.

Desde una perspectiva histórica, lo que Warren ha descubierto es que en el campo del arbitraje el problema de la realización del valor que afecta a la inversión en valores queda resuelto con la certeza de la fecha de transacción. La inversión llegará a su pleno valor en una fecha fijada. El inversor sólo tiene que calcular si produce una tasa de rentabilidad suficiente como para merecer el compromiso de su capital.

Pero recuerde: como ya hemos comentado, Warren tan sólo adquiere posiciones de arbitraje *después de que la compra o liquidación ya haya sido anunciada*.

44

Agrupándolo todo: casos de estudio

Los casos a estudio que presentamos a continuación evalúan empresas en las que Warren ha invertido en el pasado. El formato de cada caso a estudio es el mismo con ligeras variaciones en la parte matemática del análisis de precios y en la determinación de la tasa de rentabilidad compuesta anual. De esta forma le podemos ofrecer cierta diversidad en el proceso de análisis y mostrarle algunas de las distintas aplicaciones y perspectivas que las herramientas matemáticas pueden aportar.

Gannett Corporation, 1994

La pasión de Warren por los periódicos empezó probablemente cuando él era todavía un chico que vivía en Washington, D.C. y repartía el *Washington Post* por el barrio. Como ya sabemos, años más tarde compró una parte considerable de la empresa.

En el verano de 1994, Warren comenzó a comprar acciones de Gannett Corporation, una empresa editora de periódicos. Llegó a invertir 335.216.000 dólares por 6.854.500 acciones de Gannett, lo que equivale a un precio de compra de 48,90 dólares por acción. Veamos qué es lo que encontró tan atractivo.

Trabajo de investigación

El estudio inicial es sencillo en este caso. Todos conocemos *USA Today*, el periódico que se puede encontrar en cualquier quiosco de los Estados

Unidos. Si ha leído más de una vez alguna de estas joyas de circulación masiva, puede que le hayan venido a la cabeza las siguientes preguntas: ¿quién publica este periódico? y ¿cotiza en bolsa? Bueno, pues Gannett lo publica, y la respuesta a la segunda pregunta es sí.

Un vistazo a *Value Line Investment Survey* nos dice que Gannett Corporation publica 190 periódicos en 38 estados de los EE.UU. Sus mayores publicaciones son *Detroit News* (circulación de 312.093 ejemplares) y *USA Today* (2,1 millones de ejemplares). Gannett también es propietaria de trece emisoras de radio y quince canales de televisión.

Una vez reunida la información financiera, es hora de pasar a nuestras preguntas:

1

¿Tiene la empresa algún *monopolio del consumidor o producto de marca identificable*, o vende un producto tipo «commodity»? Como ya sabemos, las emisoras de radio y televisión son buenos negocios. Normalmente, un periódico es un gran negocio si es el único de la población (menos competencia, mayores ingresos para los propietarios). Hemos encontrado que la mayoría de los periódicos de Gannett Corporation son los únicos en cada población.

2

¿*Entiende cómo funciona*? Éste es, por supuesto, otro caso en el que usted, el inversor/consumidor, tiene mucho conocimiento y experiencia utilizando el producto. Por ejemplo, hay un retraso y usted está en un aeropuerto sin nada que hacer, así que decide ir al quiosco y comprarse un periódico. ¿Cuál? ¿El periódico local? No, no interesan las noticias locales. ¡Pero, mira, aquí tienen *USA Today*, y trae noticias de todo el país!

3

¿Está la empresa *financiada prudentemente*? Una revisión de la deuda indica que en 1994 Gannett Corporation tenía una deuda total a largo plazo de 767 millones de dólares, y un poco más de 1.800 millones de capital. Aunque no está libre de deudas, dados los fuertes beneficios de la empresa en 1994 (465 millones de dólares), es fácil de ver que Gannett podría eliminar toda su deuda en tan sólo dos años.

4

¿Son *sólidos* los beneficios de la empresa y muestran una *tendencia creciente*? Los beneficios en 1994 se estimaron en 3,20 dólares por acción. Un vistazo a los beneficios por acción de Gannett indica que éstos crecieron entre 1984 y 1994 a una tasa compuesta anual del 8,6%, y entre 1989 y 1994 a una tasa del 5,3%.

Se puede considerar que los beneficios por acción son muy estables, y han ido incrementándose anualmente salvo en 1990 y 1991, en que todo el sector experimentó una recesión debida al descenso de los precios de los anuncios. Recuerde que una recesión general de todo un sector puede convertirse muchas veces en una oportunidad de compra.

Mirando la tabla de los beneficios por acción se puede ver que éstos son sólidos y muestran una tendencia creciente, que es lo que estamos buscando.

Año	Beneficios (dólares)
1983	1,13
1984	1,40
1985	1,58
1986	1,71
1987	1,98
1988	2,26
1989	2,47
1990	2,36
1991	2,00
1992	2,40
1993	2,72
1994	3,20 (estimados)

5

La empresa sólo invierte su capital en empresas que estén dentro de sus conocimientos, es decir, del sector de los medios de comunicación.

6

Una investigación más profunda revela que Gannett ha estado recomprando acciones propias. Ha recomprado 21,2 millones de acciones entre 1988 y 1994. Esto es un indicativo de que la dirección de la empresa utiliza el capital para aumentar el valor para los accionistas siempre que puede.

7

La forma como la dirección ha invertido los beneficios no distribuidos de la empresa parece haber incrementado los beneficios por acción y, en consecuencia, el *valor para los accionistas*.

La empresa tuvo entre 1984 y 1994 unos beneficios no distribuidos totales de 11,64 dólares por acción. Los beneficios por acción crecieron en 1,80 dólares, de 1,40 dólares la acción a finales de 1984 a 3,20 dólares a finales de 1994. Por tanto, podemos decir que los 11,64 dólares de beneficios no distribuidos se prevé que producirán en 1994 una rentabilidad después de impuestos de 1,80 dólares, lo que equivale a una tasa de rentabilidad del 15,5%.

8

La *rentabilidad del capital de la empresa está por encima del promedio*. Como ya sabemos, Warren cree que es una buena señal que una empresa presente una rentabilidad de su capital por encima del promedio. El promedio para las empresas norteamericanas durante los últimos treinta años está fijado en cerca de un 12%. En la siguiente tabla presentamos la rentabilidad del capital de Gannett durante los últimos diez años:

Estos datos proporcionan a Gannett una tasa de rentabilidad anual del capital durante los últimos diez años del 20,4%. Pero más importante que el resultado de esta media es el hecho de que la empresa ha obtenido grandes amortizaciones de capital de forma continuada, lo que demuestra que se ha realizado una excelente gestión invirtiendo los beneficios no distribuidos en nuevos proyectos.

Año	R.d.C
1983	17,6%
1984	19,6%
1985	19,9%
1986	19,3%
1987	19,8%
1988	20,4%
1989	19,9%
1990	18,3%
1991	19,6%
1992	21,9%
1993	20,8%
1994	24,5% (estimada)

9

¿Puede la empresa ajustar los precios según la inflación? Los periódicos solían costar diez centavos en los EE.UU. y hoy cuestan cincuenta. Pero los periódicos y las emisoras de radio y televisión obtienen sus

verdaderos ingresos de la venta de los espacios publicitarios. Si usted es propietario del único periódico de la ciudad, entonces podrá cobrar mucho por los anuncios y no habrá muchas alternativas a las que la gente pueda recurrir. Como ya hemos comentado, los supermercados, los vendedores de coches y los centros de ocio, como los cines, dependen de sus anuncios en el periódico local. En general, podemos suponer que Gannett puede ajustar sus precios según la inflación sin correr el riesgo de perder ventas.

10

¿Se requieren grandes inversiones para actualizar y renovar las fábricas y la maquinaria de la empresa? Como ya hemos comentado, todas las toneladas de ingresos que una empresa consiga pueden desaparecer por completo si ésta tiene que realizar grandes inversiones para mantenerse competitiva. La principal fuente de negocio de Gannett son sus periódicos y sus emisoras. Una vez instalada la infraestructura inicial y actualizada recientemente, hay que enfrentarse a muy pocos costes de mantenimiento. Las imprentas funcionan durante años sin necesidad de renovación, y las emisoras de radio o televisión necesitan sólo ocasionalmente un transmisor nuevo.

Esto quiere decir que cuando Gannett obtiene ganancias no tiene que destinarlas a investigación y desarrollo o a otros costes considerables de actualización de fábricas y maquinaria. En cambio, puede comprar otros periódicos o emisoras de radio o puede recomprar sus propias acciones. En cualquier caso, los accionistas de Gannett se vuelven cada vez más ricos.

Resumen de los datos

Como Warren ha encontrado respuestas positivas a las preguntas anteriores, concluye que Gannett Corporation es una empresa que puede incluir en su «reino de confianza» y cuyos beneficios pueden ser estimados con un grado considerable de certeza. Pero una respuesta positiva a estas preguntas *no implica* una respuesta automática de compra. Una vez identificada la empresa como un *tipo de empresa en la que querríamos invertir,* todavía tenemos que calcular si el precio de mercado de las acciones nos permitirá una rentabilidad igual o mejor que otras posibles adquisiciones.

Análisis de precios

Como ya hemos dicho y seguiremos diciendo: *identifique primero la empresa* y luego *deje que el precio de mercado determine la decisión de compra*.

Tasa de rentabilidad inicial relativa a las obligaciones del Estado

En el caso de Gannett, se estimaron los beneficios por acción en 1994 en 3,20 dólares. Divida los 3,20 dólares por la tasa de interés de las obligaciones del Estado a largo plazo de 1994, que era de cerca del 7%, y obtendrá un valor relativo de 45,71 dólares por acción. Esto quiere decir que si usted pagase 45,71 dólares por una acción de Gannett, obtendría una rentabilidad igual a la de las obligaciones del Estado. En 1994 se podían comprar acciones de Gannett entre 46,40 y 59 dólares la acción. Como ya hemos comentado, Warren pagó un precio medio de 48,90 dólares por acción.

Como los beneficios por acción en 1994 están estimados en 3,20 dólares, si usted pagase, por ejemplo, 48,90 dólares por acción obtendría una tasa de rentabilidad inicial estimada del 6,5%. Revisando la tasa de crecimiento de los beneficios por acción de Gannett durante los últimos diez años podemos constatar que éstos han estado creciendo a una tasa de rentabilidad compuesta anual del 8,6%. Por tanto, puede hacerse la siguiente pregunta: ¿qué prefiero poseer; 48,90 dólares en obligaciones del Estado con una tasa de rentabilidad estática del 7% o una acción/obligación de Gannett Corporation, con una tasa de rentabilidad inicial del 6,5% y un cupón en expansión a una tasa anual del 8,6%?

Las acciones de Gannett Corporation como acciones/obligaciones

Desde el punto de vista de la rentabilidad del capital, podemos decir que en 1994 Gannett tenía un valor del capital por acción (valor contable por acción o capitales propios dividido por el número de acciones) de 13,04 dólares; si Gannett puede mantener su tasa media de rentabilidad del capital del 20,4% durante los próximos diez años y retener aproximadamente el 60% de esa rentabilidad, entonces el valor del capital por acción debería crecer a una tasa de rentabilidad anual aproximada del 12,24%, o cerca de

41,37 dólares por acción en el Año 10, es decir, en el 2004. Introduzca en su calculadora 13,04 como valor actual (PV), 10 en el número de años (N) y 12,24 en el tipo de interés (%i). Pulse la tecla de cálculo y luego la del valor futuro (FV) y obtendrá 41,37 como resultado.

Si el valor del capital por acción en el 2004 es de 41,37 dólares y Gannett sigue logrando un 20,4% de rentabilidad del capital, los beneficios que debería declarar la empresa en ese año serían de 8,44 dólares por acción (41,37 x 20,4% = 8,44 dólares). Si Gannett se cotiza al ratio P/B mínimo de los últimos diez años, que es de 15, las acciones deberían tener un precio de mercado aproximado de 126,60 dólares por acción (8,44 x 15 = 126,60 dólares). Multiplicando los beneficios por acción por el ratio P/B máximo de los diez años, que es de 23, el precio de las acciones que se obtiene es de 194,12 dólares (8,44 x 23 = 194,12 dólares). Añadiendo el total de los dividendos estimados acumulados entre 1994 y el año 2004, que son de 23,85 dólares, se obtiene una tasa de rentabilidad compuesta anual antes de impuestos para esos diez años de entre el 11,89% y el 16,12%.

Proyectar una tasa de rentabilidad compuesta anual utilizando la cifra del crecimiento anual histórico de los beneficios por acción

Warren puede suponer que si los beneficios por acción siguen creciendo al 8,6% anual y Gannett sigue pagando unos dividendos del 40% de los beneficios, entonces los beneficios por acción y la cifra de dividendos se desarrollarán en la próxima década de la siguiente manera:

Esto quiere decir que Warren puede prever que en el año 2004 Gannett presentará unos beneficios por acción de 7,48 dólares. Si Gannett se cotiza al ratio precio/beneficios más bajo que ha tenido en los últimos diez años (15) podemos calcular que el precio de mercado de las acciones será de 112,20 dólares (7,48 x 15 = 112,20 dólares). Añadiendo los divi-

Año	Beneficios (dólares)	Dividendos (dólares)
1995	3,56	1,42
1996	3,86	1,54
1997	4,20	1,68
1998	4,56	1,82
1999	4,95	1,98
2000	5,38	2,15
2001	5,84	2,33
2002	6,34	2,53
2003	6,89	2,75
2004	7,48	2,99
		21,19

dendos acumulados de 21,19 dólares, la rentabilidad total antes de impuestos asciende a 133,39 dólares por acción (112,20 + 21,19 = 133,39 dólares).

Si se cotiza al ratio P/B más alto de los últimos diez años (23), podemos calcular que en el año 2004 el precio de mercado de las acciones será de 172,04 dólares. Añadiendo los dividendos acumulados de 21,19 dólares, la rentabilidad total antes de impuestos asciende a 193,23 dólares por acción (133,39 + 21,19 = 193,23 dólares).

Si usted fuese Warren e invirtiera 48,90 dólares por una acción de Gannett en 1994, utilizando este método podría esperar que en diez años valdría, sumando dividendos, entre 133,39 y 193,23 dólares. Esto equivale a una tasa de rentabilidad compuesta anual antes de impuestos de entre el 10,55 y el 14,72%. (Se pueden obtener estos resultados introduciendo en la calculadora 48,90 como valor actual (PV), 10 en el número de años (N) y 133,39 o 193,23 como valor futuro (FV). Al pulsar la tecla de cálculo seguida de la del tipo de interés (%i) aparece la tasa de rentabilidad compuesta anual resultante: o bien 10,55%, o bien 14,72%.)

En resumen

Durante el verano y el otoño de 1994, Warren compró cerca de 6.854 millones de acciones de Gannett Corporation a 48,90 dólares la acción, por un precio total de 335.216.000 dólares. Cuando Warren compró las acciones podía decir que compraba acciones/obligaciones de Gannett con una rentabilidad del 6,5% y un cupón que se preveía que crecería a una tasa anual del 8,6%. También podía proyectar que si conservaban las acciones diez años, su tasa de rentabilidad compuesta anual antes de impuestos sería de entre el 10,55 y el 16,12%.

Por tanto, la inversión de 335.216.000 en acciones de Gannett valdrá al cabo de diez años en términos antes de impuestos entre 913.936.654 y 1.494.166.165 dólares.

McDonald's Corporation, 1996

Warren siempre ha estado fascinado por la comida rápida (fast food) y está particularmente interesado en las cadenas de restaurantes que, como McDonald's, han convertido una comida genérica como las hamburguesas en productos de marca. En 1996 Berkshire Hathaway adquirió 30.156.600 acciones de McDonald's a un precio medio de 41,95 dólares por acción. Veamos qué es lo que Warren encontró tan atractivo en McDonald's en 1996.

Trabajo de investigación

Saber cómo funciona el producto es muy sencillo: se come.

Vaya a la biblioteca; busque en *Value Line* los listados de McDonald's Corporation, y consulte después *Guide to Business Periodicals* para conseguir una lista de artículos sobre la empresa. Llame a la empresa (630-623-7428) y pida un informe anual. Una vez conseguida toda esta información puede pasar a las preguntas.

1

¿Tiene la empresa algún *monopolio del consumidor o producto de marca identificable*, o vende un producto «commodity»? ¿Ha comido alguna vez una hamburguesa McDonald's? De hecho, es más difícil encontrar alguien que no haya comido jamás ninguna. McDonald's es la mayor cadena de restaurantes del mundo entero. Con cerca de veinte mil restaurantes en más de cien países del mundo, es difícil huir de Ronald McDonald. De hecho, McDonald's ha vendido más hamburguesas que personas hay en el mundo. Toda una proeza.

Sí, McDonald's posee un monopolio del consumidor y un producto de marca identificables. (Hay que tener presente que recientemente McDonald's ha tenido que enfrentarse a un incremento de la competencia. ¿Conseguirá batir a sus adversarios y defender su mercado o será su primer gran paso atrás en el dominio del mercado mundial del *fast food*? Warren ya ha expresado su opinión. ¿Qué cree usted?)

2

¿Está la empresa *financiada prudentemente?* Una comprobación de la deuda a largo plazo indica que la empresa posee unas deudas a largo plazo del 35% de su pasivo, y eso es prudente, dado el historial de fuertes beneficios.

3

Año	Beneficios (dólares)
1986	0,62
1987	0,72
1988	0,86
1989	1,98
1990	1,10
1991	1,18
1992	1,30
1993	1,45
1994	1,68
1995	1,97
1996	2,21

¿Son *sólidos* los beneficios de la empresa y muestran una *tendencia creciente?* Un vistazo a los beneficios por acción de McDonald's indica que han estado creciendo a una tasa compuesta anual del 13,5% desde 1986 hasta 1996, y a una tasa del 13,37% durante los últimos cinco de estos años.

La tabla muestra que los beneficios por acción anuales son sólidos y presentan una clara tendencia creciente, que es lo que estamos buscando.

4

La empresa sólo invierte su capital en empresas que estén dentro del terreno que domina, es decir, la ampliación de operaciones.

5

Una investigación más detallada indica que McDonald's ha estado recomprando acciones propias.

6

La forma como la dirección ha gestionado los beneficios no distribuidos parece haber incrementado los beneficios por acción y por tanto, el valor para los accionistas.

La empresa tuvo, desde finales de 1986 a finales de 1996, unos beneficios no distribuidos de 11,48 dólares por acción. Los beneficios por acción crecieron 1,59 dólares por acción, pasando de 0,62 dólares a finales de 1986 a 2,21 dólares a finales de 1996. En consecuencia, podemos afirmar que los 11,48 dólares de beneficios no distribuidos produjeron en 1996 una rentabilidad después de impuestos empresariales de 1,59 dólares, lo que equivale a una tasa de rentabilidad del 13,8%. Este resultado señala que se han gestionado de forma rentable los beneficios retenidos, lo cual, como podemos ver, ha incrementado los beneficios por acción. Esto también ha provocado un aumento paralelo del precio de mercado de las acciones de McDonald's, que era de 10 dólares en 1986 y llegó a casi 47 dólares en 1996.

7

La *rentabilidad del capital de la empresa está por encima del promedio*. Como ya sabemos, Warren cree que es una buena señal que una empresa presente una rentabilidad de su capital por encima del promedio. El promedio para las empresas norteamericanas durante los últimos treinta años está fijado en cerca de un 12%. En la siguiente tabla presentamos la rentabilidad del capital de McDonald's Corporation durante los últimos diez años:

Año	R. de C.
1986	19,1%
1987	18,8%
1988	18,9%
1989	20,5%
1990	19,2%
1991	17,8%
1992	16,0%
1993	17,3%
1994	17,8%
1995	18,2%
1996	18,0%

Estos datos proporcionan a McDonald's una tasa de rentabilidad anual del capital durante los últimos diez años del 18,25%. Pero más importante que el resultado de esta media es el hecho de que la empresa ha realizado una excelente gestión invirtiendo los beneficios no distribuidos en nuevos proyectos, ampliando el negocio.

8

¿Puede la empresa ajustar los precios según la inflación? Esta pregunta es fácil de responder porque muchos de nosotros nos acordamos de que pagábamos quince centavos por una hamburguesa de McDonald's, y ahora cuestan 75 centavos. Así que la respuesta a la pregunta es un sí. La inflación no afecta a la demanda de productos

de McDonald's, ni a la transferencia al consumidor de los incrementos de los costes de la empresa.

9

¿Se requieren grandes inversiones de capital para actualizar y renovar las fábricas y la maquinaria de la empresa? No hay I + D en este caso, y las franquicias son responsables de los costes de construcción de muchos de los restaurantes. Por tanto, en este caso la empresa tampoco tiene que dedicar grandes cantidades de dinero a la actualización de fábricas y maquinaria.

Resumen de los datos

Como Warren ha encontrado respuestas positivas a las preguntas anteriores, concluye que McDonald's es una empresa que puede incluir en su «reino de confianza» y cuyos beneficios pueden ser estimados con un grado considerable de certeza.

Análisis de precios

Tasa de rentabilidad inicial relativa a las obligaciones del Estado

McDonald's tuvo unos beneficios por acción de 2,21 dólares en 1996. Divida 2,21 entre la tasa de interés de las obligaciones del Estado a largo plazo de 1996, que fue casi un 7%, y obtendrá un valor relativo de 35,71 dólares por acción (2,21 / 0,07 = 31,57 dólares).

En 1996 se podían comprar acciones de McDonald's a un precio que estaba entre 41 y 54 dólares la acción. Como en 1996 los beneficios por acción fueron de 2,21 dólares, si usted pagó entre 41 y 54 dólares por acción su tasa de rentabilidad inicial estimada estaría entre el 4 y el 5,3%. El coste medio de las acciones que Berkshire adquirió fue de 41,95 dólares, que equivale a una tasa de rentabilidad inicial del 5,2%.

Revisando la tasa de crecimiento de los beneficios por acción de McDonald's durante los últimos diez años, podemos constatar que éstos han estado creciendo a una tasa de rentabilidad compuesta anual del 13,5%.

Por tanto, puede hacerse la siguiente pregunta: ¿qué prefiero poseer; obligaciones del Estado con una tasa de rentabilidad estática del 7% o acciones/obligaciones de McDonald's, con una tasa de rentabilidad inicial del 5,2% y un cupón en expansión a una tasa anual del 13,5%?

Las acciones de McDonald's como acciones/obligaciones

Desde el punto de vista de la rentabilidad del capital, podemos afirmar que en 1996 McDonald's poseía un valor del capital por acción de 12,35 dólares. Si la empresa es capaz de mantener su tasa media de rentabilidad del capital de los últimos diez años (18,25%) y retener aproximadamente el 84% de esa rentabilidad, pagando el 16% restante vía dividendos, entonces el valor del capital por acción debería crecer a una tasa compuesta anual del 15,33% (84% x 18,25% = 15,33%). Si el valor del capital por acción de McDonald's crece a una tasa compuesta anual del 15,33%, en el año 2006 éste habrá crecido ya hasta los 51,41 dólares, aproximadamente.

Si el valor del capital por acción en el 2006 es de 51,41 dólares y McDonald's sigue logrando un 18,25% de rentabilidad del capital, los beneficios que debería declarar la empresa ese año serían de 9,38 dólares por acción (51,41 x 18,25% = 9,38 dólares). Si McDonald's se cotiza a su ratio P/B medio de los últimos diez años, que es de 16,7, en el año 2006 las acciones deberían tener un precio de mercado aproximado de 156,64 dólares por acción (9,38 x 16,7 = 156,64 dólares). Añadiendo los dividendos acumulados de 7,50 dólares, los ingresos totales por la venta, más los dividendos, ascienden a 164,14 dólares por acción. Unos ingresos totales de 164,14 dólares por acción equivalen a una tasa de rentabilidad compuesta anual antes de impuestos del 14,6%.

Esto quiere decir que si usted, al igual que Warren, hubiese pagado 41,95 dólares por una acción en 1996 y vendiese su inversión en el 2006, podría esperar una tasa de rentabilidad compuesta anual antes de impuestos del 14,6%.

Proyectar una tasa de rentabilidad compuesta anual utilizando la cifra del crecimiento anual histórico de los beneficios por acción

Año	Beneficios (dólares)	Dividendos (dólares)
1997	2,50	0,40
1998	2,83	0,45
1999	3,22	0,51
2000	3,65	0,58
2001	4,14	0,66
2002	4,70	0,75
2003	5,34	0,85
2004	6,06	0,97
2005	6,88	1,10
2006	7,81	1,25
		7,52

Warren puede suponer que si los beneficios por acción de McDonald's son de 2,21 dólares en 1996 y siguen creciendo al 13,5% anual, y la empresa sigue pagando unos dividendos del 16% de los beneficios, entonces los beneficios por acción y la cifra de dividendos se desarrollarán en la próxima década de la siguiente manera (ver cuadro de la izquierda).

Esto quiere decir que podemos prever que en el año 2006 McDonald's presentará unos beneficios por acción de 7,81 dólares. Si McDonald's se cotiza a su ratio precio/beneficios promedio de los últimos diez años, que es de 16,7, podemos calcular que el precio de mercado de las acciones en el 2006 será de 130,42 dólares (7,81 x 16,7 = 130,42 dólares).

Si usted, como Warren, invirtiera 41,95 dólares por una acción de McDonald's en 1996 y en diez años ésta valiese 130,42 dólares, su tasa de rentabilidad compuesta anual antes de impuestos sería aproximadamente del 12,01%. Puede obtener estos resultados introduciendo en la calculadora 41,95 como valor actual (PV), 10 en el número de años (N) y 130,42 en el valor futuro (FV). Al pulsar la tecla de cálculo seguida de la del tipo de interés (%i) aparece la tasa de rentabilidad compuesta anual resultante: 12,01%.

Añadiendo los 7,52 dólares por acción en dividendos que McDonald's habrá pagado al precio proyectado de 130,42 dólares por acción en el 2006, los ingresos totales procedentes de la venta más los dividendos ascienden a 137,94 dólares por acción. Este resultado equivale a una tasa de rentabilidad compuesta anual antes de impuestos del 12,6%.

Resumen

En 1996, Warren compró 30.156.600 acciones de McDonald's Corporation a un precio de 41,95 dólares por acción, representaba un precio total de compra de cerca de 1.265 millones de dólares. Cuando Warren compró las acciones podía decir que compraba acciones/obligaciones de McDonald's con una rentabilidad del 5,2% que se preveía que crecería a una tasa anual del 13,5%. También podía prever que si conservaba las acciones diez años su tasa de rentabilidad compuesta anual antes de impuestos sería de entre el 12,6 y el 14,6%.

45

Cómo empezó Warren: el vehículo de la inversión

Ahora que ya está equipado con algunos conocimientos de Buffettología debería lograr una rentabilidad compuesta media de, por ejemplo, entre el 15 y el 25% anual a largo plazo. Por tanto, si empieza con 1 millón de dólares, en treinta años tendrá, como máximo, 807 millones. ¿Y eso? ¿Dónde están los miles de millones? (Yo creía que usted había dicho que ésta era una guía para hacerse multimillonario.)

Lo es. Lo que sucede es que todavía hay un truco del juego que debe aprender: para convertirse en multimillonario hay que conseguir que otra gente le deje su dinero para invertir.

Existen muchas vías posibles, pero como ésta es en esencia una guía para hacerse multimillonario al estilo de Warren, seguiremos sus pasos y explicaremos cómo consiguió Warren que otra gente le prestara dinero para invertir.

Primero de todo, usted tiene que decidir qué vehículo inversor quiere utilizar. Warren podía escoger entre muchos, pero el más simple y más rentable es la sociedad limitada. Y es la forma que escogió cuando empezó a recaudar fondos en 1957.

Digo que es simple porque en Estados Unidos siempre que no haya más de cien inversores, se está exento de las regulaciones de la Securities and Exchange Comission (SEC) que requieren el registro de los fondos de inversión. Un fondo de inversión tiene que cumplir más normas que un soldado en la marina.

Otra ventaja de la sociedad limitada es que se puede cobrar tanto como se desee. En cambio, en los fondos de inversión se está limitado por la ley federal.

En 1956, después de haber sido aprendiz de Benjamin Graham en Nueva York, Warren regresó a Omaha. El vehículo que eligió para recaudar fondos fue la sociedad limitada. Fundó Buffett Associates, Ltd., que tenía siete socios. Warren era el socio principal. Los socios aportaron un capital total de 105.000 dólares. El certificado de la sociedad limitada decía lo siguiente:

Certificado de Sociedad Limitada

Los firmantes certifican haber entrado en el día de hoy en una sociedad limitada, y que:

I

El nombre de la sociedad es:

BUFFETT ASSOCIATES, LTD.

II

El tipo de operaciones que desempeñará la sociedad consistirá en la compra y venta, por cuenta de la sociedad, de acciones, obligaciones y otros bienes e inversiones.

III

La sede principal de la sociedad estará establecida en Omaha, Douglas County, Nebraska.

IV

El socio general es:
Warren E.Buffett
  Omaha, Nebraska

Los socios restringidos[1] son:
Charles E.Peterson, Jr.
  Omaha, Nebraska

---

1 La responsabilidad de estos socios en la sociedad limitada es proporcional a la cantidad invertida en ella.

Elisabeth B.Peterson
   Omaha, Nebraska
Doris B.Wood
   Omaha, Nebraska
Truman S.Wood
   Omaha, Nebraska
Daniel J.Monen, Jr.
   Omaha, Nebraska
William H.Thompson
   Omaha, Nebraska
Alice R.Buffett
   Omaha, Nebraska

referidos de ahora en adelante conjuntamente como socios restringidos.

V

El plazo durante el cual la sociedad va a existir se inicia el 1 de mayo de 1956 y termina el 30 de abril de 1976, siempre que no finalice sus operaciones con anterioridad, según el contrato de sociedad o según las leyes de Nebraska.

VI

Las cantidades de dinero invertidas por cada socio restringido son las siguientes:

Socios restringidos:	*Capital aportado (en dólares):*
Charles E.Peterson, Jr.	5.000
Elisabeth B.Peterson	25.000
Doris B.Wood	5.000
Truman S.Wood	5.000
Daniel J.Monen, Jr.	5.000
William H.Thompson	25.000
Alice R.Buffett	35.000

VII

Los socios restringidos no han acordado realizar aportaciones adicionales.

VIII

No se ha acordado ninguna fecha excepto la de finalización de la sociedad o la de retirada de algún socio restringido de la sociedad para el reembolso de las aportaciones de los socios restringidos.

IX

La distribución de los beneficios u otras compensaciones en forma de ingresos que cada socio restringido recibirá a razón de su aportación será la siguiente: se pagarán a cada socio restringido intereses anuales del 4% sobre el saldo de su cuenta de capital a 31 de diciembre del año inmediatamente anterior según la liquidación por impuestos federales presentada por la sociedad aplicable a las operaciones de dicho año, siendo dichos pagos considerados como gastos de la sociedad. En lugar del cómputo separado de los intereses para el periodo que finaliza el 31 de diciembre de 1956, se pagará a cada socio restringido el 2% sobre su aportación de capital inicial, siendo dichos pagos considerados como gastos de la sociedad durante el citado periodo. Por otra parte, cada socio restringido participará en los beneficios netos totales de la sociedad, es decir, los beneficios netos de la sociedad desde la fecha de su constitución hasta cualquier momento en las siguientes proporciones:

Charles E.Peterson, Jr.	1/42
Elisabeth B.Peterson	5/42
Doris B.Wood	1/42
Truman S.Wood	1/42
Daniel J.Monen, Jr.	1/42
William H.Thompson	5/42
Alice R.Buffett	7/42

X

Ningún socio restringido tendrá derecho a elegir en su lugar a otro contribuyente.

XI

Los socios restringidos no tendrán derecho a admitir socios adicionales.

XII

No existirá prioridad entre los socios restringidos.

XIII

Los socios restringidos restantes no tienen derecho a continuar las operaciones de la sociedad en caso de muerte, jubilación o demencia del socio principal.

XIV

Ningún socio restringido tiene derecho a exigir o recibir otra cosa que dinero en efectivo como devolución de su aportación.

En el día 1 de mayo de 1956.

En presencia de:
(firmas)
Warren E.Buffett
Charles E.Peterson, Jr.
Elisabeth B.Peterson
Doris B.Wood
Truman S.Wood
Daniel J.Monen, Jr.
William H.Thompson
Alice R.Buffett

Es bastante sencillo, ¿verdad?

Warren no se paró aquí. Entre 1956 y 1962 fundó otras nueve sociedades limitadas para gestionar el dinero de diversas personas: Ann Investments, Ltd.; Buffett Fund Ltd.; Buffett-Holland, Ltd.; Buffett-TD, Ltd.; Dacee, Ltd.; Endee, Ltd.; Gaenoff, Ltd.; Mo-Buff Ltd.; y Underwood Partnership, Ltd.

Para evitar la locura, en 1962 decidió fusionar todas estas sociedades limitadas en una y convertirlas en Buffett Partnership, Ltd. Por aquel entonces Warren ya había acumulado 98 socios y 10,55 millones de dólares de capital.

Las condiciones de Buffett Partnership, Ltd. fueron bastante sencillas. Warren recibiría el 25% de los beneficios superiores al 6% que los inversores podrían obtener ahorrando su dinero en una cuenta bancaria. Warren creía que sus inversores no tenían que pagar nada si no conseguía como mínimo unos ingresos superiores a los proporcionados por el banco local. Además, decidió compensar cualquier pérdida de un año con los beneficios del año precedente, aunque nunca tuvo que hacerlo, pues nunca tuvo un mal año.

Un abogado familiarizado con las leyes relacionadas con sociedades y con la inversión puede redactar un contrato de sociedad limitada, y bajo ninguna circunstancia debería usted intentar redactar este documento sin la ayuda de un abogado. Los requisitos de registro de la Securities and Exchange Comission (SEC) son fáciles de entender y a menudo no supone gasto alguno satisfacerlos, pero si no se cumplen, las penalizaciones suelen ser muy severas. ¡Contrate un abogado para que le ayude! Además, tener un abogado siempre proporciona un entorno profesional.

Encontrar inversores

La caridad empieza en casa, y es allí donde primero hay que ir a buscar inversores potenciales. Warren empezó con familiares y amigos, que es por donde cualquiera debería empezar. Una vez rastreado el propio terreno, hay que comenzar a aproximarse a cualquier persona, conocida o no, que posea dinero. Warren solía organizar pequeñas tertulias con inversores en su casa. Susie, su mujer, preparaba una cazuela de sopa de pollo e invitaba a la gente a escuchar los conocimientos del joven genio inversor exponiendo las teorías de Benjamin Graham.

Cuando Warren llevaba unos pocos años en el negocio, empezó a recaudar las cantidades necesarias de los inversores potenciales para formar parte de la sociedad. Recuerde que existe una limitación de cien socios, y que por tanto se ha de buscar a la gente más rica de la ciudad para ser socios, y en especial aquélla que gana mucho dinero, como los médicos.

Warren era famoso por recibir en audiencia a sus amigos/inversores médicos en un pequeño restaurante llamado Rose's Lodge. Un plato de pollo frito, unas cervezas, unas palabras sobre las teorías de Graham y empezaban a aparecer los talonarios. Muchos de aquellos primeros inversores valen ahora más de 100 millones de dólares. De hecho, Laurence Tisch fue un socio restringido y ganó mucho dinero al entrar en contacto con Warren mediante Howard Newman, quien había sido socio de Graham en Graham-Newman.

Pasado un tiempo, el entorno de la inversión cambió y el mercado se sobrevaloró. Warren, motivado por el precio, dijo a sus socios que las cosas eran demasiado caras. En lugar de intentar una estrategia diferente con la que estaría incómodo, decidió liquidar la sociedad. Años más tarde el mercado se corrigió en un ataque maníaco-depresivo y bajó en picado. Allí estaba Warren con un puñado de billetes, y de repente sus empresas favoritas se vendían a una fracción de su valor intrínseco. Warren empezó a comprar.

En aquellos tiempos en que los impuestos sobre la renta eran del 50% o más para los ingresos altos, era más ventajoso invertir a través de una empresa, puesto que ésta pagaba menos impuestos. El único problema es que tan sólo se podía poseer hasta el 49% de la empresa o Hacienda la consideraría una empresa de propiedad privada e impondría impuestos sobre la renta que eran del 50% o superiores. (Este problema todavía existe en la actualidad. ¡Tenga cuidado!)

Así que Warren compró el 48% de una empresa textil llamada Berkshire Hathaway, que eligió en base a las ofertas grahamianas, y resultó ser una lacra grahamiana. El sector textil, aunque en un tiempo había sido magnífico, era un negocio «commodity», y los tejidos de Berkshire no podían competir. Warren, al ver esta situación, hizo algo muy inteligente: empezó a comprar compañías de seguros con el capital circulante de Berkshire. En esencia, el dinero que se habría destinado a comprar telares nuevos se invirtió en la compra de National Indemnity Insurance Company.

¿Por qué compañías de seguros? No son una compra tan fantástica. Los aspectos económicos del negocio atrajeron a Warren. Mire, cuando usted envía su cheque a la compañía que asegura su coche, su casa, su vida, etcétera, la compañía introduce ese dinero en un fondo común. Si su coche queda destrozado, si se quema su casa o si usted fallece y usted o su cónyuge presenta una demanda, la compañía de seguros le pagará de ese fondo común. Pero esa demanda puede llegar dentro de muchos años y hasta entonces la compañía de seguros puede utilizar ese dinero. Es este fondo común, conocido en el mundo asegurador como flotación, lo que Warren perseguía.

Una compañía de seguros consigue dinero invirtiendo el dinero de su fondo común, o flotación. ¿Y qué es lo que Warren hace muy bien? Invertir. En 1996 el negocio asegurador de Berkshire había adquirido unos fondos de 6.700 millones de dólares. Esto quiere decir que Warren podía hacer un uso libre de 6.700 millones de dólares de otra gente, un dinero que algún día debería ser devuelto en caso de petición, pero que mientras tanto Warren podía invertir.

La clave para ganar mil millones de dólares en el juego inversor es aprender a conseguir una tasa de rentabilidad compuesta anual del 23% o superior, fundar una sociedad inversora limitada, entusiasmar a sus inversores y, cuando tenga el dinero suficiente, comprar el 49% de una compañía de seguros. (P.D. Casi me olvido. Hay que conseguir que algún amigo compre otro 2% de la compañía de seguros, de forma que en realidad controle el 51% de las acciones y de las elecciones en la empresa, lo cual significa que usted controla el consejo de administración y, a su vez, la empresa.)

¿Le parece fácil? Para Warren lo fue. Y podría serlo para usted también, si deja que la inversión con perspectiva empresarial le indique el camino a seguir.

46

54 empresas a observar

Existen literalmente miles de empresas que cotizan en bolsa, y buscar entre todas ellas una empresa excelente sería una tarea peliaguda. Para ahorrarle una enorme cantidad de tiempo, le proporcionamos la siguiente lista de 54 empresas en las que Warren ha invertido en el pasado y en las que creemos que seguirá poniendo la vista. *Muchas de las empresas aquí listadas son nombradas por primera vez como empresas Buffett.*

Recuerde que en algunos días el mercado desprenderá un entusiasmo salvaje y los precios de estas empresas serán elevados; en otros, habrá retroceso y los precios serán más bajos. A nosotros nos interesan los días en que el mercado valora estas empresas a un precio bajo.

Hemos etiquetado a cada una de estas empresas como monopolio del consumidor o como puente de peaje. Recuerde: un monopolio del consumidor es una empresa excelente que tiene un producto de marca como Coca-Cola; un puente de peaje es una empresa excelente que proporciona un servicio que otras empresas *tienen* que utilizar para mantenerse competitivas, como por ejemplo una agencia de publicidad. Muchas veces la frontera entre ambas es muy borrosa.

También le proporcionamos los números de teléfono de estas empresas[2]. Puede llamar para pedir informes anuales gratuitos (Las referencias a *Value Line* y *S&P* se refieren a *Value Line Investment Survey* y a *Standard and Poor's Stock Reports*.) También hemos incluido las direcciones de Internet de las empresas que disponen de ella.

¡Disfrute!

---

[1] Los números presentados corresponden a los Estados Unidos. Una llamada desde cualquier otro país requiere un 1 de prefijo.

ADVO INC.
Puente de peaje

Advo Inc. es la mayor empresa de marketing por correo directo de los Estados Unidos. ¿Sabe toda aquella publicidad que recibe a diario y que le intenta vender algo? Pues bien, probablemente Advo, Inc. se la envía. Si quiere promocionar masivamente algún producto a través del correo, ésta es la empresa que probablemente utilizará. Sí, incluso cubren las campañas electorales.

Piense en esta empresa como una empresa de publicidad. Es decir, si una empresa quiere anunciarse nacional o internacionalmente tiene que utilizar alguna de las agencias internacionales de publicidad. Y si quiere llevar a cabo una importante campaña por correo, tiene que utilizar Advo, Inc. Es como un puente de peaje sobre las aguas del comercio. Para llevar un producto a la otra orilla, hay que construir un puente o pagarle peaje a Advo.

Value Line hace un seguimiento de la empresa, cuyo número de teléfono es 203-285-6100. Recuerde: una gran empresa es una gran empresa, pero el precio que usted pague determinará su tasa de rentabilidad.

AMERICAN BRANDS
Monopolio del consumidor

Esta empresa es propietaria de Gallaher Tobacco Limited, la líder del mercado en Gran Bretaña. Fabrica los cigarrillos Benson & Hedges. En 1994 American Brands vendió sus operaciones de tabaco en Norteamérica y se despidió así de toda la mala fama y los posibles gastos asociados con las denuncias por cáncer. Los cigarrillos producen unos márgenes de beneficios muy amplios, lo que supone grandes ingresos. American Brands es propietaria también de otras empresas, pero es el tabaco el que cosecha los mejores frutos. Las operaciones tabacaleras han sido siempre un monopolio del consumidor.

Value Line sigue la empresa y se puede conseguir un informe anual llamando al 203-698-5000.

AMERICAN EXPRESS
Puente de peaje

American Express es una enorme empresa de servicios financieros que hace casi de todo; pero su punto fuerte son los servicios relacionados con el sector del turismo, en lo que son unos expertos. Las tarjetas de crédito son un tipo de puente de peaje en el mundo de Warren. Alguien compra y paga utilizando la tarjeta de American Express. En ese momento American Express cobra una comisión del comerciante, además de la del usuario de la tarjeta. Cada vez que hay una transacción, AMEX saca beneficios.

A principios de los noventa AMEX empezó a tener problemas: desde septiembre de 1991 a septiembre de 1994, la empresa perdió 2,2 millones de usuarios de tarjetas y vio como su mercado total de tarjetas se reducía del 22,5% en 1990 al 16,3% en 1995. Esto se debió en parte a que AMEX intentara convertirse en un punto de paso necesario de cualquier operación financiera. En el proceso de diversificarse en diferentes productos financieros, desatendieron sus operaciones con tarjeta de crédito, la verdadera esencia de su negocio. Hay que tener presente que a veces hay empresas maravillosas que están dirigidas de forma que, a causa de una diversificación, acaban ignorando el fantástico negocio subyacente que generó su riqueza inicial. En el caso de AMEX, Harvey Golub rescató a la empresa como nuevo director general y Warren subió al tren de Golub y se puso a comprar acciones. Recuerde que no sólo se invierte en la empresa sino también en la gente que la dirige. Hacen falta dos para bailar un tango.

Value Line y *S&P* hacen un seguimiento de la empresa, y si llama al 212-640-2000 podrá obtener un informe anual.
Internet: http://www.americanexpress.com

AMERICAN HOME PRODUCTS
Monopolio del consumidor

Ésta es otra empresa fabricante de fármacos. Es una empresa líder en la fabricación de fármacos que se expenden con receta, pero también es propietaria de otros nombres de marca fantásticos como Advil, Anacin, Lodine y Robitussin, que son de venta libre. La rentabilidad del capital durante los últimos diez años ha sido siempre superior al 30%. El crecimiento de los beneficios por acción ha sido del 7,9%. Al precio adecuado, es una buena compra que vale la pena conservar siempre. La gente tiene la costumbre de enfermar, y no creo que eso vaya a cambiar en un futuro próximo.

Value Line hace el seguimiento, y se puede obtener un informe anual llamando al 201-660-5000.

AMERICAN SAFETY RAZOR
Monopolio del consumidor

Esta empresa es competidora de Gillette. Fabrica docenas de productos de marca y es la reina de las hojas de afeitar de calidad. La empresa tiene más de cien años. Antes pertenecía a Philip Morris y pasó a manos privadas en los años setenta. En 1993 volvió a cotizar en bolsa y ahora ha empezado a realizar adquisiciones propias.

S&P hace su seguimiento y puede obtener un informe anual llamando al 504-248-8000.

ANHEUSER-BUSCH
Monopolio del consumidor

No es Coca-Cola, pero mucha gente bebe cerveza. Anheuser-Busch es *la mayor* empresa de elaboración de cervezas *del mundo*, y la segunda empresa en productos de panadería de Norteamérica. A esta gente le gusta mucho la levadura. Esto es lo que Warren llama un monopolio del consumidor: se pide la cerveza por la marca.

Value Line hace el seguimiento de la empresa y si quiere un informe anual, llame al 314-577-2000.

BHC COMMUNICATIONS
Monopolio del consumidor y puente de peaje

BHC Communications gestiona ocho cadenas de televisión y es una de las mayores empresas de difusión de los EE.UU. en términos de hogares alcanzados. Sus señales abarcan el 20% de la población del país. A principios de 1995 lanzó United Paramount Network. Al precio adecuado, es una buena compra.

Value Line y *S&P* siguen esta empresa y puede obtener un informe anual llamando al 212-421-0200.

BEAR STEARNS
Puente de peaje

Se trata de un banco de inversión. Recauda fondos para empresas y obtiene comisiones por transacción al actuar de intermediario en las ventas de acciones. En cinco de los últimos diez años ha declarado una rentabilidad del capital del 20% o superior. En los otros cinco ésta se ha situado entre el 11,3 y el 18%. Lo que hace interesante a la empresa es que en ocasiones se cotiza por debajo de su valor contable. Como su activo es primordialmente líquido (se convierte fácilmente en efectivo), lo que de hecho se adquiere es una empresa con una gran rentabilidad por menos del valor de su activo neto.

Value Line y *S&P* la siguen y puede obtener un informe anual llamando al 212-272-2000.

BRISTOL-MYERS SQUIBB COMPANY
Monopolio del consumidor

Esta empresa vende cerca de 11.000 millones al año en productos farmacéuticos y de belleza. Algunos de los nombres de marca claves son Ban, Bufferin o Clairol. La rentabilidad del capital de la empresa durante los últimos diez años superó el 20%, y durante los últimos cinco años ha superado el 30%. Los beneficios por acción han estado creciendo a una tasa de rentabilidad compuesta anual media del 10% durante los últimos diez años.

Obsérvela y haga sus cálculos. Para un informe anual llame al 212-546-4000.

CAMPBELL SOUP
Monopolio del consumidor

Todos conocemos estas sopas desde nuestra infancia. ¿Pero ya sabe que Campbell Soup es también propietaria de Franco-American, V8, Swanson,

Pepperidge Farm, Vlasic, Mrs.Paul's, Prego (que significa "gracias" en italiano) y docenas de otras marcas que puede encontrar en su cesta de la compra?

Value Line hace su seguimiento y se puede conseguir un informe anual llamando al 609-342-4800.

CIRCUIT CITY STORES
Puente de peaje

Grandes almacenes como Circuit City (o Wal-Mart) están en una posición tan poderosa que pueden forzar a los fabricantes a bajar los precios. La informática, el negocio de Circuit City, permite el almacenamiento centralizado, y en algunos casos estos centros pueden incluso trasladar el almacenamiento al fabricante.

La electrónica de consumo, como los ordenadores, se ha convertido en una mercancía mientras todos los fabricantes compiten en precios. Circuit City está en una posición maravillosa. Puede ofrecer precios más bajos porque es un enorme comprador. Su rentabilidad del capital durante los últimos diez años ha fluctuado entre el 15,4% y el 25,4%, que es muy respetable. Los beneficios por acción han estado creciendo durante los últimos diez años a una tasa anual del 23%, lo cual está muy bien.

Value Line hace su seguimiento, y se puede recibir un informe anual llamando al 804-527-4000.

COCA-COLA Co.
Monopolio del consumidor

¡Ya conoce esta empresa! Al precio adecuado, sigue siendo una buena compra. No la olvide cuando el pánico le haga creer que se derrumba el techo de Wall Street.

Warren también tiene posiciones en muchas de las empresas que embotellan Coca-Cola. Hace años, cuando Coca-Cola se estaba expandiendo, vendió derechos para utilizar sus productos. Ahora estas empresas son muy lucrativas. Destacan Coca-Cola Bottling Company Consolidated, Coca-Cola Enterprises, Panamerican Beverages y Coca-Cola Femsa SA.

Value Line hace el seguimiento de Coca-Cola. Para un informe anual llame al 404-676-2121.

COCA-COLA BOTTLING COMPANY CONSOLIDATED
Monopolio del consumidor

Coca-Cola Bottling Company Consolidated embotella Coca-Cola en once estados.

S&P hace el seguimiento y se puede obtener un informe anual llamando al 704-551-4400.

COCA-COLA ENTERPRISES
Monopolio del consumidor

Ésta es la mayor empresa embotelladora de Coca-Cola del mundo. Distribuye cerca del 55% de todos los productos de Coca-Cola que se consumen en los EE.UU.

Para un informe anual de Coca-Cola Enterprises llame al 770-989-3796. (P.S. Mi excuñado, Howard Buffet, pertenece ahora al consejo de administración de Coca-Cola Enterprises.)

COCA-COLA FEMSA
Monopolio del consumidor

Coca-Cola es una empresa conjunta de Coca-Cola Company y FEMSA. Produce y distribuye Coca-Cola en Ciudad de Méjico y en Buenos Aires.

S&P la sigue y un informe anual puede ser suyo llamando al (5) 209-09-09.

COX COMMUNICATIONS
Puente de peaje

Uno de los proveedores importantes de televisión por cable.

No hay servicios que realicen un seguimiento de esta empresa. Para obtener un informe anual llame al 404-834-5000.

DEAN WITTER, DISCOVER & CO.
Puente de peaje

Éste es otro banco de inversión con operaciones en tarjetas de crédito y en la compraventa de acciones en bolsa. Es lo que llaman una empresa de servicios financieros diversificados. Gestiona 67.000 millones de dólares, lo que la convierte en un banco importante. La rentabilidad del capital ha fluctuado entre el 15,25 y el 17,45% durante los últimos cinco años. Los beneficios por acción han estado creciendo a una tasa anual de cerca del 23% durante los últimos cuatro años. Nota: Esta empresa se fusionó recientemente con Morgan Stanley Group y formó Morgan Stanley, Dean Witter, Discover & Co.

Value Line hace el seguimiento, y si quiere un informe anual llame al 212-392-2000.

THE WALT DISNEY COMPANY
Monopolio del consumidor

Son propietarios de Mickey Mouse y ahora también de Capital Cities/ABC. Warren siempre ha sido un enamorado de esta empresa y posee acciones desde los años sesenta. Ahora todavía posee más después de la fusión, y le aseguro que conservará sus posiciones. A Warren no le gusta vender una buena empresa. La rentabilidad del capital ha sido superior al 20% en seis de los últimos diez años, y entre el 13,7 y el 18,9% durante los otros cuatro. Los beneficios por acción han crecido a una tasa anual del 18,9% durante los últimos diez años.

Value Line y *S&P* siguen la empresa, y Mickey le enviará un informe anual si llama al Reino Mágico al 818-560-1000.

FEDERAL HOME LOAN MORTGAGE CORPORATION
Un tipo extraño de puente de peaje

Sólo recuerde que si un banco quiere venderle una hipoteca, a quien irá a ver es a esta empresa. Sí, Warren tiene muchas acciones y probablemente compraría más si el precio bajara un poco.

Value Line hace el seguimiento y se puede conseguir un informe anual llamando al 703-903-2000.

GABELLI EQUITY TRUST

Es cierto, Warren posee una pequeña parte de Gabelli Equity Trust. Está dirigida por uno de los mayores inversores de todos los tiempos: Mario Gabelli. Si se posee una pequeña parte de la empresa, ésta envía un informe anual con un listado de las inversiones. En el mundo de la inversión se pueden sacar buenas ideas de un informe como éste. ¿Quiere saber en qué se está fijando Mario? Llame al 800-422-3554 y pida un informe anual.

GANNETT CORPORATION

Puente de peaje tipo monopolio del consumidor

Esta empresa publica 134 periódicos y el *USA Today*. Ya la hemos estudiado a fondo y sí, Warren es propietario de gran parte de ella.

Value Line hace el seguimiento y puede obtener un informe anual llamando al 703-284-6000.

GENERAL ELECTRIC
Monopolio de capital

Originalmente GE se encargó de la electrificación del planeta. Para mucha gente la electricidad es un hecho normal de la vida, pero hace tan sólo cien años no lo era. Una empresa proporcionó los conocimientos y los medios para electrificar el planeta; esa empresa fue GE y se hizo muy rica. Hoy GE es uno de los mayores gigantes industriales del mundo. En esta posición tiene el poder financiero para participar en cualquier operación en marcha.

La rentabilidad del capital durante los últimos diez años ha fluctuado entre el 16,5 y el 23%, que está muy bien. Los beneficios por acción han crecido a una tasa compuesta anual del 11,6%, resultados que dejan a uno electrocutado.

Value Line sigue GE y se puede obtener un informe anual llamando al 203-373-2211.

GILLETTE
Monopolio del consumidor

Cada día cerca de la mitad de la población se afeita la barba, y con frecuencia la otra mitad se afeita las piernas. ¿Qué productos utilizan para realizar esta tarea? Gillette. En Gillette saben realmente cómo ganar dinero. Durante los últimos diez años, la rentabilidad del capital ha sido continuamente superior al 25%, y en algunos años incluso superior al 40%. Los beneficios por acción han crecido durante los últimos diez años a una tasa anual del 19%.

Warren está enamorado de esta empresa.

Value Line realiza su seguimiento y se puede obtener un informe anual llamando al 617-421-7000.

HERSHEY FOODS
Monopolio del consumidor

La mayor productora de chocolate de Norteamérica. La mayoría de las acciones de la empresa se administran en beneficio de la escuela Milton Hershey para niños huérfanos. El fundador de la empresa, Milton Hershey, dejó al final la mayoría de su fortuna en beneficio de los niños que le habían hecho rico. Lo que esto significa para usted, el inversor, es que hay un gran accionista (la administración del orfanato) que puede tener muchísimo peso en la toma de decisiones de la empresa.

Value Line sigue a la empresa y se puede conseguir un informe anual llamando al 717-534-6799.

INTERNATIONAL FLAVORS & FRAGANCES
Puente de peaje y monopolio del consumidor

Esta empresa crea y fabrica sabores y fragancias que se encuentran en perfumes, cosméticos, jabones, detergentes, comida preparada, bebidas, productos alimenticios, fármacos, dulces, golosinas y tabaco. El año pasado vendió cerca de 1.500 millones de dólares en productos propios. Esta empresa se encuentra en nuestras vidas y nosotros ni nos damos cuenta.

¡Las finanzas de esta empresa son fantásticas! La rentabilidad del capital durante los últimos diez años ha estado continuamente situada en el 16%, y recientemente ha superado el 20%. Los beneficios por acción han crecido a una tasa anual del 14% durante los últimos diez años.

Value Line realiza su seguimiento y podrá obtener un informe anual si llama al 212-765-5500.

INTERPUBLIC
Puente de peaje

Interpublic es una agencia de publicidad internacional. Las agencias de publicidad, según Warren, ganan una fortuna con el crecimiento de los demás. Cuando los fabricantes quieren llevar sus productos al mercado tienen que anunciarse, y por tanto utilizan una agencia. Las agencias producen y ponen anuncios en los medios, y reciben un tanto por ciento de lo que el anunciante paga por estos servicios. Estas agencias son a prueba de inflación, ya que ésta fuerza a los anunciantes a pagar más por el mismo trabajo, y cuanto más pagan, más ganan las agencias.

Las agencias de publicidad son empresas de servicios, y por tanto dedican muy poco capital a equipamiento, lo que significa que los beneficios no tienen que asignarse a la sustitución de fábricas o maquinaria.

Por otro lado, ¡sólo el 4% de los anunciantes de los EE.UU. cambia de agencia cada año! Esto supone que pese a la creencia generalizada contraria, las grandes cuentas se mantienen en su lugar y muchas de las grandes agencias que han dominado el mercado desde hace años siguen dominándolo en la actualidad. Siete de las diez mejores están ya en su *quinta o sexta generación de dirección*.

Las cifras de Interpublic son excelentes. Durante los últimos diez años ha producido una rentabilidad anual del capital del 15%, o más. En los últimos tres años la rentabilidad anual del capital ha superado el 20%. Los beneficios por acción han crecido durante los últimos diez años a una tasa anual del 13,8%.

Manténgala a la vista.

Value Line sigue la empresa, cuyo informe anual podrá obtener llamando al 212-399-8000.

KNIGHT-RIDDER
Monopolio del consumidor

Ésta es una empresa de publicación de periódicos. Es propietaria de treinta y dos publicaciones diarias en quince estados. A Warren le gustan los periódicos.

S&P realiza el seguimiento de esta empresa y puede tener unos de sus informes anuales en sus manos si llama al 305-376-3838.

LEUCADIA NATIONAL
Puente de peaje

Esta compañía aseguradora de propiedades obtiene rentabilidades del capital por encima de la media y se podía comprar por un valor inferior a su valor contable entre 1985 y 1992.

S&P realiza el seguimiento de esta empresa, de la que puede obtener un informe anual llamando al 212-460-1900.

LOEWS CORPORATION
Monopolio del consumidor

Laurence Tisch tiene el control de esta empresa y es amigo de Warren desde los años sesenta. Tisch sabe cómo ganar dinero. Loews era propietario del 23% de CBS, que vendió a Westinghouse por 890 millones de dólares. La empresa también es propietaria de CNA Financial Corp. y Lorillard Inc., la cuarta mayor productora de tabaco de los EE.UU.

Value Line y *S&P* siguen la empresa y puede llamar a Tisch al 212-545-2000 y le enviará un informe semanal.

MBIA INC.
Puente de peaje

Ésta es la compañía de seguros que asegura los pagos puntuales del principal y los intereses en las obligaciones municipales. Los municipios, como el condado local, ofrecen obligaciones municipales para financiar aeropuertos u hospitales, por ejemplo. Si cubren las obligaciones con un seguro de MBIA, consiguen pagar una tasa de interés menor porque los inversores creen que las obligaciones municipales aseguradas son más seguras que las que no lo están.

La empresa entró en bolsa en 1987. Su rentabilidad anual se ha mantenido entre el 13 y el 15% durante los últimos cinco años. Los beneficios por acción han crecido durante este periodo en un 11,7% anual.

Value Line hace su seguimiento, y podrá obtener un informe anual si llama al 914-273-45454.

McDONALD'S CORP.
Monopolio del consumidor

Con unas ventas billonarias, la mayoría del mundo ha consumido probablemente algunas hamburguesas de McDonald's. ¡Yo sola ya debo haberme tomado miles! Warren está enamorado de esta empresa. Han convertido una hamburguesa en un producto de marca: todo un hito.

Durante los últimos diez años, la empresa ha presentado una rentabilidad del capital de entre el 16 y el 20%, una tasa deliciosa. Y sus beneficios por acción han crecido a una tasa anual del 13,4%.

Value Line sigue la empresa, y puede llamar a Ronald McDonald para pedirle un informe anual al 630-623-7428.

Internet: http//www.mcdonalds.com

MEDIA GENERAL INC.
Puente de peaje y monopolio del consumidor

Media General es una importante empresa editora de periódicos además de propietaria de muchos sistemas de televisión por cable. Un grupo encabezado por el genio de la inversión en valores Mario Gabelli posee una parte importante de sus acciones.

S&P realiza su seguimiento y puede obtener un informe anual de la empresa llamando al 804-649-6000.

Internet: http//www.mediageneral.com

MERCURY GENERAL CORP.
Puente de peaje

Mercury es la mayor compañía de seguros de automóviles de pasajeros de California, y en caso de que no lo sepa, en California hay muchos coches. Obtiene una magnífica rentabilidad del capital.

S&P la sigue y llamando al 213-937-1060 obtendrá un informe anual.

MERRILL LYNCH & COMPANY, INC.
Puente de peaje

Una empresa de servicios financieros diversificados que posee una gran cartera de compraventa de acciones. En ocasiones se puede comprar por menos de su valor contable. Obsérvela.

Value Line hace su seguimiento y obtendrá un informe anual si corre al teléfono y llama al 212-449-1000.

MORGAN STANLEY GROUP
Puente de peaje

Otra empresa de servicios financieros diversificados que produce continuamente una rentabilidad del capital superior a la media. También puede comprarse en ocasiones a un precio inferior a su valor contable. (Como ya hemos comentado antes, Morgan Stanley Group se ha fusionado recientemente con Dean Witter, Discover & Co. para formar Morgan Stanley, Dean Witter, Discover & Co. Ahora ya tiene dos razones para fijarse en esta empresa).

Value Line y *S&P* realizan el seguimiento de la empresa, de la que puede obtener un informe anual llamando al 212-703-4000.

NESTLE SA
Monopolio del consumidor

Ésta es una empresa suiza. Sus subsidiarias producen y venden bebidas, cereales, leche condensada, productos de cocina, comida congelada, chocolate, platos preparados, comida para animales, medicinas y productos cosméticos. *¡Nestlé tiene 494 centros de producción en cerca de 71 países!*

Puede obtener un informe anual haciendo una llamada internacional al 41-21924-2111.

NEW YORK TIMES
Puente de peaje y monopolio del consumidor

Esta empresa es propietaria del *New York Times* y del *Boston Globe*. También posee seis cadenas de televisión y dos emisoras de radio.

Tanto *Value Line* como *S&P* siguen la empresa, cuyo informe anual puede pedirse al 212-556-3660.

PANAMERICAN BEVERAGES
Puente de peaje

Esta empresa mejicana es la mayor embotelladora de Coca-Cola fuera de los EE.UU. Sus operaciones se centran especialmente en Méjico, Brasil y Colombia.

S&P hace el seguimiento de la empresa, y podrá conseguir un informe anual si llama al 212-687-8080.

PEPSICO, INC.
Monopolio del consumidor

Antes de empezar a tomar tres o cuatro Cherry Coca-Colas al día, Warren era un hombre de Pepsi. Puede que haya una guerra abierta, pero ambas valen lo mismo y casi nadie se queja si le dan una Pepsi en lugar de una Coca-Cola o al revés. Si las acciones de Coca-Cola son algo caras, pruebe Pepsi.

PepsiCo es una empresa fabulosa con una rentabilidad del capital superior al 20% en los últimos diez años y unos beneficios por acción que crecen a una tasa anual del 16,9%. Si no puedes vencer al enemigo, únete a él.

Value Line hace el seguimiento de la empresa y puede pedir un informe anual llamando al 914-253-2000.

PHILIP MORRIS
Extraordinario monopolio del consumidor

Philip Morris fabrica el cigarrillo líder de ventas en todo el mundo, Marlboro, y centenares de productos de marca que puede encontrar a diario en el supermercado.

Value Line sigue la empresa, cuyo informe anual se puede conseguir con una llamada al 212-880-5000.

PREMIER INDUSTRIAL CORPORATION
Docenas de puentes de peaje

Distribuye y fabrica componentes electrónicos, productos de mantenimiento y contra incendios. La rentabilidad del capital de los últimos ocho años ha sido del 20% o superior.

S&P realiza el seguimiento de la empresa, y un informe anual será suyo si llama al 216-391-8300.

PROPERTY CAPITAL TRUST
Liquidación

Se trata de una liquidación. La empresa decidió liquidarse vendiendo su activo y distribuyendo el resultado entre sus accionistas. Warren pagó 4,8 dólares por acción en 1993 y sus previsiones para los siguientes seis años eran que la empresa le pagaría 11,5 dólares, lo que le proporcionaría una tasa de rentabilidad anual del 15%.

S&P realiza el seguimiento de la empresa, y si llama al 617-451-2499 podrá obtener un informe anual.

PROGRESSIVE CORP.
Monopolio del consumidor

Progressive es una compañía de seguros especializada en los seguros de alto riesgo. Ha conseguido su nicho en el mercado. Obtiene unos márgenes muy amplios y su rentabilidad del capital ha estado continuamente por encima del 20%, algo nada normal en el mundo de las aseguradoras. Los beneficios por acción, aunque un poco erráticos, han crecido a una tasa anual del 22% durante los últimos diez años.

Value Line la sigue y se puede obtener un informe anual de la compañía llamando al 301-986-3000.

RALSTON PURINA GROUP
Monopolio del consumidor

Ralston Purina Group es el mayor productor del mundo de comida para gatos y perros, y de pilas. Hablamos, pues, de productos que se comen o se gastan rápido. Su rentabilidad del capital durante los últimos cinco años se ha situado de forma continuada por encima del 40%.

Value Line realiza su seguimiento y si llama al 314-982-2161 puede conseguir un informe anual.

SEAGRAM CO.
Monopolio del consumidor

Si compra una botella de vino importado en un restaurante, hay muchas probabilidades de que Seagram la haya importado. La empresa produce y distribuye 225 marcas de licores y cerca de 210 de vinos y champanes. También es una destacada productora de zumos de frutas y es propietaria de Tropicana Products. Piense en ella como una empresa de bebidas para adultos. Posee además el 80% de la empresa de entretenimiento MCA.

Value Line y *S&P* siguen Seagram y podrá tener un informe anual en sus manos si llama al 514-849-5271.

SUNTRUST BANKS
Propietaria de una gran parte de Coca-Cola

A Warren le gustan estas acciones, y sospecho que es porque posee varios miles de millones de dólares en acciones de Coca-Cola que la empresa mantiene en su balance a su coste inicial de 110 millones de dólares. Su rentabilidad del capital también está por encima de la media.

S&P la sigue y puede obtener un informe anual cogiendo el teléfono y marcando el 404-588-7711.

THOMSON CORP.
Puente de peaje

Thomson Corp. se dedica a las publicaciones, incluyendo periódicos. Las cifras de la empresa no parecen tan maravillosas en la actualidad debido a la recesión de la publicidad que afecta a todos los periódicos. Tan sólo fíjese en sus cifras en el *New York Times*.

Value Line hace un seguimiento de la empresa y si quiere su informe anual puede llamar al 416-360-8700.

TIFFANY & CO.
Monopolio del consumidor

Tiffany es una tienda de joyería. De hecho, es *la* tienda de joyería. Goza de un monopolio del consumidor. Tiene la capacidad de presentar una elevada rentabilidad del capital y las recesiones nos ofrecen grandes oportunidades para comprar sus acciones. Era la mejor hace treinta años y hoy día sigue siéndolo.

S&P hace su seguimiento y un informe anual será suyo llamando al 212-755-8000.

TIMES MIRROR
Monopolio del consumidor y puente de peaje

Esta empresa de publicaciones posee el *Los Angeles Times*. La recesión en la publicidad le está afectando, pero es capaz de presentar una elevada rentabilidad de su capital.

Tanto *Value Line* como *S&P* la siguen y puede obtener uno de sus informes anuales llamando al 213-237-3700.

TORCHMARK CORP.
Puente de peaje

Ésta es otra compañía de seguros y empresa de servicios financieros. Su rentabilidad del capital se sitúa continuamente por encima del 19%. Sus beneficios por acción han crecido a un ritmo anual del 10,9% durante los últimos diez años. En los últimos dos años ha habido oportunidades para comprar sus acciones a un precio atractivo.

Value Line y *S&P* siguen la empresa y se puede obtener un informe anual llamando al 205-325-4200.

UST INC.
Monopolio del consumidor

Procesa tabaco y gana mucho dinero.

Value Line realiza el seguimiento de UST Inc. y puede obtener un informe anual si llama al 203-661-1100.

WAL-MART STORES
Puente de peaje

Wal-Mart supera a la competencia, lo que significa que puede vender casi todo más barato. En consecuencia, toda la gente compra allí. Más compradores significan más volumen, y más volumen, más dinero. ¿Cuánto? La rentabilidad de capital de Wal-Mart durante los últimos diez años ha superado siempre el 20%. Sus beneficios por acción han crecido a una tasa anual del 24%. De hecho, es la mayor empresa minorista del mundo.

Value Line hace el seguimiento de Wal-Mart y si llama al 501-273-4000 le enviarán un informe anual.

WARNER-LAMBERT COMPANY
Monopolio del consumidor

Esta empresa se dedica a la producción de fármacos, productos sanitarios, chicles y caramelos de menta. Posee nombres de marca tan conocidos como Listerine, Bromo-Seltzer, los caramelos Halls, el antiácido Rolaids, Schick y los productos para el afeitado Wilkinson Sword. Su división de chicles y pastillas mentoladas posee Dentyne, Trident, Freshen-up, Bubblicious, Mondo, Cinn-a-Burst, Clorets y Certs. La rentabilidad del capital se ha mantenido continuamente por encima del 30% y los beneficios por acción han crecido a una tasa anual del 11% durante los últimos diez años.

Value Line y *S&P* siguen la empresa, de la que podrá conseguir un informe anual si llama al 201-540-2000.

WASHINGTON POST
Monopolio del consumidor y puente de peaje

The Washington Post incluye el periódico, la revista *Newsweek*, seis cadenas de televisión y 53 sistemas de televisión por cable en quince estados. Warren ha sido propietario de esta empresa durante mucho tiempo.

Tanto *Value Line* como *S&P* siguen la empresa, de la que podrá conseguir un informe anual llamando al 202-334-6000.

WELLS FARGO
Puente de peaje

Warren está enamorado de este banco. Compró acciones a un precio barato, 63 dólares la acción, y desde entonces se cotiza a 250 dólares la acción. Puede que nunca más vuelva a ser barato, pero si algún día lo es, esté allí esperando.

Tanto *Value Line* como *S&P* siguen la empresa, y para un informe anual llame al 415-396-3606.

47

Esperando el momento perfecto

Existen muchas formas de ganar o perder dinero en Wall Street. Siempre hay algunas acciones que se disparan hasta las nubes y otras que han caído en desgracia. Como a Graham le gustaba decir, citando a Horacio, «Muchos se recuperarán que ahora han caído y muchos caerán que ahora son afortunados». Mucha gente, incluyendo los gestores de inversiones, cambia de una estrategia a otra y por el camino pierde el rumbo, con lo que acaba a merced del temor y la avaricia que le guía a través de las aguas turbulentas del mundo financiero.

Warren encontró la religión en Graham. Graham enseñó a Warren a suavizar las tormentas de dudas que pueden asediar incluso al inversor más valiente cuando el mercado cae en picado. La idea de que las cosas buenas llegan a quienes las esperan y saben qué están haciendo puede parecer algo bíblica, pero es la que Warren encontró en la filosofía Graham de invertir sólo desde una perspectiva empresarial. Y Warren ha seguido esa estrategia particular con toda la pasión de un musulmán de camino a la Meca. Cuando esta estrategia no le ofrece oportunidades, cuando no puede aplicarse, Warren se retira y espera. ¿Qué quiere decir, que espera? Pues eso, que se sienta y espera. Y le aseguro que nunca ha tenido que esperar mucho a que el mercado le ofrezca una oportunidad perfecta para practicar su método de inversión desde una perspectiva empresarial.

Warren define su estrategia como esperar el momento perfecto en un partido de béisbol, momento en que golpear a la bola suponga las máximas posibilidades de ganar. Warren tiene el bate preparado pero sólo bateará con perspectiva empresarial cuando el momento sea el perfecto.

Lo cierto es que después de muchos momentos posibles y de incluso llegar a esperar uno o dos años, se presenta siempre un monopolio del consumidor a un precio fantástico en el que Warren siempre golpea de lleno. Una victoria para Warren y otros mil millones de dólares para el equipo de Berkshire Hathaway.

¿Tiene usted esa paciencia? No conozco mucha gente que la tenga. En cambio, el dinero quema en las manos y la gente quiere una oportunidad de inversión de inmediato. Supongamos que usted hereda 1 millón de dólares. Una de las primeras preguntas que debería hacerse es: ¿cómo debería invertir este dinero? Pero si yo le propusiera de sentarse hasta que aparezca algo a un precio atractivo, me miraría como si estuviese loca. Si usted llamara a un corredor de bolsa, es más que probable que tuviera muchas ideas, porque si no las tiene siempre hay otros corredores que sí las tendrán.

A todos los gestores de fondos e inversores individuales les cuesta mucho sentarse y esperar el momento perfecto. Seguro que saben reconocer un momento perfecto, pero esperar, sólo esperan en los aeropuertos. Al cabo de poco su impaciencia les hace imaginar nuevos momentos perfectos posibles. Y sin darse cuenta ya han olvidado el primero y se han fugado con la nueva tendencia.

Si la gente eligiera su cónyuge como elige sus acciones, ningún matrimonio duraría más de una semana. ¿Puede imaginarse un listado de todos los atributos que desea en su cónyuge y tener que decidirse por un candidato en una semana? No lo haría, y cualquiera que se lo propusiera estaría loco. Aún así esto es lo que sucede continuamente en el juego inversor; y es así porque si yo le diera 1 millón de dólares mañana, usted intentaría de inmediato invertirlos, ya fuese en el banco más cercano o llamando a su corredor de bolsa, que estaría más que contento de ofrecerle muchas formas de aprovecharse de sus conocimientos. Cada día estaría leyendo el *Wall Street Journal* en busca de algunas acciones que hubiesen duplicado su precio en seis meses y se preguntaría por qué no está entre los accionistas. Ya sabe, hay que poner a trabajar ese dinero.

Sin embargo, cambiar de estrategia inversora a medio camino es como cambiar de carrera a medio camino. Supongamos que usted estudia medicina y que pasados cuatro años lee sobre un abogado que gana 1 millón de dólares y decide que los abogados ganan más dinero y que quiere ser abogado. Así que deja la facultad de medicina y se matricula en la de derecho, y pasados un par de años descubre que los MBAs están ganando mucho dinero en Wall Street, con lo que decide ser un MBA en lugar de abogado, abandonar la facultad de derecho y matricularse en una escuela de negocios. Y podría seguir eternamente, con lo que al final no tendría nada. Lo mismo puede aplicarse al mundo empresarial. No se ve a Ford Motor Company intentando vender ordenadores, ni a IBM fabricando automóviles. Cada empresa tiene su forma de hacer las cosas, cada una posee sus productos y cada una se ha pasado muchos años aprendiendo su negocio.

Berkshire Hathaway es propietaria de dos empresas muy distintas que tan sólo están a unas millas de distancia y que están gestionadas por familias relacionadas entre ellas. Una familia gestiona las mayores joyerías de los Estados Unidos, Borsheim's, y la otra los mayores establecimientos de muebles del país, Nebraska Furniture Mart. Como cada empresa está tan especializada, la dirección de una estaría perdida si intentase gestionar la otra, y viceversa. Sólo adquirir la base necesaria para llevar el negocio sería extremadamente caro y dañino para ambas empresas.

Lo mismo sucede con las estrategias de inversión. Se necesita tiempo para aprender las sutilezas de qué es lo que se está haciendo y para ser capaz de distinguir situaciones inversoras que son verdaderas oportunidades y separarlas de las que sólo invitan a la locura. ¿Es usted un oportunista del mercado, un agente de arbitraje, un especulador, un estratega del crecimiento emergente, un seguidor de la vieja escuela de Graham o uno de la nueva de Warren? Cada estrategia tiene sus reglas, y cambiar de una a otra es como repetir constantemente el mismo curso.

Warren está tan convencido de esta estrategia de esperar el momento perfecto que en 1971, cuando el mercado estaba realmente caro, decidió cerrar su fondo de inversiones y decir a sus inversores que la estrategia que había estado utilizando ya no podía aplicarse al mercado existente. En lugar de ir a buscar una nueva estrategia, en la que no se hubiese sentido cómodo, prefirió cerrar la tienda y devolver el dinero a sus clientes.

El mercado se mantuvo caro durante los dos años siguientes y mucha gente ganó mucho dinero en lo que fue una salvaje racha alcista. Pero Warren se mantuvo al margen, esperando. Hasta que un día lo esperado sucedió. El mercado explotó y las acciones se hundieron como ladrillos en el mar, y quien estaba esperando bajo esa lluvia de temores no era otro que Warren, preparado para aprovechar el mercado bajista. Y como ya ha dicho alguna vez, de repente Wall Street estaba regalando acciones, y su estrategia de inversión desde una perspectiva empresarial le dijo que aprovechara unos momentos casi increíbles. Probablemente la mejor ocasión de aquella época fue la del *Washington Post*.

La idea a extraer de todo esto es que tiene que mantener la propia estrategia y no alejarse de ella si quiere ser fuerte cuando todos los demás griten ¡Fuego! y abandonen el barco. También quiere decir que cuando todos vean oro bajo las piedras, deje que un auténtico juicio desde una perspectiva empresarial le guíe en sus decisiones de compra y no el mero entusiasmo de la masa.

Así que sea paciente y espere ese momento adecuado: llegará. Y recuerde que es el pesimismo del mercado bursátil, y no el optimismo, el que ofrece las ocasiones más rentables para invertir.

Epílogo

Bien, ha llegado al final del libro. Espero que hagamos hecho un buen trabajo y disponga de una comprensión nueva de la historia y de las herramientas que intervienen en la Buffettología.

Para aquéllos que deseen saber más les recomendamos la popular página de Internet BuffettWatch Web, que realiza un magnífico trabajo de seguimiento de todo lo relacionado con Warren y puede encontrarse en http://www.BuffettWatch.com.

Y le dejamos con este pequeño consejo: si realmente quiere aprender cómo hacer una inversión con perspectiva empresarial, probablemente tendrá que leer este libro más de una vez. La inversión con perspectiva empresarial no es difícil de aprender, pero dominarla sí requiere un esfuerzo, como cualquier estrategia que funciona. Pero una vez dominada, puede recompensar en gran medida.

Buena suerte en todas sus aventuras inversoras.

M.B. & D.C.